浮生记

东进生 著

文汇出版社

序

陈钢

我与东进生交往多年,这是一个有趣的人。当然,有趣的人也是不安分的人。其实,不安分的人,就是做什么事都可以上手的人,在我的眼里,东进生可以说就是这样的标配。

东进生出身于北京城的世家,早年就读于北京电影学院美术系,师从老一辈现实主义画家李宗津、梁玉龙等人,奠定了扎实的写实功底。后又受教于从苏联学成归来的葛维墨先生,受到苏里科夫、列维坦等俄罗斯大师影响。他的油画作品,既有印象主义绚丽耀眼的光影表现,又有和谐的银灰色调,轻盈又饱满。尤其是他的风景油画创作,以色调优美,装饰趣味浓郁,题材表现的多样性而独树一帜。一九六四年毕业后的东进生,南下进入上海电影制片厂从事电影美术设计和剧本创作。在继续攀登美术事业峰巅的同时,他又开始了文学创作的第二事业攀登。东进生这数十年来,创作了不少电影文学剧本,并搬上银幕,也发表过一些中短篇小说。这次,东进生忽然捧出了一部长篇小说《浮生记》,而且写来的是地地道道的上海都市里的浮生世情,日常生活状态。这让我不由得大吃一惊:电影文学剧本和中短篇小说的创作,与写长篇小说在表达方式、通篇布局、传递情感等的创作方法上，毕竟有所不同，何况海派文化的汁味，又岂是能轻易把握的？这老兄轻车熟路不走，却偏偏要去走一条险路，岂不是在自找麻烦？当我把这部十多万字的《浮生记》读完了，悬着的心放下不少，就像我创作一部乐曲，在画上最后一个休止符之后，有着的一阵兴奋。

出生于上海滩有家底的上官兄弟，并不想靠父亲的事业家底。哥哥云栋开了一家文化传播公司，虽有朝不保夕之虞，好在为人大方仗义，日子也过得去。可惜一次为老友公司作担保，让他债台高筑，四处茫茫。弟弟云桦，是位颇有潜力的青年油画家，经营着一家小画廊。然而他的画廊，并不是平静港湾，其间有杀人潜逃的罪犯、江湖骗子、旧日恋人、年轻姑娘的进出。云桦的女友周静在社区文化中心工作。看似平静的社区文化中心，竟是如此不平静，社区里既有着上一辈文化人的历史情仇，也有父女恩怨，母子间生离死别，"土豪"的善举，志愿者的大爱。周静与云桦的爱情，风风雨雨，最终劳燕分飞。云桦为救一个自闭症的孩子，最后献出了年轻的生命。浮生如斯，他的死像一个强有力的鼓槌，狠命敲击了一下这个庸常的世界。

上官云桦刚刚成名，生命即戛然而止。他的死像一个深渊，需要小说里的每个人物面对，也需要我们这些读者面对。"当你在凝视深渊，深渊也正在凝视你。"是的，在社会剧烈变动的今天，人心浮躁，世事难测。我们看到了生活的暗影，也能看到生活的光亮。这部作品，用一个个琐琐碎碎的细节，展现出时间长河里的人生百态。有些情节看似匪夷所思，譬如在拍婚纱时，竟出现大打出手的场面；譬如出租屋里，竟然演出了恐怖电影里的场景；譬如生日的烛火，正映照着老年人的孤独……可再想一想，这些不就是每天发生在我们身边的事情吗？不过是我们习焉不察罢了。这就是生活，我们每一个人都深陷其中的生活。

《浮生记》读来是世情小说的一路，记得古代有清人沈复的《浮生六记》，近代的日本文学作品中，也多有喜欢以"浮生"名之的作品。浮生的意义，是一种世情沧桑和对于当下生命的体悟。东进生的这部长篇小说，写出了在上海滩上行走的上官兄弟俩和他们周围的朋友，与当下这个金钱世界中光怪陆离的恩怨、情孽，芸芸众生于日常生活里的寥星之芒，光辉于尘海茫茫中若浮生扁舟，道出了魔都里的人性善恶与慈悲命运。在这部长篇小说里，虽然没有刀光剑影，却常有出人意料的神来之笔。故事热闹，跌宕起伏，险峰兀立。非大团圆的结尾，让人感到始料未及。在上海生活了半个世纪的东进生，南腔北调，拿捏与融合得不动声色，这就是他能上手的最大"不安分"吧。

2017 年 10 月 20 日

引子

这年夏天，在颖州市乌衣巷派出所，发生了一件怪事：大热天，在派出所院子里，指导员童警官向居民借来一只马桶。那位居民说，真不好意思，我家的这个太脏，我汰汰清爽再借给你。童警官说，不必，不必，我要的就是原汁原味的。警官和他的助理小卫，把马桶抬到派出所院子当中，打开盖子，过了几分钟，满院子里弥漫起浓浓异味。附近居民闻讯赶来，站在门口，捂着鼻子看热闹，人们都弄不懂这两位唱的是哪出戏。

江南的三伏天，又热又闷，马桶的臭味实在受不了。闻了一会，小卫说，指导员，差不多了吧，受不了啦。童警官说，再闻一会，听我的没错，预防工作没做好，到时候，有你受的。小卫说，这么臭了还不够？童警官说，尸臭你没有领教过，我可知道那味。再说，这么热的天。

原来，当天上午，几个孩子在一座废弃的防空洞里玩耍，一个调皮孩子蹚到积水深处，竟蹚到一具死尸，把几个孩子吓个半死。家长报了案，派出所接到局里电话说，先把尸体捞上来，刑侦人员和法医会尽快赶到。童警官和小卫费了九牛二虎之力，总算把尸体抬到院里。小卫说，指导员，我真是知道了。不知道的居民们都被味道熏跑了。

发现的是具女尸。几经排查，死者是城关前街家具厂霍老板的独生女儿霍婷婷。霍老板的家具厂规模不小，他在颖州也算是数得着的名人。这位独生女长得如花似玉，追求的青年人自然不在少数。霍婷婷生活作风不太检点，交过的男朋友少说不下二十个，谋财情杀皆有可能。这二十几个人都进入了警方视野。刑侦人员反复排查，最后剩下两个嫌疑人。一个叫邹凯，一个叫苏子川，都是当地人。但是在案发前几个月，两个人都离开了颖州市，去向不明。警方发出全国通缉，一时没有结果，案子悬在了那里。

第一章

1

周静解开胸衣扣子，犹豫了一下，对站在画架前的上官云桦说，你转过身去。上官只当没听见，直直地盯着她。木头！周静撇撇嘴，脱下胸衣，露出雪白胸部，那对坚实的奶头倔犟地朝上挺着。上官打开照明灯，照亮了周静半裸的身体。周静的手滑落到三角裤时，看到上官正在画板上调颜色，便飞快地褪下三角裤，斜坐在画凳上。

画凳上铺着淡紫色的衬布，背景的衬布是深灰的，在灯光下，突显出周静那青春俏丽的身材。上官在画布上涂抹着，周静说，昨天画的那地方还在修改啊？上官说，肚脐总是画不好，小肚子那种弹性的感觉也没画出来呢。周静说，乳房是不是画得大了些？上官说，不大吧。说着，朝那地方看了看，忽然放下画笔，走过去就要抱周静。周静轻轻推开他说，快画吧，下午不还有事？上官亲了亲她，又要去搂抱她的腰。周静推了他一下说，我不要，真的，今天不行。上官无奈地松开手说，那就再亲一下。正要亲上去，楼下有人敲门，带着铁链的玻璃门被推得"哐啷哐啷"山响。上官的激情跳水。周静催促道，快下去吧，有人来买画啦。上官叹了口气，快快走下楼去。

上官云桦的画室坐落在画家街的尽头，是简易的二层小楼。底层做画廊，经营原创油画；二楼是工作室，除了自己搞创作，还教几个中学生画素描。孩子们功课都不是太好，打算中学毕业，考美术学院试试运气。

画家街是前几年区政府的文化工程。二三百米长的小街两旁，鳞次栉比地排开几十家画店，有经营古董的，有卖传统书画的，也有一些美术学院毕业不久的年轻画家专卖原创油画。画作有的大众化，普通百姓买得起，卖出去的也就多一些，这叫走量；另一些自命不凡的年轻画家，标个天价，十天半月也卖不出一幅，偶尔卖出一幅，天上掉馅饼。上官云桦以求稳为宗旨，价格不高不低，以中产阶层和"海归"为对象。画廊取了个不俗不雅的名字，叫"红树画廊"，底层的面积四十平米不到，螺蛳壳里做道场，小小天地被上官布置得有情有调，墙面刷成银灰色，错落有致地挂满了他的各式油画作品，风景、静物、人物肖像，还有极富特色的水彩小品。明亮的落地长窗挂着薄纱帘，是西塘湾路小商品街上淘来的便宜货，不仔细看，还蛮像恒隆广场的高级面料。纱帘一挂，室内的光线柔和许多，墙上的油画便熠熠生辉。画廊的档次似乎也上去不少。花小钱办大事,上官不算傻。当然,布置画廊,周静也出了不好不坏的主意,屋角放着的那座半人高的大卫雕像,就是周静的"杰作"。她说,上官的气质有点大卫的意思。

上官下楼去推销作品,周静漫不经心地翻着一本画册。她已经二十四岁了,看上去二十不到。面孔算不上很漂亮,身材却是一等一的。上官说她不上T台走猫步,简直是浪费。周静也知道自己身材好,但总觉得长相"不达标"。上官却说,看她那双眼睛,会想到苏联电影《静静的顿河》里的阿克西妮娅。中国版的阿克西妮娅没看过《静静的顿河》,权当他吹牛。上官说,男人看女人角度忒毒,你看隔壁韩柯看你的眼神,恨不得吃了你。韩柯是东北汉子,自称鲁迅美术学院研究生毕业。上官看他的作品,完全一个野路子,宣纸上涂油彩;油画布放在水里再滴上油画颜色,说是创新,受到过法国画家的好评。研究生开店三个多月没有走过一幅创新画,时不时找上官借"头寸"。

周静一边翻着画册,一边听楼下的动静。画册是法国印象派画家马奈的作品集。信手一翻,竟是那幅名作《草地上的午餐》。画面上一位全裸的女子侧坐在青草地上,两旁各有一位衣冠楚楚的男士。上官告诉她,这幅画当年展出时,轰动整个巴黎,咒骂声与点赞声,搞得昏天黑地。周静悄悄查过欧洲美术史,证明上官所言不虚。

在楼下,上官与女顾客似乎是争吵了起来。接着是一阵"呼呼"的甩门声,继而一片寂静,接着,"哼哼"几声,上官奔上楼来。

他妈的。他说。

周静说,骂人呀。买卖不成仁义在嘛,何必呢。还是艺术家呢，整天爆粗口。

上官说，这种女人少有，一块钱看得比汽车轮盘还大。周静问，那人想买哪幅？上官说，就是那幅《白桦树林》。说一千道一万，只肯出五百。我说，不要讲五百，就是后边再加一个零，我也不卖。那女人斜我一眼说，想钞票想疯了，抢银行去好吧。周静劝慰了半天，上官总算气顺了些，可画画的兴致没了，扔下画笔说，走，街口去吃肯德基。

从画家街出来，拐向热闹的大街，街口就是肯德基快餐店。放暑假没几天，店里的顾客以中小学生居多。中学生三五成群，小学生多是家长陪了来。大人不吃，坐在一旁看着孩子狼吞虎咽，有一丝担忧，有一丝欣赏。一个小胖子，没有家长陪着，得意洋洋地一边吃，一边看着眼前的另一个硕大的汉堡。上官走过去，拍拍孩子的头顶说，垃圾食品啊，晓得吧？男孩看了上官一眼，哼了哼，有点不屑。周静找了个角落坐定，片刻，上官端了大盘食物过来。周静说，垃圾食品啊。上官嘿嘿一笑说，吃的就是垃圾，呼吸的也是垃圾，这你懂的。周静咬了一口辣鸡翅说，下午的面试，我不想去了。上官说，为什么？周静说，心里打鼓嘛，上次那个招聘的家伙上来就问我的酒量。他妈……他母亲的。上官说，这回可是文化局的招聘，人家是有文化的，懂不懂？周静说，那你得陪着我，下午不要去画廊了。上官说，这是自然，文化局马路对面不是有家星巴克吗，我在那里等你，目不转睛，一心一意。周静说，不许看美女。上官说，我闭着眼念佛经。正说着，一位胖胖的中年男人走进来，直冲着那个小胖子奔过去，不由分说，上去就是两个耳光，骂道，你吃，你吃，就晓得吃，你猪啊，你！上官见那男孩被打得七荤八素，一时竟哭不出来。他奔过去，一把拉住男人的手，喝道，你怎么可以打人？他还是孩子，晓得吗！男人横着眼，哪能，哪能，你管得着吗？我打了，哪能？他是我儿子，晓得吧？上官说，你儿子，就这么下死命地打吗，不是亲生的吧？混蛋话。那人上去就给了上官一拳。上官翻手回敬了一记。两个大男人撕扯起来。打110，打110，有人起哄，有人大叫，有人傻笑。忽然那个男孩哇的一声哭了出来，男人愣了愣，看看儿子，又看看上官，松开了手说，算了，算了，算你狠……我晓得你也是为我好。上官也笑了说，不打110？男人尴尬一笑，110蛮辛苦，这么热的天，省省吧。

上官半个多月没走过一幅画，天热，冒火，恨不得跟谁打上一架。眼下，对方打了退堂鼓，上官觉得很没劲。上官在美术学院打架出了名，看上去身子单薄，可同室的一个家伙教过他几手绝活。那人当过几年侦察兵，在他的调教下，上官跟人交手，往往处于上风。跟周静谈朋友以后，虽说文明了不少，还是背着周静，跟韩柯拼过一次老命。

上官在星巴克咖啡店足足等了两个小时，卡布基诺三杯，总算把周静等了出来。周静面红耳赤，不知是福是祸。上官说，又是陪酒的工作？周静捶了他一拳说，想哪去了，这是文化局，文化，懂吗？有文化吗？上官说，我文盲，文盲。快说说，面试通过了？周静说，当然通过，毕竟读了三年大学，不是吃素的。上官说，吃荤吃素先不说，是什么工作呢？周静有些不高兴地说，工作怕是不大好，去街道文化活动中心。文化活动中心是干什么的？文化怎么活动法？上官说，去了自然就知道了。这下，你总算对老爸老妈有交代了，用不着再去陈侠那里寄人篱下了吧。周静说，我不回去，好多事体还没搞定，让老爸他们尝尝干涉子女的味道。上官说，适可而止嘛，再说，总挤在陈侠那里也不是个事，就她那个鸡窝大点的地方。哦，对了，陈侠那家伙是不是"拉拉"啊，她不找男人，对你又太那个。周静狠狠捶了他一拳说，想什么呢？

他们经过一家小小的饰品店，上官说，进去看看。周静说，没兴趣。两个人还是走了进去。上官知道周静不喜欢珠光宝气，特意选了一对假的蓝宝石耳钉。周静说，买它做啥？上官说，你的上班纪念。周静说，贵了不买。上官说，当然。店家开价一百八十元，还到一百，店家说成交。上官说，价钱再低些好吧？店家有些发急说，还要低呀，已经亏本生意啦。上官说，九十九元吧。店家一愣，笑笑说，看不懂，看不懂。上官帮周静把耳钉戴上，看了看说，漂亮，蛮"维瑞那斯"。周静说，耳朵就值九十九块呀？上官说，天长地久，懂吧。

两人开开心心地离开小店。周静深情地挽着上官的手臂说，谢谢你。上官说，叫老公呀。周静不响。

西塘湾路小商品购物街，是个名气不小的地方，至少对于有着购物癖的那些女士们是这样。小商店杂七杂八地排列在弯曲的街道上，路面碎石筑就，颇有古典风范。房屋也是古色古香，只是太破旧了些。街上有些临时搭的售货摊，卖针头线脑的，卖烤羊肉串的，卖烘山芋的，卖炒栗子的，多是外地人。顾客大多是来淘便宜货的。有时也会有些"老外"来光顾。老外也淘便宜货，说是为了领略一下老上海的遗风。

陈侠的"新世纪百货商店"把持了小街的居中位置。陈侠给芝麻大的店，挂了个国际化的名头，自认为棋高一着。周静离家出走，摆在面前的重大问题就是"居不易"。先是住在红树画廊二楼，住了没两天，不巧被韩柯撞见。当天夜里，上官正想和周静亲热，市场管理员带着两个保安闯进门来。管理员大声说：搞什么搞，这是画家街，营业场所，哪能当成旅馆啦？因觉去宾馆酒店。画家街是玩艺术的，晓得吧？对不起了。一对鸳鸯就这样被勒令出局。上官那些天生意红火，韩柯那里却是门庭冷落。上官想，出于羡慕嫉妒恨，告密者非韩研究生莫属。于是打上门去，面对人高马大的韩柯，上官使上了侦察兵的本事，躲闪腾挪，借力打力，居然把那家伙打了个落花流水春去也。过后查明，告密者另有其人，上官过意不去，请韩柯到自己的二楼喝酒。酒过三巡，两人称兄道弟。上官烂醉时，韩柯告别，随手点着上官的一捆油画布，大火立即升腾，幸亏消防队及时赶到。上官只大腿受了点烧伤，大难不死。韩柯以纵火罪被铐到派出所，上官为新交的哥们申诉，说是酒后失控，两人是铁哥们，他绝不会害自己。东北汉子还是进了拘留所，半个月吃饭不要钱。一场风波过后，周静只能与闺蜜陈侠蜗居在"新世纪"。

送走上官以后，周静在小小的卫生间洗漱着。她忽然觉得膝盖有些痛，轻轻拉开裤管才发现膝盖有些红肿，她朝外面喊，陈侠，有没有热水？外面陈侠应道，热水一点点了。说着走进卫生间，惊叫，哎呀，我的祖奶奶。

陈侠拎着水壶，敲开市场管理所大门。喊着，郝师傅，郝师傅，开下门。市场管理员老郝，一个五十来岁的男人开了门，睡眼惺忪地说，几点了，鬼哭狼嚎的，折腾什么？陈侠说，找你要点热水。郝师傅把陈侠让进房内，哼哼着，我以为火上房了呢。陈侠说，我那同学脚受了伤，得拿热水给她洗洗伤口……我的热水器坏好几天了。老郝道，你那个同学要住到啥辰光？陈侠说，她工作找到了，有了钞票，住不了多久了。

陈侠回到小店，给周静洗着伤口，一边埋怨，要是感染了有你好受的。有了工作高兴的吧，这叫乐极生悲。周静说，芝麻大点事，悲个头啊，悲。陈侠一不小心，碰到周静的痛处，周静大叫了起来。陈侠连连说，对不起，对不起。周静感动地看看陈侠，轻声说，陈侠，谢谢你……陈侠横了周静一眼，说什么呢，谢什么。周静说，给你添麻烦了。陈侠抬头看看周静说，嘿嘿，看看，还掉眼泪了……添什么麻烦？这叫什么麻烦？我们谁跟谁呀。

周静和陈侠是大学同学，住上下铺，自然成了朋友。陈侠是外地生，经济状况不好，大学二年级时，父亲得了肺癌，只能中途退学，开了这家小店，挣钱养家。过了一年，周静的爸妈给她找了个男朋友罗彼得，美籍华人，是美国普林斯顿大学的博士研究生，说一毕业就结婚。周静的爸妈是在衡山路国际礼拜堂与罗彼得父母认识的。双方相见恨晚，爸妈尤其对那位留学美国的彼得先生欣赏有加。周静对这位普林斯顿的高才生，只见过一面，碰足也就两个小时，根本谈不上了解，再说，那位老夫子彬彬有礼的过了头，慢悠悠地讲着书面语，叫她吃不消。当时周静已经和上官云桦谈朋友，自然说 NO。爸妈很看不上这位画画的公子哥。长相虽说不错，可是靠画画养家，天晓得。周静和爸妈大吵一通，昏头昏脑，退学离家出走,和老爸老妈拜拜。

夜深时分,周静和陈侠两个人挤在一张小床上,挤来挤去,谁也没睡着。周静说,我明天去找房子。跟你这么挤,够你受的了,骨架子也快挤散了。陈侠说,你要是离开,说不定我还会失眠呢。周静搥她,贱骨头。陈侠抱了抱她。周静想,陈侠莫非真是"拉拉"?

早饭过后,周静在水池边洗碗。一个女顾客走进店内,随意地翻着商品。陈侠笑脸相迎,阿姨,想买点什么?顾客白了陈侠一眼说,啥人是你阿姨。陈侠忙说,对不起,对不起。大姐,随便看看吧,所有商品一律打八五折。穿着光鲜的女顾客瞥了陈侠一眼说,大兴货吧?陈侠小心翼翼地掂酌词句,不瞒大姐说,都是山寨的,不然哪里会这么便宜?顾客说,看上去,蛮像正宗的。陈侠说,是呀,高仿嘛。不然大姐也不会来看的,是不是?顾客更不高兴了,这是什么话?陈侠笑,啊,对不起,这话说得有些……顾客怒冲冲地走了出去。周静看完这一幕,大笑。陈侠也笑,说,做小生意的,就像太监伺候太后老佛爷。小李子。喳,奴才在,听主子吩咐。周静说,蛮像,蛮像,你改行去拍电视剧吧。陈侠说,形象差点,得去韩国整整容。周静说,我大概是丧门星,早晨开市就不顺。我还是出去躲躲吧。陈侠笑道,躲用不着躲,你出去逛逛也好。就要上班了,阳光灿烂的好时光马上结束啦。周静说,我想去找房子。陈侠说,工资还没有到手,就卖样了,可没人赶你呀。

周静和陈侠四处奔走,搞得筋疲力尽,也没找到中意的房子。正闷头发愁,郝师傅走进店里说,小陈老板,听讲你们正在找房子。我这里有个朋友,住新式里弄,老早也是有钞票人家,现在虽然不像从前,倒有间空房子出租。你们去看看?陈侠泼冷水说,郝师傅给我们下套吧,你介绍的房子,我们租得起?郝师傅说,今朝天上掉馅饼了。告诉你们,二十几平米,朝向正南,打蜡地板,钢窗落地,租金只九百元。主人家是瘦死的骆驼比马大,看不上这点钞票的,就是想找个好租户。

陈侠说,看看吧,闲着也是闲着。一看,那间房子竟然令陈侠十分中意。这个郝师傅,脑子别筋了?

搬来的那天,周静正在厨房里吃晚饭。房主宋家姆妈走进来,在炉灶上煎荷包蛋。忽然,一只盘子推到周静面前,上面两只热腾腾荷包蛋。周静纳闷地看着宋家姆妈。宋家姆妈说,别看了,快吃,冷了不好吃的。工作一天了,辛苦。周静说,你吃什么……宋家姆妈说,我吃过了。有你这个邻居,我安心多了。闹猛啦,不冷清啦。宋家姆妈六十多岁,干干净净,举止端庄,言语得体。看得出,年轻时是个绝色佳人。宋家姆妈看着周静不紧不慢地吃饭,点着头说,周姑娘肯定是好人家小囡,看得出的。为啥住到外面来?周静说,上班方便点。宋家姆妈说,是呀,交通不便当,堵车,你们上班的小年轻,不容易的。我这房子老了,老鼠蟑螂都有的,夜里当心些。周静说,我不怕的。宋家姆妈又说,地板多年没有修过,夜里走动会吵你的。周静说,不搭界的。

宋家姆妈说得不错,地板是旧了些,楼上一点动静,住底楼的周静听得清清楚楚。夜里,起了风。她听见楼上宋家姆妈房里有细微脚步声。风大时听不见,风停时,听得分明。后来,竟杂有嘤嘤哭泣声。周静屏气细听,却又没有了。风大了,杂音隐去了,她也蒙眬睡着了。

过了两天,吃早饭时,又是两个荷包蛋摆在周静面前。周静难为情说，宋家姆妈，我不好意思了呀。宋家姆妈笑了，这有啥啦，荷包蛋呀。说着，外面下起阵雨。宋家姆妈朝外看了看，忽然脸色有些变化，言语也有些奇怪，嘟嘟囔囔说，姑娘，你说，人死了，还能活过来吗？周静不解，定洋洋看着宋家姆妈。宋家姆妈缓过气来，淡淡说，讲讲的，不可能的。周静说，听讲女儿要从广州回来看你了？宋家姆妈神色有些苍凉说，哎，讲了好几回啦，就是不见人影。我老太婆图啥？不就是想叫孩子守在身边。

夜里下起了雨。周静呆坐在床上。宋家姆妈的几句话总在脑子里响着，挥之不去。爸妈渐入老年的生命状态，让周静心烦……

她恍惚觉得，自己和一个教授在客厅里。教授有些像罗彼得，又好像不是。她和教授两人对坐，眼前一瓶红酒，两只玻璃杯。这就是婚礼。这婚礼也太简单了，一个来宾也没有。听从了老爸老妈的安排，他们也不来。教授在酒杯里斟满红酒，两个人对视，无话。说什么呢，无话可说。终于，教授举起酒杯说，达令，我会对你好的，一生一世不会欺负你的。周静也举起了酒杯，突然酒杯碎了，红酒一滴滴的，就滴到脸上。

周静惊醒了，感到头上有水滴滴落。抬头望去，却见木质天花板正有水珠往下滴。雨越下越大，潮湿的风从门缝里钻进来，钻进了她的心里。风吹得一阵紧似一阵，玻璃窗颤抖起来。房门似乎也来回地晃荡着……她分明听到奇怪的声响。她看看窗外，又看看天花板，猛然想到什么，连忙朝楼上奔去。

周静敲着宋家姆妈的房门，门内没有应答。又敲，还是没有回应。她试着推了推，房门居然被推开了。她朝房内扫了一眼，室内的情景让她大吃一惊。只见室内的窗户打开着，雨水疯狂地扑打进来，地板上的水汪成一片。墙壁、家具、电视机、沙发，什么都湿透了。宋家姆妈头发蓬乱，神色诡异，正拿着一只拖把在地板上乱扫，在空中乱挥。她喃喃着，你走，你走，走啊。周静连忙把窗户关好，正要说话，宋家姆妈却对着周静大喊大叫，你，你出去，快出去救火，房子全烧光啦。快出去，你把他们都撞死了。快滚，滚！边喊边用力挥舞着拖把，污水四溅。周静抱住了宋家姆妈轻轻说，宋家姆妈别喊了，没有火，没有火啊。宋家姆妈的双手仍旧不停地挥舞着，渐渐没了气力，手终于停了下来，失神的眼睛望着周静，悠悠忽忽地问，没，没有火烧？车子有没有出事？周静说，没有，真没有。放心吧。宋家姆妈又看了看周静，痴痴地问，你、你是啥人？她企图挣脱开周静但没有成功。周静轻轻拍着宋家姆妈的后背，安慰着，没事，没事，别怕……有我，我陪着你。宋家姆妈安静了下来，她定神看看周静，喃喃，你、你，小、小周姑娘？她轻声说着，依偎在她的怀里，像个孩子。周静轻轻摇着宋家姆妈，蓦然忆起自己小时候的一幕，有一天，她在天井里玩，突然邻居的大黄狗窜了出来。那个庞然大物其实是不咬人的，但小周静被吓坏了，嚎啕大哭。母亲从房里飞奔出来，紧紧抱住她，反复说着，不怕，不怕，妈妈在，有妈妈呢……

早晨，周静在厨房里吃着早饭。吃了两口打起瞌睡。忽然，一碗水潽蛋端在她的面前。她抬起头，见宋家姆妈正对着她微笑。宋家姆妈打扮得干干净净，与昨夜判若两人。周静猛然间不知说什么好，轻声说，宋家姆妈，你、你起来了。宋家姆妈像没事人似的说，吃吧，冷了不好吃的。

上班的路上，周静挤在地铁里，被身旁一位高个男人的胳膊肘压得喘不过气,她站在那里,犹如腾云驾雾。昨天夜里的一幕,像恐怖影片在周静脑海里放映着,住在这恐怖的屋子里,真不敢想象以后会发生什么。

下了班,周静马不停蹄地赶到陈侠的小店,把昨天夜里的"恐怖剧情"跟陈侠讲述了一通。陈侠拍拍自己的胸口,嘘口气说,乖乖隆地咚,真的吗?好莱坞大片呀。怪不得租金那么便宜。这个老郝,到头来,还是给我吃药。

周静和上官跑了三家中介公司,看了两处租房,都不靠谱。上官叹气,想不到租间房子会这么难。周静说,你刚刚晓得?这是上海滩,晓得吧。上海的两大难题是什么?住房和交通。上官说,你有市领导的水平。

周静回到新世纪百货商店,见陈侠正在整理货物。三个小混混晃了进来。其中一个人搬着一个纸箱,怪声怪气地问,老板,哪一位是老板?陈侠迎上说,有什么事吗?找我就行。这么说,你就是这里的小老板娘了?陈侠说,就算是吧。小混混瞥了瞥陈侠身边的周静说,那好,我们退货。说着,把纸箱打开。陈侠看了看,又看看那几个人说,这不是我店里的东西呀……各位兄弟有什么别的需求?打头的那个粗声粗气地说,少废话,退货还钱。货色给你放在这里,钞票拿来。一共是六千五百。陈侠看看几个家伙,说,兄弟,别狮子大开口嘛。货你们还请拿回去。现钞不多不少,一千块。说着,从抽屉里拿出钱,递给那人。那家伙数也不数就装进衣袋,给两个同伙递个眼色说,今天放她一马,我们走。几个家伙刚走到门边,陈侠嘟哝,碰上赤佬了。不料,被那家伙听到了，返转身，声色俱厉地问，啥？你讲啥？陈侠倔强地说，我说见鬼了，我大白天撞到鬼了。那家伙不由分说，抬手给了陈侠一个耳光。甩下一句，要报警随你，跑得了和尚跑不了庙。周静上去揪住那个打人的家伙，要和他拼命，那家伙看到周静冒火的双眼说，找死哇，你！周静说，就是找死。那家伙扇了周静一记耳光，周静闪了一下，打偏了，感到脸上还是火辣辣的痛。她不顾一切，猛冲上去，狠命咬了那人的肩膀一口。妈的，属狗的哇。就是属狗的。周静两眼冒火，揪住那人的衣领，两人僵持时，市场的几个人围了过来，那家伙松开手，改了口气说，好好，我服帖，服帖，好男不跟女斗。

2

周静就职的七里桥文化中心，是天使文化基金会托管的机构。上班的第一天，七里桥文化中心就像开了锅。主任章强一个五十来岁的山东汉子正在指挥全体人员打扫卫生，他命令一个清洁女工说，孙阿姨，男厕所再去扫扫。孙阿姨噘着嘴说，已经扫两遍了，人家上厕所，进进出出，不便当。章强浓浓的山东话，发话道，咋不便当？二十一世纪了，还封建不成，去搞搞卫生嘛，又不是搞……算啦，我去。夺过孙阿姨的拖把进了男厕。孙阿姨站在门外发呆。副主任吴芳走过来问，孙阿姨，主任呢？孙阿姨朝男厕努努嘴。吴芳埋怨，这个老山东，捡了芝麻，丢了西瓜。章强走出男厕，问，丢西瓜，丢啥西瓜了？孙阿姨吐吐舌头，溜走了。吴芳讷讷说，一上午就盯着厕所，全中心很多地方还没有准备好呢。区长两点钟就到。章强惊异道,两点?不是讲好三点半的吗?怎么?怎么计划说变就变?吴芳没好气回敬说,问区长去。章强叹口气说,突然袭击啊,突然袭击。还有啥没准备好的?今天区上来视察可是关键哪。吴芳说,阅览室里就两个读者,冷冷清清的,很不好看,最好组织些人来撑撑门面。章强胸有成竹地说,这点小事,交给我吧。章强即刻回到办公室给老战友打电话说,喂,老宋头,你再帮我弄二十个人过来,进阅览室。想了想又说,最好,再请两个画画的。对方表示为难,说,画家难找啊。章强笑了,脑子真是转不过弯来呀,老兄。画家在脑门上写着吗?只要是年纪大些,像那么回事就行嘛。要的是气质。吴芳走进办公室,看看章强志得意满的样子,探问,群众演员落实了?章强说,严肃点,什么群众演员?来的都是文化爱好者嘛。二十分钟就到位。注意,不是群众演员,是文化爱好者。对,对,说得对。

吴芳又陪着章强到戏曲室转了一圈,里面几个人在拉二胡。章强站在门外,朝里看了看说,怎么,只有拉胡琴的,没唱的?吴芳说,几个票友,参加人家婚礼去了。章强有点发急,说,不是说好了,今天一定来参加活动的吗?怎么搞的!

吴芳有些委屈地说,人家那边给钞票。我们有吗?章强泄了气,自语道,罢了,罢了。总算有几把胡琴。吴芳又说,健身房的两台跑步机坏了,只好锁门。章强愕然道,怎么不早说?吴芳说,报告半月前就打给你了,你说在大街上跑跑不是一样吗,天然的跑步机。章强拍拍脑门说,对,对,是我一时说的气话,这玩艺修修也太贵了。算啦,门还是开着吧,锁着门,给领导印象不好。

十分钟过后,来了两位形似画家的老头。章强急着把两个人往书画室里推。老头说，主任，我还是去阅览室看看书吧。章强央求，老先生，求您啦，阅览室人够了，您还是到书画室吧。老头说，我连宣纸都没碰过，怎么画画？章强操着山东话，没吃过猪肉，还没看过猪跑？帮帮忙，不用您像模像样，画大写意就行，泼墨会不会？老人说，更不会啦。章强说，唉，死脑筋，墨水往纸上泼呗。

就这样，两位冒牌画家走进书画室。楚雯，一位年近七十的老太，正专心地画一幅青竹，见两人没头没脑进来，问道，两位是新来的？老头苦笑，就……就来这一回。滥竽充数的。旁边一位正在画老虎的老伯，轧出苗头，给了两个老头每人一张宣纸说，画泼墨吧。泼，怎么泼法？老伯给那人做了示范，冒牌画家笨手笨脚地弄着纸笔，一下子把墨汁弄洒，宣纸弄得一塌糊涂。

幸好，当天区领导刚刚进门，还没有走几步，就来了电话，说有急事，叫去市里开会。章强躲过一劫。

夜晚，周静的表姐冯爽来到新世纪百货商店。见了周静说，恭喜，恭喜。文化局，单位蛮好，以后还得求着你呢。周静说，跟文化局没啥搭界，是个活动中心，街道的。心想，表姐真是消息灵通，FBI应该招她去上班。

周静离家已经不少日子，冯爽代周静的父母叫她回家。她心里很烦，下了班就去了红树画廊。画廊里，上官云桦正在画一幅抽象画，身旁两位中年男女在一旁选画。男的看看上官的画，左看右看搞不明白，说，请问这画的啥？上官说你看像什么，就是什么。男人说这就怪了，我看啥都不像嘛。女人责怪老公，懂个屁？没素质。大画家，不要睬他。我看看蛮好，颜色蛮漂亮。男人还是没方向，看不出啥嘛。上官说，这是抽象画，大象无形。边说边用画刀往画布上涂色。男人更加奇怪，说，拿刀画画？更没见过。女人一脸不屑，提高了声音，少说两句好吧，别人不会当哑巴把你卖了。男人喃喃自语，看不懂嘛，哪能会看不懂，还是买那幅水乡吧，周庄，都认识，陈逸飞的要几万块呢。上官说，几万块会卖给你？女人把男人推了推，他啥也不懂。停了一下，拿起一幅抽象画抱在胸前，对男人大声说，喂，这张也要哇，颜色多鲜。钞票一道付。男人瓮声瓮气问，多少钱？上官说，五千八。男人说，两幅一道？上官说，只就这一幅。男人不情愿地数钞票，说，真贵。上官说，那幅水彩就算你二千。男人一边数钱一边自言自语，没办法，儿子结婚，都听媳妇的，非要挂油画，还得是原创。画家，原创啥意思？

上官转过身问半天不响的周静，第一天上班，印象如何？周静不响。

买画的两个人拿着画走了，女人还留下一句，儿子要是欢喜，我们要再来的。上官看了看周静说，看上去多云转阴嘛。周静说，找你谈正事，我上班了，想送件礼物给陈侠。想来想去，还是借花献佛，送幅画给她，提高提高她的鉴赏力。上官拿起一幅半写实的风景画，说，就送这幅怎么样？这是近半年来探索的结果，前天两个同学来，都说不是我画的。我说的确不是我画的，是你爷叔画的。这俩家伙要修理我。周静说，你是该修理修理了。上官说，少废话，吃过夜饭，去看看我哥。

上官云桦的哥哥上官云栋开了家广告公司，取名"重华文化传播公司"。这天，摄影棚内正在拍摄平面广告。摄影师郑杰对着穿纱裙的女模特阿莹连连按着快门。阿莹长得漂亮，一双颀长的秀腿，生就了是做模特的料。她变换着各种POSE，熟练而潇洒。上官云栋留着长长的头发，染成棕黄色，一副艺术家的派头。他叼着烟斗，口齿不清地说，阿莹这女孩不错，有灵气。郑杰大声说，阿莹，裙子再撩起一点。阿莹撩了撩裙子。郑杰说，高了，太高了。三角裤都走光了。阿莹做着媚态，撇着小嘴说，高不成低不就。旁边打光的助手大声说，又不是嫁老公。众人哄笑。吃豆腐哇。阿莹瞥了一眼那个助手，丢了个媚眼过去，要嫁就嫁给你。吃不消，吃不消。

上官云栋走到门口打电话，谢总，不能再压价了。总得赏我们一口饭吃吧，老朋友，我得养十几口人呢。对方哇哇说了半天。上官云栋无可奈何地说，好吧，再让两个百分点，只能两个啊，下午我派小范去签合同。副总兼会计小范是个打扮精心的少妇，正巧走来，听明白几分，问，谈成了？上官云栋说又让了两个百分点。这姓谢的，比猴还精。小范说，给他们白做了。上官云栋说，再学一把雷锋吧。

星期天，上官云桦特意请周静到他家去见老爸。云桦本想约哥哥一同回家，壮壮声势。云栋说，公司的事烦得几乎想跳黄浦江了，挤不出时间。云桦知道哥哥不想见爸爸，只好硬着头皮，和周静两人回家。周静和上官云桦交朋友一年多，从没有到过他家。一来，周静没有工作，见了他老爸说什么呢；二来，上官老爸要是问到自己父母近况，又怎么说呢。这次是他老爸主动邀请，躲不过了。

上官家是老式花园洋房。早年，湖南路兴国路一带，要算法租界。沧海桑田，这一带却少有变化，只是房屋老旧了些，有些花园四周粗粗搭建了一些临时用房，精巧的铁艺大门变成了没用的铁疙瘩，喷水池没有了，花坛倾圮，绿绿的草坪种过青菜之后，再没有恢复原状。毕竟徐娘半老，不像当年淑女窈窕。不过，街道两旁的法国梧桐虽已苍老，到了春夏依旧是枝繁叶茂，标示着这里依然是上海滩最有味道的地段。

上官的祖父早年留学德国，后来进江南造船厂当工程师，上世纪五十年代，一度还拿过奖状。再往后，成了老运动员，历次政治运动都逃不过。老上官死后，上官老爸上官疾曾经时来运转，可是好景不长。上官云桦兄弟跟着老爸从大房子搬出，挤进汽车间。到了上世纪末，他们才又搬回二楼。

这幢洋房的内部结构变化倒也不大，只是老旧了。落地钢窗的配件老早是铜质的，现在一律换成简单铁质；壁炉原是紫檀木雕花，清水蜡克，后来被涂成不透明的白油漆，现在虽然洗去了，毕竟不是原状。

下午五点，上官疾坐在沙发上看报。上官云桦带着周静进来。上官云桦说，老爸，这是周静。周静有些矜持地站在那里。上官疾放下报纸略略打量周静，唔，你好，初次见面，坐吧，请坐。周静还是站着。上官疾说，别拘束。我看你小时候很调皮吧。周静说，是，猜对了，我上中学还蛮皮的。上官疾笑了，怎么样？我猜得不错吧。我以前受过高人指点。周静诧异。上官疾说，开玩笑，开玩笑。坐吧。上官云桦轻轻拉周静，小声说，坐呀，傻啦。周静坐下。上官疾走到音响前，打开音乐并把音声调低，他看看两个年轻人，抱歉，我只喜欢听老曲了，不知是否喜欢？周静说，其实我们80后90后也很喜欢苏联歌曲的。上官疾盯着周静看了看，是吗？对，你不是客套话。周静神情稍稍放松了些。上官云桦端来了红茶,张罗着。上官疾特地给周静斟茶,问,加奶还是加糖?还是都不要?周静忙欠身说,都不要吧。上官疾倒好茶说,不要客气。到我这里来,不分辈分大小的。不加糖,是不是怕胖?周静说,不怕。上官云桦得意地对周静说,怎么样?我爸很幽默吧。周静点点头。保姆送上茶点。上官疾说,既然不怕胖,就吃块蛋糕吧,"红宝石"的。周静说,红宝石蛋糕,我从小就爱吃。上官疾大笑,怎么样?我又猜对了。周静抿嘴一笑。上官疾突然问,工作了?周静说,是的。上官疾说,在哪里工作?周静支支吾吾,在……上官云桦抢着说,在市文化局。哦,文化局。上官疾看了一下手表。周静连忙更正,是局的下层……上官云桦说,是暂时的。上官疾再看了看手表。上官云桦还要解释,上官疾突然沉下脸,云桦,我没有问你。周静欲言又止,有些尴尬。上官疾又问,父母都好吧?还好。住啥地方?周静说,我跟爸妈不住一道。不住在一起?为什么?上官说,她因为工作方便,找了……上官疾情绪大变,又看了看手表,不再说什么。

3

周静上班第三天,中午,表姐冯爽又来了。

冯爽硬拉着周静进了小吃店。周静见母亲坐在角落里。母亲好像多了几根白头发,周静心里发酸,只是不响。妈妈说,你爸病了。周静不响。冯爽说,是感冒,发烧发到38.6度,今天有点退了。周母斜了冯爽一眼。母亲又说,他想你了,回家看看吧。周静没反应。周母有些尴尬,喝了一口茶。周静说,我还要去上班。就要走。母亲忙说,听爽爽说,你工作蛮好。周静不响,要走。周母说,彼得来信了,说圣诞节回上海。周静不响。母女不欢而散。冯爽在小吃店里发呆。

冯爽是个绝代佳人,亭亭玉立,脸庞清丽,眼睛会说话,可是嘴就不大好使,说出的话,往往词不达意。她初中毕业就不再读书,听从了与她水平相当的小姐妹们的建议,与其卖命死念书,不如嫁个好老公。千挑万选之后,她嫁给了暴发户程荣宾。这位程总长得高高大大,能说会道,却不轻易说话,肚皮里做功夫。

笺记:

  早年间,浙东有户人家,妇人年届四十方诞下一女,全家视若掌上明珠。女孩越长越美,长至六七岁却不会说话。家人四处求医乃不能治。一日,有僧前来化缘,说能治百病。家人叫来女孩,请僧诊治。那僧人看看女孩笑了笑,扬长而去,出门时笑曰,得寸进尺,得陇望蜀,奈何奈何。家人不解其意,追出欲问,僧人已无踪影。

第二章

1

七里桥社区文化中心会议室,正在举行迎新会,欢迎已经来了好几天的新同事周静和汪雁。这是章强行事风格,凡事慢两拍。章强正念着欢迎词,马孟气喘吁吁地一头闯进来。马孟是个二十多岁的愣小子,他扫了众人一眼说,对,对不起,堵、堵车。章强沉下脸说,病假请了好几天,上班就迟到,真有你的啊。周静朝马孟看去,不禁一怔,这家伙不是高中的同学嘛。

走出会议室,马孟说,调皮鬼,你怎么在这里?周静说,我在这里上班啦。马虎虎,想不到你也在这里。马孟说,好,一块在贼船上了。吴芳走过来问,你们认识?周静说,中学同学。马孟见吴芳来了,连忙开溜。吴芳关照周静,小马爱讲怪话,别受他影响。周静说知道。马孟见吴芳离开,又转了回来说,中午,对面马路麦当劳快餐店,我尽地主之谊。周静说,谁是地主?不要搞错,我也是这里的员工。马孟说,我比你早来,反正就那么个意思。见周静有点犹豫,说,也叫上那位新来的汪雁嘛。马孟在高三时对周静有过那么一点意思,还写过情书。情书字迹不敢恭维,那内容也太直太露。同桌说,去告诉老师,周静想了半天还是放他一马。

麦当劳快餐店里,顾客不多。马孟端来堆满食品的托盘。周静说,马虎虎,想把我们撑死啊。马孟说,撑死我不负责,垃圾食品,多多益善。马孟举起饮料,来,可乐代酒,欢迎二位。你们来我很开心,可是,又不欢迎你们来。汪雁问,为什么?马孟叹气,我正想离开呢。周静问,为啥?马孟说,能憋死人,没意思透啦。什么意思?就是没意思。没意思是啥意思?马孟做了个手势,STOP,STOP,今天小聚,不讲不开心的事了。来,吃鸡腿。忽然想起什么说,唔,皮夹子,忘他们售货台上了。周静大笑,这家伙,狗改不了吃屎。多亏售货员忠于职守,皮夹子很快找了回来。

三个人回到文化中心,见章强正在图书馆批评管理员小苏,说她不读书不看报，成天混日子。原来，刚才小苏正坐在电脑前玩游戏，章强走进来说，小苏，有本书叫、叫什么洛伊德写的，梦什么的，有吗？小苏局促地站起来说，什么伊德？章强说，我还以为你知道呢，是个外国人，还是个特别有名的，你应该知道啊。小苏说，我，我不知道……咱们这里没这本书吧？章强发脾气，肯定有。前两天区长来视察，还看到过这本书，他想借去看看。章强一眼瞥见马孟他们，犹豫着看看马孟说，问你也是白问。见吴芳也走了过来，就说，小吴，有个伊洛德，你知道不？吴芳摇头，没见过。章强笑笑，你当然没见过，人家是老外，死多年了。吴芳说，主任，你可别吓我。章强一本正经，说是弄心理的？吴芳还是摇头。马孟插嘴说，研究心理学的？是不是弗洛伊德？章强喜出望外地说，对，对，弗、弗洛伊德，弗洛伊德。他有本书写做梦的？马孟说，是《梦的解析》，还有另外几本，跟他齐名的有个叫荣格的。章强的脸开了花说，对，区长也说到什么荣格。小马，你有学问。周静小声说这算什么学问。章强对马孟是恨铁不成钢，见马孟有些得意又说，别一表扬就不知天高地厚啊。马孟嘟囔着走开：猪八戒照镜子，里外不是人。没法活啦。

　　回到家，马孟换上西装，开着老爷车，到了贵都饭店，海参鱼翅，一顿海塞，花了三千多，还没有吃出什么滋味。

　　周静借花献佛，送了一幅油画给陈侠。陈侠投桃报李，硬拉了周静去淮海路"血拼"，要送件礼物给周静。两人逛来逛去，一不小心进了"巴黎春天"。周静说，这地方刀太快，换个地方吧。陈侠说，既来之则安之，毛主席教导。周静说，好，听毛主席的话，翻身闹革命，少奶奶的牙床上也要滚一滚的。走上二楼，陈侠突然说，你知道昨天我看见啥人？你表姐夫。这算不得新闻，新闻是，他身边不是你表姐，是另一位。当然是LADY。瞧程大少那幅尊容，呸。周静说，以前你还说程荣宾挺男人的。陈侠说，那是从前。现在你看他那双贼眼，啥人吃得准他。听说，他公司这两年发了。周静说，昧良心呗。陈侠指点周静的鼻头，观念错误。周小姐，财富积累总是带血的。政治经济学没学过？又放低声音说，记得我们大一时，讲中国近代史的那位老克拉？周静说，一笑，就这么托眼镜的那位，头发一丝不苟的老夫子？陈侠说，正是此君，前年去重庆办公司，下海呛水啦，后来跳楼了。期货可不是阿猫阿狗都能玩的。周静感叹，蛮可惜，他文章写得漂亮。说到这位老克拉，进大学不久，周静曾暗恋过他。文章写得的确漂亮，人白白净净，走路腰板挺得笔直。一段时间，弄得周静神魂颠倒，几门功课吃红灯。有一次，一个小小举动，叫周静幻想破灭。那天，这位老克拉得了感冒打喷嚏，竟掏出一块红手帕。娘娘腔哦？后来周静认识了上官，这段罗曼蒂克就此终结。前前后后这段，周静始终没有跟陈侠说。陈侠要是知道了，肯定笑掉大牙。

  两人说着进了一家商店。周静挎着LV包，左看看，右扭扭，扮个怪样。陈侠说，不如去做模特儿。周静撇撇嘴。陈侠看中一双鞋，走到一边去试穿。周静说，你这气质不合适穿这种。陈侠眨眨眼说，我穿？打死我也不会去穿的。过几天，我找人仿制几双，放我小店里，准火。周静骂，你就黑心吧。陈侠说，我标明是山寨的嘛。

  陈侠买下那双高档而时髦的皮鞋，还要送周静LV包，周静坚决不从，最后，买了一副皮手套。两人心满意足地进了地铁入口处。在通道拐角处，看见一个蓬头垢面的青年在拉小提琴，琴盒开着放在地上。琴拉得不错，是《山楂树》的曲子。"哦，那茂密的山楂树啊，白花儿开满枝头……"周静随着琴声，不禁跟着轻哼起来，她俩走过拉琴人，周静又折返身，丢了一百元在琴盒内。这时两个女中学生正巧路过，她们用手机拍下这一幕，拉琴者抬抬眼说，谢了。周静说，天黑了。拉琴青年踟蹰片刻，收拾琴盒，夹着琴朝通道口走去，忽然趔趄了几步，一头栽倒下去。周静与陈侠连忙跑上前，扶起那人。陈侠猛然省悟，大叫，喂，当心"防火、防盗、防老太"。周静不理睬陈侠，背起青年人，又喊道，大侠，快出去喊辆出租，我背他出去了。陈侠迟疑一下，飞快朝地铁口奔去。两个中学生用手机一顿猛拍……

折腾半天，周静和陈侠走出急诊室，已是满天星斗。周静说，大侠，今天让你出血了。陈侠笑，没错没错，你做善事，我买单，合情合理。周静扮着鬼脸，对，对，对。谁叫我是啃老族呢。陈侠追打周静，周静连蹦带跳往后退，退着，退着，只听"扑通"一声，水花四溅——周静跌倒喷水池里了。陈侠大笑，周静落汤鸡般爬了起来。

躲在暗处的两个女中学生用手机连连拍照。

2

韩柯提前释放，为了感谢上官，请上官去巨鹿路一家小酒店喝酒。喝得昏天黑地之时，闲话多了。韩柯说，今天走了一幅大画，抽象的，那个老外棒槌一个，我要他五万块，一分钱也没有还，老外就是爽快。上官说，老兄，我觉得你的作品路子太野。韩柯笑道，路子野？朋友，帮帮忙。我觉得还没有放开，路子不野，能闯出来吗？上官说，卖野人头，啥人不会。韩柯边卷着袖子边说，你是说，我韩柯是卖野人头的。上官避开锋芒说，今天高兴，不跟你叫板。不过，哥们有件事我提醒你，你看我们小周，放规矩点，别像恶狼似的。韩柯大笑说，老弟，你这就不懂了，我们画画的，对什么感兴趣？对美的东西。我对女孩子盯着看，没有邪念，若是，我看一个女孩子，看上两眼，就低头琢磨，那就是起了歹念。老弟，放心，朋友妻不可欺，这我还拎得清。上官说，有你这话，我没有白保你出来。

过了一天，韩柯拿给上官一本画册说，有位朋友叫陈国基，留法的，画得不错，兴趣却在出书上，不久前，出了本《海上知名画廊》，专门介绍青年画家，卖火了，打算出续集，不知有没有兴趣？上官说，有哇。韩柯说，按规矩，每家画廊选五到六幅作品，两个插页容量。要交成本费三千。上官说，还可以。韩柯说，那就说定了。

下班时，冯爽已经在门口等了许久，生拉硬扯，要拉周静到姨父姨母家去。饭桌上，冯母不住地给周静夹菜，不住地问这问那，最后进入正题说，准备啥时候回家？你妈年纪也大了，怄几天气就算啦，还当了真？你爸身体不像前两年啦。冯父也说，是啊，人老了，连走路都是个难事。当年，你爸爸在教师运动会上得过三千米亚军，现在连走路都颤巍巍了。冯爽父母一唱一和，不管是围点打援，还是迂回战术，全无战果，周静一概不响。下定决心，在婚姻这事上不能缴枪投降。

周静的不冷不热，让餐桌上的气氛尴尬。正愁没话讲，冯爽的丈夫程荣宾一头闯了进来。来得正好，简直是及时雨。程荣宾抱歉着，来晚啦，来晚啦。静静，你姐姐今天还跟我说起你来。又是多半年不见了，出落成一个亭亭玉立的大姑娘了。冯爽横了丈夫一眼，就说些胡话。程荣宾说，怎么是胡话？这是点赞嘛。冯母说，两个人没说上三句话就吵，荣宾你别理她。来，趁热吃狮子头。程荣宾说，妈，我自己来。这两天吃得太油腻，我来点生菜吧。忽然，程荣宾的手机响了，他走到厨房接电话。冯爽悄声对周静说，看到没有，成天就这么神神秘秘的。背着大家去听电话，能有什么好事啊。周静说，表姐，你别那么疑神疑鬼的。冯爽哼了一声说，鬼不疑我就蛮好了。

程荣宾当然不管冯爽的反应，继续打他的手机。不是叫你这时候别打来的吗？怎么？脑子又进水了。对方在手机里嘀嘀咕咕说了半天。程荣宾话音严厉起来，这回你给我听好了，没有什么事，这个时候少跟我打电话。记住了。然后提高声调说，那笔费用不能再拖了，到时候封了你的店门。敬酒不吃吃罚酒哇。

程荣宾走了进来，嘀嘀咕咕地说，生意真是难做，就这么点破事，来回打了一百个电话。冯母看看女婿说，先别说那些杂七杂八的事，快吃饭吧。鸡汤凉了，爽爽去厨房热热。

3

马孟是周静的高中同学，人蛮聪明，数学在全年级是第一把交椅。数学高考时，他本想把前面容易答的题放一放，先攻后面的难题,等到后面几道难题全部攻下,得意忘形之余,第一个交了试卷。试卷交上的一瞬间,忽然想到前面的试题完全没有答案。马失前蹄,高考落榜,马孟靠姑妈的介绍,进了文化活动中心。

马孟下班后,把自己的二手奥迪车开回小区停车场,返身又走出小区。穿过马路,进了"避风塘"饭店,找个临窗的位子坐定。点了一屉蒸虾饺,一客精致虎皮卷,一客糖醋小排,一客蒸凤爪,外加两瓶青岛纯生。想了想,又要了一碗鲜虾云吞面。一通狼吞虎咽之后,剩下半瓶啤酒半碗云吞面,便觉得肚皮发胀,后脖颈发酸。他昏昏沉沉走回1006房间,打开音响,倚在沙发上,听邓丽君。"好花不常开,好景不常在,今宵离别后,何日君再来……"音响的音色不错,整个设备花了马孟十几万元。懂行朋友说,勉强算是半吊子发烧友。"喝完了这杯,再进点小菜……"马孟把声音开大,眼睛有些睁不开了。

马孟的父亲是油漆工,在沪东造船厂上班。马孟读初三时,父亲得了职业病过世了。从此,母亲的脾气大变,原来不声不响的,一夜间成了火暴性子,在纺织厂里成天跟别人吵。不久,吵的机会也没有了,厂子关门,全体下岗。母亲大病了一场,经济也逐渐吃紧,正走投无路,否极泰来,老房子动迁,他家从石库门搬进静安新城的两室一厅,还有不少现金。谁知好景不长,装修房子时,母亲成天与装修队不开心,三天一小吵,五天一大吵,搞得双方筋疲力尽,房子还没装修完,心脏血管就装了支架。新房子住了一年多,支架出了点小问题,不久去世了。

蒙眬间,便听到"笃笃笃"声,有人敲门。马孟摇摇晃晃开了房门说,阿晴姐,进来。阿晴一身黑色薄纱连衣裙,里面的胸衣和三角裤隐约可见。阿晴住马孟楼上,三十大几,生得亭亭玉立,皮肤是黑了些,可是柳眉大眼,鼻梁笔挺,鲜艳的口红勾画出精巧的小嘴。小脸,尖下巴,整个是李冰冰的仿真版。小区阿姨一提"黑里俏",都知道是阿晴。阿晴姐轻轻一笑,点着马孟的额头说,死小鬼,一听就晓得你回来了。音乐开得山响,声音污染晓得吧。马孟摸摸耳朵说,烦,里面坐。阿晴说,还是到我楼上喝咖啡。

马孟与阿晴住上下楼,电梯上常碰头,一来二去,认识了。孤男寡女,两人渐渐谈得拢。阿晴的老公是驻外公司的工头,赚的钞票不少,在家的时日不多,免不了闺房寂寞。见马孟帅气,又是光棍一个,便略施小计,钓马孟上了钩。那天夜里,快到十点钟,阿晴敲开马孟房门说,想借盘录音磁带听听,日本小野丽莎的有吧?马孟说,好像有,我来找找。阿晴说,我自己找吧,如果方便,这许多磁带讲不定还有更好的。阿晴边找边说,老公不住家,夜里困不着,听听音乐也好。马孟说,是呀,是呀,我也常常这样。阿晴穿着睡衣,开始立在那里翻着,后来蹲了下来,背着他。马孟瞄瞄阿晴,身材不错,屁股大了些。小区阿姨说,屁股大的女人能生孩子。可是阿晴为什么一直不生呢……阿晴找着找着,忽然蹲着转过身说,找着了,小野丽莎。马孟不经意瞥见阿晴睡衣里的两腿处黑乎乎毛茸茸。阿晴有道理。

马孟进到阿晴房间,坐在餐桌边,只觉得头脑发沉。阿晴兴致勃勃说,我去煮咖啡来。阿晴的咖啡的确不错,进口的巴西咖啡豆,现磨现煮,过滤清爽。那套咖啡具是法国舶来品,金边蓝花,隐隐看得出是郁金香花饰。咖啡煮好,阿晴捧过玻璃糖罐问,一块还是两块?玻璃罐是捷克波西米亚车料玻璃,正宗货。马孟在静安寺久光百货店里见过，与其相仿的不下四千元。马孟挤挤眼说，三块。阿晴骂，死小鬼，不怕得糖尿病。马孟说，得糖尿病有啥，大不了翘辫子。阿晴说，死不脱的，瘪三。阿晴还是在马孟的咖啡杯里加了两块糖。味道不错的咖啡喝着喝着，两人越靠越近，最后粘在了一起。阿晴的手摸摸马孟的脸说，这几天瘦了。马孟说，瞎讲，前天称称还重了两斤。阿晴不响，继续摸下去，由胸部到大腿，由大腿到大腿根，突然停住手。阿晴说，哪能了？马孟说，做啥？阿晴的语言就有些模糊，喘着气说，我，我在看墙角那只落地钟。怎么了？哪能十点半，一记头变成了十点三刻？马孟说，你说呢。说着抱紧了阿晴。

笔记：

某大厦，每到夜间，必有一位美女在门卫值班。一日，两个混混趁美女值夜前来"吃豆腐"。美女并不恼怒，以美酒招待。两人受宠若惊，只饮了一口，便觉昏昏然，看那美女，似有若无，忽然美若天仙，忽然丑若厉鬼。两个混混逃至家中，三日不能语言。至此，大厦再无那位美女出现。

第三章

1

周静心烦得要命。上官打过几次电话她都不接，人也瘦了一圈。马孟轧出苗头说,调皮鬼,老早就想问你,这些天怎么了,无精打采的,有什么心事?恋爱了?失恋了?跟啥人,是不是门口马路对面常常出现的那个帅哥?告诉我,我替你报仇去。周静说,报仇个鬼啊,我的事用不着你管,滚。马孟碰了一鼻子灰,灰溜溜走开,嘟囔,更年期提前了,真是碰上了大头鬼,还老同学呢。

上官求了几回,周静总算答应好好谈一次。上官问,为什么不理我了?周静说,你还不明白?我们不谈了。上官说。不谈什么?周静说,不谈朋友了,到此为止。上官说,开玩笑吧?都一年多了,吵归吵,好归好,说分手就分手?周静说,电视上那些名人说,不以结婚为目的的恋爱就是耍流氓。我基本赞成。上官说,我们当然可以结婚。周静说,你爸同意吗?我爸妈同意你吗?上官说,结婚是我们两个人的事,跟他们不搭界。周静说,是没关系,但是又有关系,没有父母祝福的婚姻是不看好的。上官说,难道非得要长辈的祝福吗?周静说,你可以不这么认为。但我是这么看的,而且是必需的。上官反驳说,当初你不是为了那位留美博士而离家出走吗?周静说,那是为婚姻自由而奋斗,但是到了婚嫁时,当然要有父母的祝福。两人不欢而散。下了班,周静犹豫了半天,还是决定去"新世纪"蜗居。

周静与上官谈过之后,心里不爽,拉了汪雁在文化中心的各处走走。她们偶尔来到一间很大的房间,屋角堆放着几件破桌椅和一张散了架的乒乓台。周静说,这么大的房间空着,浪费不?想想看,能派什么用场?汪雁说,我想不出。周静说,发挥发挥你的特长。汪雁说,我有啥特长,要么,会炒菜?周静比画着打乒乓的姿势,怎么样?汪雁说,老胳膊老腿,打不动了。周静说,我知道你从前进过市队。汪雁说，你怎么知道的？周静说，网上呀。汪雁说，小赤佬，你克格勃呀。周静比画着说，我们在这里摆几只乒乓球台，你当教练。汪雁说，教练可以，可乒乓台呢？周静说，打报告，向章主任打报告呀。说着说着，周静的心情似乎好了不少。忽然传来一阵轻轻脚步声，马孟背着个挎包，晃悠进来。他有些意外说，喂，你们躲在这里干什么？有什么不可告人的目的？周静说，我们有什么不可告人的。喂，喂，你来这里做啥？马孟说，我有我的秘密，用得着告诉你们？周静上前揪住马孟的耳朵说，快说，什么秘密？马孟讨好地说，其实也没什么。说着，从包里拿出一块塑料布和一个iPad，又说，每天中午，我躲在这里玩一会"愤怒的小鸟"，解解厌气。周静说，好啊你，躲在这里磨洋工。马孟说，我又不想磨洋工喽，我不欢喜这工作嘛。他停了停问，哎，你们来做啥？汪雁说，我们想在这里开辟一个乒乓室。啊。马孟叫道，那不是夺了我的风水宝地钓鱼岛吗？周静笑道，好哇，马虎虎，你成了小日本啦。这里明明是文化中心的，却说是你的风水宝地。你这不是强盗逻辑吗？马孟说，好，好，我投降，我投降还不行吗？周静说，投降可以，可不许参拜靖国神社啦。马孟笑了，神什么社呀，我还得去趟日本？你给我买机票啊？周静说，我给你……我给你吃两记耳光。

下午，陈侠打电话给周静，喂，静静，我发了微信给你，七个小矮人……周静说，什么七个小矮人？搞啥名堂？你看看微信就晓得了。原来，前些天周静她们在地铁里帮助那个拉琴青年的事，被人放在了网上，有视频，还配有文字说，两美女地铁救小提琴哥，人间并非全是大妈"碰瓷"。网名是"七个小矮人"。陈侠还说,今天你准没有看电视,电视和《新民晚报》都有报道,七个小矮人和小提琴哥都火了。陈侠电话里兴奋地说,下了班马上回来,我们好好乐乐。

周静赶到店里,刮起了大风。陈侠说,本来想到顺丰饭店请你HAPPY一顿,风太大,就在店里凑合吧。有现成啤酒,炖着鸡汤,我去附近店里买些熟菜,不就是穷开心嘛。

两人正吃喝着,老郝师傅一脚踏进店门。他乐呵呵说道,人肉搜索,人肉搜索蛮灵光。陈侠说,什么人肉搜索?有病哇?老郝说,网上人肉搜索到你们二位,还有放大照片,我仔细一看,果然是你们两位女神。给两个美女祝贺。陈侠说,别提那些没用的,老郝师傅,你说,你对得起我们吗?老郝师傅笑容可掬地说,你们的英雄行为,我第一个点赞,还要哪能?什么对得起对不起的?陈侠说,我问你,宋家姆妈是怎么回事?那种鬼屋也敢租给我们?老郝一听笑了,从容坐下说,就这事呀?喏,我先吃只鸡腿再讲。说着,夹了一只鸡腿大嚼起来。周静说,那天夜里可把我吓坏了。老郝问,哪天?是不是下暴雨的夜里?周静和陈侠异口同声地说,你怎么晓得?老郝摸摸油嘴,点点头说,我想,宋家姆妈那天恐怕是又犯病了。小周姑娘吓着你了,实在对不起。陈侠说,好哇,老郝,你明明知道宋家姆妈是有病的,还介绍我们住她家里。老郝低声下气地说,晓得,晓得,我事先是晓得她有病的。可是她这病不会伤害别人,也不会给别人添麻烦……陈侠打断老郝,还不添麻烦哪,那天夜里,把我们周静折腾了一夜。老郝说,这是因为小周姑娘心肠好,肯帮助别人。如果没有人管宋家姆妈,过一两个小时,事情就过去了。陈侠骂他,你是站着说话不腰疼,她那样发神经,小周能不管吗?老郝连连点头说,说得对,说得对。我佩服小周姑娘。我今天来,就是代宋家姆妈向小周姑娘表示感谢的。周静说,用不着感谢的。宋家姆妈那样,能不管吗?陈侠说,废话也不用说了。宋家妈那里,我们不能住了。房钱我们照付,明天就搬出来。老郝赔着小心说,你们想搬出来,当然可以。可是宋家姆妈诚心诚意地希望小周姑娘能留下来。你们骂我,我接受,不过我是代人受过,我没有得到啥好处。陈侠反驳道,你呀,无利不起早。没拿到好处,会这么卖力?老郝说,这就是狗咬吕洞宾啦。老邻居,我跟宋家姆妈是老邻居,没办法呀。君子爱财取之有道嘛,老邻居,我能赚她的钞票吗?老郝轻轻咳了几声,接着说,是这样的,几年前,我和宋家姆妈住一条弄堂,隔壁邻舍处得蛮好。那时候,宋家姆妈还没有病。她有两个女儿,大女儿嫁到广州去了,小女儿嫁给个安徽人,做生意的,手里有几张钞票。两个女儿,每个月都给她寄钱,日子不是蛮好过的?可是,天不遂人愿,两年前,小女儿一家三口,出车祸,都死啦。说惨那是真惨,说不巧也真不巧,出事那天,小女婿做成一笔生意,开心,晚饭前,在家喝了一点小酒。不巧,一个朋友打电话来约他一家人过去,当时下着大雨,本来是可以推掉的,可偏偏不巧,他心情太好了,带着老婆儿子开车上路。按说,酒后你不要开车了,又加上大雨天黑……就这样,出了事。从这以后,宋家姆妈就得了这个怪病,一到雷雨天就犯病,要是有人在边上陪着呢,也许就不会犯。所以,宋家姆妈,就想找个好邻居陪陪她。今天早晨,宋家姆妈打电话给我,她晓得又犯病了,怕吓着小周姑娘,特意关照我来给小周姑娘打招呼。她说,很希望小周能够留下来……陈侠打断老郝说,怎么?还住在那里呀?我们脑子有病啊。老郝说,宋家姆妈让我代表她求求你们。还说,不交房租也没关系,小周姑娘是个好孩子,她很欢喜她。当然,如果实在不愿意,也没办法。陈侠看看周静,周静没说话。

室内一时十分安静。

陈侠喃喃说,我看,我们还是搬出来。周静犹犹豫豫地说,我,我想,我还是留下吧。陈侠诧异地看看周静,想了想,然后说,好,那你就做一把活雷锋。周静喃喃说,我可没那个觉悟……我是想到我的老爸老妈。

"老爸老妈"那一辈,也有不少怪事怪人。这一天,在社区文化中心走廊上,就有这么一位。

"……革命,不是请客吃饭,不是做文章……"随着歌声,老人陆世雄出现在走廊里。他边走边唱,四下张望。他衣冠不整,上衣的衣扣还错了格。他手里拿着一个钱包不断比画着,挥动着。文化中心的保安追上楼来,拉扯陆世雄,陆世雄反抗着提高了嗓音大声唱,造反有理,造反有理。一时聚了好几个人。周静走过来,对保安说,老路,别拉他。他没伤害别人。老路说,好,好,我还不愿管。"文化大革命"又来过,怪吧。悻悻走开。周静挨近陆世雄,帮他扣好衣扣,轻声说,老先生,我们唱的声音小些好不好?别人在看书呢。陆世雄真的安静下来,不唱了,问,小同志,梁效的文章,你看了没有?周静当然摸不着头脑,还是说,我还没看,有空一定看,行不行?陆世雄怅然地喃喃,没看……都没看……怎么搞的?突然,拐角处窜出一个中年男人,抢了陆世雄手里的钱包就跑。陆世雄手足无措，大叫，红宝书，我的红宝书啊……周静刹那间回过神来，抬脚就追。周静与小偷展开了追逐战。小偷顺着楼梯飞步从二楼跑上三楼。周静也追上三楼。小偷从三楼顺着另一处楼梯跑回二楼。周静又从三楼奔下二楼。周静紧追，大叫，抓坏人。抓坏人。小苏从图书馆里面出来，正碰上小偷从门前跑过，小苏一把抓住小偷衣襟，小偷用力一甩，把小苏甩了个跟头。此刻，周静追到，抬脚一个扫堂腿把小偷扫倒，上去一拳打过去。小偷哎哟哎哟直叫。周静连踢带骂，他妈的，本小姐练过跆拳道，跟我PK。这时，章强、汪雁等人赶到，才把周静拉住。章强操着山东腔说，小周，真打人呀，真打人呀。周静平静下来，掠掠头发，狠狠说，这家伙，不是人，欺侮弱智的。这时，陆世雄的女儿陆菊芬跑来，搀着老父，老人吓得哆哆嗦嗦，怯生生地问，菊芬，我……我刚才，又昏过去了？女儿陆菊芬说，叫你一个人不要出来就是不听，真拿你没办法。又对周静说，实在对不起，给这里添乱了。周静说，没关系。不过，老人出来不安全，得有人陪着。陆菊芬说，老年痴呆了，动不动就想起从前那些烂事。这些日子就欢喜跑到这里来。还想来借书看，不是胡闹嘛。吴芳走来说，天使基金会胡总来了，要周静过去。

在办公室里，胡总握着周静的手说，常言说，英雄救美，你是集英雄美人于一身嘛。周静说，我算什么英雄，狗熊还差不多。胡总说，你来基金会也不少时候了，一直没见到，给我记上一笔账吧。周静也放松了说，什么账呀？胡总说，就算渎职吧。说正事，你的见义勇为，基金会知道了，董事会决定嘉奖。周静说我用不着奖。胡总笑了说，这个你说了不算，我一个人说了也不算。过几天还要开大会呢。周静摸摸头，搞大了，麻烦了。

上官云桦病急乱投医，他跟周静谈不拢，想出一个曲线救国的法子。一天下午，他来到陈侠的小店，求助大侠。听完上官的诉苦，陈侠说，虽然说，你们还没有结婚，也就差领一张纸了。我当然希望你们重归于好。不过，周静的脾气你是晓得的，解铃还须系铃人，大主意还得你自己拿，我充其量敲敲边鼓。上官说，求之不得，多谢多谢。

上官走后，陈侠马上给周静打了手机。周静回说，这次不是任性，是真心要跟上官拜拜。陈侠说，可否再给他一次机会。周静说，其实上官没什么错，只是，这段感情的前景不被看好，我考虑再三，双方父母都不祝福，拖下去没啥意思。陈侠说，你就这样单着，单一辈子？周静说，你不是也单着吗？陈侠说，我是做梦都想结婚，只是看上眼的男人都让别人抢走了。我同意你的看法，不以成家为目的的相好，就是调调情，没啥意思。我要找，必须是情投意合的。周静说，那我就把上官让给你。陈侠笑着说，说话算数，可不许反悔呦。怪了，搞糊涂了，我是来劝降的，怎么我们倒组成了统一战线啊。两人对着手机大笑了半天。

下班的时候，马孟交给周静一封信，嬉皮笑脸地问，是情人来的吧？信封下款没有地址。周静瞥了一眼，认出是老爸笔迹。夜晚，周静拆开了信——

小静好，好多年爸妈没有给你写过信了，提起笔，感觉有些陌生。你离家这些天，爸妈没有睡过一天安稳觉，总幻想着你半夜敲门回来。你的婚姻大事，爸妈也许干涉多了。这些天反复想过，爸妈的确有家长作风。以后改吧。小静，爸妈年纪慢慢大了，跟不上时代了。我想你能理解。爸妈知道你是个好孩子，在外面不会惹什么事。这两天听说你做了见义勇为的事，很高兴，我们知道，你真的长大了。爸妈为此都十分高兴。最后，希望常回家看看……

读完信，周静感觉有些喘不过气，禁不住嘤嘤哭了起来。

窗外，夜风阵阵吹过。屋里的天花板微微作响，散发出腐旧的松木气味。弄堂口的居民楼里，谁家的孩子在练习钢琴，单调的琴声像个酣睡的老人在打呼。不远处的高架路上，隐隐传来汽车驶过的沙沙声。

天气不好，周静想起什么，快步奔上二楼。见宋家姆妈正坐在桌前看书，才放下心来。宋家姆妈说，小周姑娘，快进来，陪姆妈说说话。周静说，宋家姆妈喜欢看书？宋家姆妈淡淡一笑说，在中西女中养成的坏习惯。周静说，这样的好习惯，我求之不得呢。宋家姆妈看看周静，深情说，孩子，你姆妈晓得你不放心我。我明白。多谢你啦。周静说，就是想找宋家姆妈谈谈。听你讲故事。宋家姆妈笑笑，我晓得，晓得。夜里有啥动静，不要怕。孩子，谢谢你。

2

下班时间。上官云栋从楼里走出，郑杰大步跟了出来。郑杰说，栋总，听小范说，跟宝塔食品厂的那份合同又告吹了？上官云栋摇摇头说，本来已经讲好的，可宝塔厂的谢总听说明星文化公司的老总是区长的小舅子，就把项目给了他们。明星公司的要价几乎比我们高出一倍呢。你说，这不是见鬼吗？郑杰笑笑，正常，很正常。没关系，好在我们拍婚纱照的活，十天半个月干不完的。上官云栋笑笑说，还有雇员安慰老板的。郑杰说，谁叫我比你多吃两年咸盐呢，再说，现在是下班时间，你老板的身份暂时歇菜。

多年前，上官云栋和郑杰是在一个电视剧组认识的。那位香港来的导演，拍戏很业余，泡妞蛮在行。有一次，要拍一场在山坡上发信号弹的戏，当时风向朝山坡方向吹，管枪支烟火的师傅建议要背靠山坡发射，导演坚持相反方向。结果，信号弹打出，燃烧的信号弹从空中落下的距离大大缩短，还没有燃烧完就落到了长满枯草的山坡上，引发大火。烧伤了人员，还赔了当地几十万。郑杰在组里任摄影师，上官做副导演，说上了这条贼船算倒了八辈子霉。同病相怜，两人便交上朋友。上官跳出火坑，开公司时拉了郑杰入伙。

两人走到公交车站，郑杰说，我驾照给扣了，得绿色出行了。上官说，你活该，抢红灯专业户，不扣你的扣啥人？接着苦笑道，交上"华盖运"，就想起当年在剧组的那些糗事。现在跟当年拍电视剧时也差不了多少了。我们标榜自己是文化传播公司，可是每天给人家拍婚纱照，跟文化有搭界吗？郑杰说，非常时期嘛。上官苦笑，又说，你不是要跳槽吗？郑杰说，等你老兄过了这道坎再说吧。上官捶了郑杰一拳说，这才叫臭味相投。说着，公交车也进站了。郑杰登上公交大巴，扬长而去。

3

上官云桦这几天心乱如麻，为了解闷，在西塘湾路一带闲逛。这一带的小店，不是卖服装的，就是经营旅游纪念品的。他经过曾经买了假宝石耳钉的那家小店，本想进去看看，想了想，又走开了。看了几家橱窗，觉得索然无味，便拐到人民路中华路。见有家还算干净的小餐馆，便进去要了一瓶石库门黄酒，三五个冷热小菜，一通猛灌。半瓶黄酒下肚，愁绪袭上心头，丢下两张百元大钞，便走出来，在路边招出租车。正是交通高峰时段，出租车在眼前一辆辆掠过，没有一辆停下。二十几分钟过去，上官还是没有打到车。茫然四顾时，却有一辆红色法拉利迎面开过来停在了他的面前。车门开了，下来一位穿戴入时的姑娘，唐晓宁。唐晓宁亢奋地大声叫道，上官！果然是你！你这瘪三！上官云桦一怔，晓宁……怎么是你？唐晓宁娇嗔地说，怎么不可以是我？上官说，你不是在加拿大吗？唐晓宁说，回来几个月了。跟加拿大说拜拜啦。我继承了叔叔在加拿大的一笔遗产，准备回国发展。上官说，是吗，你那位罗杰斯先生也来了？唐晓宁淡淡说道，早分手了。跨国婚姻嘛。唐晓宁递过一张名片，说，有事没事，都可以找我。上官也给了唐晓宁一张名片。

在美术学院，首席校花唐晓宁和上官云桦如胶似漆过一阵。上官是油画系，唐晓宁进了国画系专攻工笔画。这位一眨眼三个主意，半个小时都坐不定的美女，画工笔，真有开国际玩笑的意思。果然，不到半年，她就闹着转系。这时，半路杀出个程咬金，一位留学生罗杰斯先生来到了国画系。唐晓宁不叫着转系了，不到一年，首席校花随着黄发碧眼的程咬金，越洋结婚去了。

笺记：

诸葛君是美术学院高才生，他的绘画技巧在整个油画系，数一数二。可是，毕业之后五六年，他的作品很少有人问津。同行好友提醒说，你的基本功拖累了你的创作。诸葛君不以为然。一日，他在租屋附近看到一只被遗弃的小狗，把那只可怜的小家伙抱回，取名阿黑。阿黑很顽皮，常常把诸葛画的作品翻过来，倒过去，时而斜放，时而倒放。诸葛不以为忤，一直善待阿黑。一天中午，诸葛忽觉异常困倦，蒙眬间，见一少年站在他面前，用一块薄纱蒙住他的眼睛，他透过薄纱看到外面风景朦朦胧胧、迷离梦幻。原先的轮廓似有若无，颜色浑然一体。正惊喜时，忽地醒了过来，但见阿黑正叼着一副镜片已经破裂的眼镜望着他。他顺手拿过那副眼镜戴上，朝自己的一幅倒放着的风景画望去，竟然看到了出奇的效果。他猛然悟到什么，从此，他的画风大变，舍弃了拘谨的描绘，变得洒脱、大气、稚拙、朦胧。他的作品上了一个台阶，走上了成功之路。不久，阿黑不知去向。

第四章

1

早上，周静正吃早饭，宋家姆妈走进厨房。小周姑娘早。宋家姆妈今天是先打招呼。周静应着，抬头看了看说，哇，宋家姆妈真漂亮。宋家姆妈今天打扮得山青水绿，穿一件暗红色上衣，胸前别了一枚银色胸针，头发打理得纹丝不乱。想象得出宋家姆妈当年的风采。周静说，宋家姆妈，穿戴得这么漂亮，是出门做客？宋家姆妈心情巨好，高高兴兴地说，是去看女儿。一家门从广州回来了，住在锦沧文华大酒店，过一会女婿开车来接的。周静说，真开心哇。宋家姆妈说，自然开心。女儿能回来，还有你小周姑娘的功劳哪。周静说，跟我有啥搭界？宋家姆妈笑笑，回来再讲给你听。

上午，周静一直在想着宋家姆妈高兴的样子。在经过阅览室时，透过落地窗周静又看到每天坐在角落里的一位老先生。那人看上去已经七十多岁，面孔白白净净，几乎没有老年斑，身板笔挺，正襟危坐，不声不响地在读一本厚厚的书。天天如此，就是阴天下雨也从不缺席。他中午也不回家，一块三明治，一瓶矿泉水，就算是中饭了。这是周静最近注意到的。周静轻轻走近那位老者，递给对方一杯温水，说，老师，最近我们添置了饮水机，还有一次性纸杯。以后不用带矿泉水了。老人抬起头说，是吗？哦，我还没有注意到。对不起，实在对不起。谢谢。哦，我姓严，严浩。以后就叫我老严吧。周静说，严老师年纪大了，天天出来得注意安全啊。严浩说，我晓得，晓得。我女儿经常要陪我来，我不让。没事，没事的。周静不经意瞥了瞥老人读的书，是萨特的著作《存在与虚无》。记得自己父亲也读过这本书，好像没有读完，父亲还和她讨论过一些章节，两人争得面红耳赤。

吃午饭的时候，章强把周静找到办公室，笑眯着眼说，小周同志啊，你来文化中心没几天，表现真不错，把大家的积极性都带动了起来，连小马都有进步。不错，不错。你建议在阅览室和练身房里放置饮水机，反响很好嘛。来中心活动的人也比从前多了。现在有个新任务想交给你，相信你能出色完成。周静问，啥任务？章强说，是这样的，开设乒乓室是个好事，那张乒乓台子实在不好用了，原本就是坏台子嘛，申请的经费也批下来了。买四张新的，你和汪雁去办吧。周静说，还有吗？没了。这不是蛮简单的？章强加重语气，一定办好哇。周静说，小菜一碟。

确实是小菜一碟。买几个乒乓台子还不容易？周静和汪雁乘车到了七星路家具市场，但见各式乒乓台琳琅满目，价格高低不一。有的蛮漂亮但是价格不高，相反，有的笨重难看，报价却不便宜。汪雁有些吃不准说，我们上二楼吧。周静想了想说，还是去星光商厦，那里正规，体育用品专卖。汪雁胆小，说，听你的就是。走出市场，看看天色渐晚，周静说，明天再去。我今晚去咨询咨询。汪雁说，就听你的。周静直奔陈侠那里。陈侠正在炉灶上煎小黄鱼，满屋子油烟。见周静到了说，我艰苦抗战了八年，胜利果实还没有拿到手，你倒下山摘桃子来了。周静说，这叫来得早不如来得巧，我真是有口福哇。吃过饭，周静说起买乒乓台的事。陈侠告诫她，现在的商家五花八门，骗子也不少，千千万万不能贪便宜。周静说你做了这几年的生意就这点经验啊。不说我也晓得。陈侠说，凭你的聪明，大概吃不了亏。

周静回到住处已经十点多钟。宋家姆妈仍旧在餐厅里等她。周静说，宋家姆妈，还没有睡？宋家姆妈说，在等你呀。不是讲好晚上回来跟小周姑娘汇报嘛。周静一拍脑门说，呀，我都忘记了。看宋家姆妈的样子，今天看女儿一定蛮开心。宋家姆妈说，开心，开心，她们一家人陪了我一整天，去天鹅阁吃了法式大餐，主菜是焗牡蛎，甜点是草莓拿破仑，三个小囡吃得来……下午去逛东方明珠，爬到最高头，高得来，吓煞人。宋家姆妈滔滔不绝说个不停，越说越兴奋，忽然停住看看周静说，看我糊涂老太婆，把正事忘掉了。早晨讲好，女儿这趟回来，还多亏了小周姑娘。是这么回事体，小周姑娘待我这么好，我写信都告诉了她们。我说，小周姑娘没得说，夜里下着大雨送我去医院，灯泡坏了，爬得那么高帮我换，马桶堵牢，赤着胳膊去掏，不是比你这个亲生女儿还亲生女儿？周静说，都是芝麻绿豆。宋家姆妈说，今天女儿说，她看了那些信觉得再不回来看看老妈，简直不是人了。前年本想回来的，后来攒的一点路费都给了她大儿子看了毛病。三个孩子，也是不容易啊。这次运道来了，女婿中了个啥啥奖，额骨头碰上了天花板。回来就住大酒店了。不会过日子呀。哦，对了，小周姑娘有桩事体，你宋家姆妈得跟你讲讲，你得回家呀，小周姑娘。前几天就想跟你讲的，你对别人都那么好，怎么就……唉，跟爸妈怄怄气，还能当真？小周不响。宋家姆妈放低声音又说，孩子啊，回去吧，离家这些天爸妈该多伤心。你宋家姆妈舍不得你走，可你的家不在这里啊。听我老太婆一句，回去吧。周静垂下了头。

上午，天使基金会胡总陪着团市委的一批人到文化中心来参观考察。章强、吴芳和汪雁陪同参观。他们一行来到书画室。楚雯正和几位业余画家在作画。一位团市委干部问楚雯，老同志，你画了几年了？楚雯说，退休之后，得了退休综合征，成天睡不着觉，后来学国画，失眠治好了。随来的记者们频频拍照。人们又来到电脑室，几个青年人在电脑前查资料。马孟正辅导一个老年人练习打字。电脑房打扫得干干净净，几张电脑台也摆得整整齐齐的。章强满意地悄悄拍了拍马孟的肩头。

众人又来到京剧室。一位老人在唱《苏三起解》。团市委领导赞赏地说，字正腔圆，不错。胡总说，钱书记对京剧有研究？那人说，兴趣而已。他们又到钢琴室。几个学员在老师指导下练琴。团市委领导说，还有琴房？不容易。汪雁说，请不到好老师。领导说，群众文艺活动嘛，主要是提高基层民众的文化素质。中央领导同志说过，只有经济发展，文化建设跟不上不行，经济、文化要同步发展，我们的发展才有可持续性。不过，有机会可以去音乐学院找找志愿者。这个，我们团市委可以做。交给我们吧。胡总说，那太感谢了。领导说，用不着谢我，先谢谢志愿者们吧。我想，会找到的。说着他坐在琴旁，弹奏了一段《月光曲》。

送走考察团，胡总叫住周静说，小周哇，你离家出走不少日子了吧？什么时候买回程票呀。周静要解释，胡总做了个手势，止住她说，不用解释，我全了解了，快去买回程票吧，钞票不够我这里有。想了想又说，这样吧，过几天我请你和你爸妈吃个便饭。不是公款，是我自己买单，你一定得到哇。

吃午饭的时候。马孟从章强办公室出来，满面红光的，有着尽量掩饰的得意。不想迎面撞到吴芳。吴芳横了马孟一眼嘟囔，算是被表扬过了，得意死了。马孟低声骂，触霉头。

周静和汪雁以及另两个工作人员在吃盒饭。周静边吃边讲笑话，马孟走进来问，笑啥呢？小苏说笑你找不到老婆。马孟说，我是同性恋，不用找老婆的。小苏说，那给你找个男的？众人大笑。章强嚼着馒头走进来，问，笑啥呢？众人不理他，只管笑。汪雁说，在讲笑话，瞎讲呢。章强来劲了说，说起笑话，我也给你们讲一个。章强改成山东腔说道，说，俺们村上，有对小夫妻生了两个，又怀上了。那两年抓计划生育，被村干部揪到区医院去检查。一查，女的怀孕两个月了，医院给她做了人流。临走时，大夫说，你们得避孕啊，老跑医院做人流总不是个事，多伤身子啊。那男的说，俺也不愿意，是得想个法子。大夫，你就给开个方子吧。医院就开了个方子。过了俩月，女的又怀上了，找到医生说，大夫，你开的药不灵嘛，又怀上了。医生奇怪地说，不会吧，你们咋用套子的？男的理直气壮地说，还能咋用？每天铰一点，铰碎熬汤喝呗。几个人哄堂大笑。小苏没转过弯来，愣愣地问，笑什么？有什么可笑的？汪雁轻声说，憨吧，拿避孕套煮着吃。众人又是一阵大笑。章强收起笑容说，我们那里编的笑话，别当真……周静说，主任，你是丑化农民吧？章强说，是有一点。马孟说，有个农民偷了几个铁轨上的道钉，结果，火车出轨了，翻了。警察找到他问，你为什么偷道钉？农民说，铁轨忒重，俺搬不动喂。众人大笑。周静说，马虎虎，你的最有水平，言简意赅。汪雁说，也是丑化农民。

章强满意地离开，边走边哼着京剧，哼得有板有眼的。周静悄悄对汪雁说，老山东人不错，就是脾气倔。京剧唱得超棒。比我老爸唱得好。门卫老路进来说，小周，门口有人找。

来人是程荣宾和一个中年胖子。程荣宾介绍说，这是我的朋友邵总，邵全林。他想买两幅油画挂办公室，充充门面。介绍我们去上官那里看看。周静说，要去，你们自己去。程荣宾说，邵总不会讨价还价的，放心。周静淡淡说，我没有时间，对不起。

2

程荣宾与邵全林没有去画廊,坐在半岛喝咖啡。邵全林呷了口咖啡说,老程,你说,这猫屎咖啡是不是跟猫屎真有关系?喝了几年,就是喝不惯。你说,我是不是爱国胃?程荣宾笑笑,我看不出。你这人,那么多钞票,得学会享受。与时俱进嘛。邵全林说,我不是正在努力着与时俱进嘛,可学洋人,打死我也学不到点子上,你说那健身房,我一进去就犯困,再说那高尔夫……不说了,不说了,反正我还是保持农民本色吧。

邵全林家住近郊农村,大学读了一年,回家务农。前些年征地拆迁,分到市区房子,还拿到几百万。人长得蛮清秀,只是头发少了些,这几年小肚子鼓了起来。当年,他看看村里有些人拿到这么多拆迁费,豪赌的豪赌,吸毒的吸毒,没几年就折腾光了,有人还弄得家破人亡。邵全林吸取教训,把钱投了房地产,慢慢发了家。

两个人慢慢喝着咖啡,没什么话。邵全林突然说道,老程啊,你说也怪,自从见到你那位表妹,我就放不下。你说什么样的美女我没见过?再说,小周姑娘也算不得什么美女,可就……程荣宾打断对方说,那是气质,邵总。你我缺的就是这个。邵全林笑了笑,这,我有自知之明。不过,能不能帮我……程荣宾搓搓手说,这恐怕不可能。邵总,周小姐跟你我很难谈拢的。红中碰白板,不是一个路数,谈也不要谈。再说,人家有男朋友的。

3

艺术拍卖会。

拍卖大厅坐着近百人,竞拍者每人拿着一块号牌,拍卖正至高潮。拍卖师站在高高的台子上,他旁边放置一幅写实油画《肖像》。拍卖师介绍,作品三十八号油画《肖像》,作者沈天昊,该幅画作笔法精湛,运色纯熟,造型严谨,起拍价八千。

沉默了片刻,有人举牌。

拍卖师说,058号,八千。021号,一万一千。058号又举牌,一万二千。

叫价一路飙升。

008号举牌,六万八千。

没人再举牌。一锤定音。

接着上拍的是上官云桦的一幅油画。

拍卖师宣布,作品三十九号,巨幅油画,180×120cm,半写实风景,画面明快,手法独特。是新锐画家上官云桦的代表作。起拍价三千元。

010号举牌,三千二百元。

没人再举牌。

上官云桦垂头丧气地步下高高的台阶。忽然,有人在他肩上拍了拍。原来是陈国基。不久前,韩柯带着陈国基来过红树画廊,为了出《海上知名画廊续集》,两个人谈得蛮投机。陈国基是深圳来的画商,西装笔挺,皮鞋一尘不染,长发略略施些发蜡。他说在巴黎的一个画家工作室学过一段现代派，很看不上有些学员的作风，跟巴黎拜拜，回来经营艺术品。陈国基握着上官的手说，上官先生，你的那幅作品，卖得太便宜，十倍于此的价都不止。不过，我不敢竞拍。上官说，为什么？陈国基说，你有没有发现场上都是公司的托，得罪不起的。上官云桦说，真的吗？折腾半天，算是替拍卖行打工了，那是我蛮得意的一幅作品呢。陈国基叹气说，这一行的水是很深的。韩柯大画家好吧？《海上知名画廊续集》马上就出了，你选的几幅都不错，韩柯的两幅不是太好。这老兄，路子太野。

笔记：

  顾家村边有条小河，河水最深处不过一米。据说，就是这条不起眼的小河浜，淹死过一米八几的壮汉。闲人阿根不信，一天入夜，喝了半瓶烧酒，来到河边。说也奇怪，事后人们传说，河面上竟然晃动出一个美女面容，朝他招手，阿根便扑向了河面……

第五章

1

  周静和汪雁劳苦功高，买回来四只光色锃亮的乒乓台，文化中心乒乓球室成了新开发的胜地。

  中午休息时分，汪雁正与一位中年妇女对垒。汪雁一个近台快攻，对面那位接球失误，败下阵来。周静接过球拍说，阿姨，我替你报仇。周静与汪雁一阵对攻，汪雁长抽短吊，把周静调动得气喘吁吁。这时，会计把周静叫到乒乓室外，拿出一张发票给周静看，说买乒乓台的发票是假的。周静一惊，这怎么可能！那怎么办？会计说，主任讲先研究研究。

周静正要去找章强，看到陆世雄站在图书馆门口正朝里面张望。周静说，老伯伯，要借书吗？请进去呀。陆世雄怯怯地问，我，我能借吗？周静说，当然能借。陆世雄指指自己的额头，不好意思地说，我晓得，我这里有点……周静说，你现在不是好好的？陆世雄"嘿嘿"笑了。陆菊芬气喘吁吁地赶来说，一转眼就溜走了。怕你又闯穷祸。周静说，他今天蛮好的。陆世雄忽然说，我知道，梁效不是好人……我知道了。陆菊芬无可奈何地摊开手对周静说，你看，你看，说发神经就发神经。转向父亲说，老爸，我们不管梁效的事，回家吧。陆世雄喃喃嘀咕，梁效是好人，梁效是好人……

下班前，胡总打电话给周静说，返程车票我给你买好了。还说要请她和父母吃饭。

饭店选在巨鹿路上一家私家小馆，几间小屋，每间仅一张台面。屋里摆着明式红木家具，墙上是大理石红木镶框的四扇屏。小菜清淡，四喜烤麸，葱爆虾仁，素烧面筋，麻油海蜇，笋尖鸡丝，各具特色，清香不腻。胡总席间谈笑风生，讲着各样的笑话，引得周静父母忘记年龄，不停地哈哈大笑。周静和爸妈谈了一些琐事，谁也不提离家出走这一段。一瓶古越龙山下去三分之一，热菜上桌，胡总话少了，频频看表。忽然一位不速之客风风光光地闯进来，嘴里不停唠叨，不来事，老了，老了，不来事。是宋家姆妈驾到。周静诧异，刚要向胡总介绍，胡总一个手势说，宋家姆妈，快坐，坐我这边。也不看表了，恢复了常态。宋家姆妈坐定不久，胡总的司机小苗进来，在胡总耳边说了几句，胡总笑道，也不算白跑，人已经到了。宋家姆妈轧出苗头问，是不是接我的小师傅？叫人家白跑一趟，难为情的。胡总笑，没啥，没啥，小苗高兴逛马路。原来，胡总事先已经去过宋家姆妈那里，约她今夜来吃个团圆饭，到时会有小车去接的。谁知宋家姆妈兴奋过度，看错表，提早整整一个小时到门口等车来接。半个小时过去，还没人影，又怕耽误正事，只好冒险出征，待司机小苗拍马赶到，已是人去楼空。宋家姆妈年轻时毕竟见过世面，左问右问，终于赶到巨鹿路这家餐馆。起早赶了个晚集，集还是赶上了。为此大家兴奋了半天，拿宋家姆妈开心。吃过笑过之后，胡总说，周静认干妈的仪式就算成了，不知哪方还有意见。众人一时没转过方向，还是周静父亲先知先觉，第一反应道，我双手赞成。接着大家顿悟，齐投赞成票。周静问，是不是要磕头？胡总笑道，形式主义就不必啦。宋家姆妈高兴地说，事先不晓得，应该有红包的。胡总说，小周拿红包，在我这里通不过，要犯错误的。又叮嘱周静，从今晚就回家住，不过，以后要经常去看看宋家姆妈这位新认的干妈。我们天使基金会正好有个人要租宋家姆妈的房子，物美价廉嘛。

早晨，周静刚走进文化中心，从她身后跑上一男一女两个年轻人。男青年问，你是周静吧？周静说，是我。男青年说，我叫李凯，这是我的伙伴王芸，我们都是七里桥街道青年志愿者。我们有个团队叫"十五人团队"。我们从楚雯阿姨和陆菊芬那里听说过你的事,想请你加入我们团队。周静说,我也听说过你们。周静仔细打量两个志愿者,李凯瘦瘦高高,让人联想到堂吉诃德,有点傻里傻气,一看就是好心肠。王芸蛮漂亮,只是有些胖。

周静把两个人请到会议室,并请来了章强,汪雁他们。

李凯说,我们的团队成员来自各行各业,大伙儿都有一个共同的目标,就是尽自己的微薄力量,去帮助那些需要帮助的人。章强说,那你们需要什么回报呢?李凯说,帮助他人会感到很快乐,这就是回报吧。正因为没有利益的索取,完全出于自愿,所以,我们的团队非常有生命力。汪雁说,有没有人中途退出的?王芸说,当然有。有的人开始热情参加了进来,可是他们不能坚持走下去,热心不能持久。但有一点是肯定的,那就是我们志愿者队伍越来越壮大,我们工作的对象越来越多。我们欢迎新的成员不断走进来。章强边听边在会议室里踱来踱去,忽然说,你们之中有党团员吗?李凯说,当然有。王芸就是预备党员,马上就转正了。章强又看了看李凯说,你们的追求,我明白了,也理解了,应该向你们这些年轻人学习。周静说,章主任,我们应该用实际行动支持他们。汪雁说,我们可以为他们提供活动场地,提供……章强兴奋地打断汪雁说,对,对。我们完全可以做得更多,不仅是场地,还可以有人员方面的支持。李凯说,太感谢了。周静说,章主任,太棒了。章强看了看周静说,什么太棒了?我们应该做的嘛。马孟看看周静说,我有点蠢蠢欲动了。周静说,用词不当。自此以后,周静、马孟和汪雁都参加了"十五人团队"。这个团队自然也担负起照顾宋家姆妈的责任。

周静和爸妈团聚了,又参加了"十五人团队",心情巨好。一上班就端坐在电脑前登记新进来的书籍。这时,孙阿姨蹑手蹑脚进来说,小周,出事了,新买的一张乒乓台脚断了,木头都被白蚁蛀空了。章主任正发火呢。周静再也压不住火了,大骂,这是什么狗屁老板呀,发票假的不说,东西也是蹩脚货,真是阴到家了。平心而论,周静也是戆到家了,不是明摆着的事嘛,卖出的货如此蹩脚,老板能开正规发票吗?陈侠曾说,凭周静的聪明劲,大概吃不了亏。陈侠没想到的是,骗子内心深处的黑暗,仅用智慧之光是照不亮的。

2

有个离市区不远的地方,建了一片看上去很美的社区。社区边上竖着一面精致而具有欧陆风格的牌子,威尔士小镇。据说,占地面积不小的这片欧式建筑,的的确确是由英国建筑师设计的。当然,动手施工的是我们的同胞。大体上看,就像英国的某个街区。但不可细瞧,那会出现很多叫人不愉快的地方。尽管不是十全十美,来这里旅游观光或是来拍婚纱照的也不在少数。不大得志的摄影师郑杰,就选中了这个地方拍婚纱照。街区、建筑、招牌、橱窗都是新人的背景,就算不太精致,也无伤大雅。

在一片空地上,摄影师正在调动着一对新人。郑杰说,请再换个POSE!那对新人又摆出一个新姿势,依旧很到位。郑杰助手感叹,金童玉女啊,给力!婚介公司代表刘海燕,一位穿着时尚的漂亮女子悄声对郑杰说,这两位新人全是富二代,伺候好了,我们发奖金。郑杰淡淡说，无所谓。郑杰是挂靠刘海燕的婚介公司才能拍婚纱照的。一个婚介工作人员对刘海燕说，海燕姐，小镇管理处催我们快些。刘海燕赌气说，知道了，大不了给他们加一点误时费。

新娘子又换了一件婚纱，亭亭玉立，光彩照人地站在一处花丛中，后景是一幢蓝色屋顶的英式别墅。人物与景色融合完美。郑杰刚摆好机位，忽然一帮人嗡过来。挑头的是个高大胖子，光头，摇晃着膀子过来喊道，喂，喂，哪能来这里拍照，经啥人批准了？几个同伙也围在了新娘周围。一个家伙弯下腰，侧头看了看新娘，啧着嘴说，长得蛮登样，明星"翻司"。另一个说，看着眼热了？光头横了同伙一眼，喂，喂，阿根，你们两个走火入魔哇。办正事哪。刘海燕轧出苗头，走到光头面前，和颜悦色地说，这位兄弟，我们已经交过场租费了。光头笑笑，交过了？我哪能不晓得？阿新、阿根、大头，你们啥人拿过场租费？没拿，连个X毛也没见过。光头撸撸自己的头，大声说，不要拍了，不要拍了。先讲讲清楚。

圈外，上官云栋对郑杰说，有麻烦了，你过去说说。郑杰笑道，用不着我，我们还是看戏吧。场子中央，光头环视四周，吼三喝四地说，你们，啥人负责？啥人。刘海燕连忙上前递上几张百元钞票说，兄弟，有话好说，彼此让一步。光头看看手里的钱，不屑地说，打发叫花子呢。别拍了，别拍了，都别拍了。说着，几个小兄弟拥过来，挡住相机。郑杰看看刘海燕，问，怎么？事先没联系好？刘海燕说，没有哇，横插进来的。郑杰说，打110吧。刘海燕为难地说，别，这帮人不好得罪。我们还得再来呢。忽然，新郎那边发话了，喂，喂，你们干什么的？光头看看新郎，怪声怪气说，问谁呢？新郎说，问的就是你。新郎凑到光头跟前又说，请你们离开。有这么多人看着，是你们闹事的地方吗？光头上下打量对方，粗声粗气地说，嚯，还开国语。我嘛，专管这一段的。做新郎啦？神气啦，第几次了？

啪。光头吃了一个耳光。

光头一愣，没想到对方先给了自己一个下马威，他定了定神，给几个小兄弟丢个眼色狠狠地说，戇脱啦。那几个家伙一齐拥到新郎跟前。看看新郎没有退缩的意思，光头想了想说，大人不计小人过，这位新郎，你搞搞清楚，这个英式小镇上，康哥我是说一不二的，我们还是公事公办……新郎说，公事？笑话，你算老几。光头骂道，老子是你……话没说完，拳头已经上来，朝着新郎脸上狠狠一记，新郎侧头让过，拳头擦过新郎的脸颊，脸上顿时泛红。同时，几个混混就打了过来。忽然，三个站在一边看热闹的彪形大汉冲了上来，其中一个人大吼，狗娘养的，你们谁敢动。光头上去就是一脚，那个彪形大汉稍一躲闪，反腕抓住光头的一个拇指，反方向往上一拉，那小子疼得哇哇直叫，跟跄倒地。新郎站到一边，没事人似的看着。光头大叫，阿新、大头、阿根、斜眼，今朝拼命了。狐群狗党大吼着拥上，但那几个彪形大汉，三拳两脚就把这几个混混打趴下了。新郎笑笑，你们几个长了狗眼啊，我这三个兄弟，特警队出身，今天对你们算是客气的。光头从地上爬起来，喃喃说，对，对不起，我们不晓得……新郎说，滚吧。几个家伙拍拍浑身泥土，灰溜溜地走了。郑杰问，还要继续拍吗？新郎摸了摸自己的脸颊，整理了一下头发说，当然。稍停又对刘海燕说，燕姐，晚上席家花园摆两桌，犒劳一下诸位。摄影师，你一定赏光啊。郑杰说，行。随即对上官说，这出戏，好看吗？

上官云栋笑笑说，长见识了。

夜晚将临，打浦路肇家浜一带是全天最闹猛时段。灯红酒绿，广告耀眼，光影迷离中，游走着红男绿女。"请再来面馆"店面虽说不大，但是，市口好，人流密，字号老，大众化，占得天时地利。又加上店里的两个招牌菜远近闻名，不管刮风下雨，每天到这时候，店堂里总是顾客如云。

一个角落，上官兄弟俩在吃面条。五十来岁的老板跟云栋打着招呼，上官先生，你好几天没来了，以为你们公司搬家了。上官云栋说，倒是想搬，搬到金茂大厦怎么样？房租谁交？老板笑容可掬，客气啦……哦，你喜欢的辣酱还给你留着呢，给你拿来？太好啦，快拿来。好嘞。上官云桦说，你跟这家小店蛮熟的。上官云栋说，当然。老板端上辣酱，对上官云栋说，你们两位长得蛮像，是兄弟俩？上官云栋说，我弟比我帅多了。老板说，伯仲之间，伯仲之间。上官云桦说，老板有学问。云栋说，老三届的，说是读过夜大中文系。正说着，郑杰大步进来，对上官云栋说，我一猜你就在这里。上官云栋说，不是去席家花园吃私家菜吗？郑杰说，这种饭，有味道吗？老佛爷赏赐的。老板迎上来招呼，郑先生，您也来了？郑杰说，薛老板好。老规矩，爆鱼面一碗，一瓶啤酒，一客油爆虾，再来俩荷包蛋。转身对上官云栋说，白天的事，你全看见了。你说，这算什么？简直是电视剧里的故事。我活了四十年，白活了。看看人家，年纪轻轻，就跟几个保镖。特警出身，乖乖，每月付工资，就得把我那间破房子卖了。店伙计送上酒菜，上官云桦说，郑大师，听说，你打算不干了？郑杰说，我们这活干得窝囊透了，有什么意义？说着咬开啤酒瓶盖，对嘴一饮而尽。又问上官云桦说，云桦，你那里还好吧？上官云桦笑笑说，好，情场赌场都蛮得意的，不容易吧？上官云桦心情不佳，提前告辞。望着离去背影，郑杰转头看了云栋一眼。云栋说，都有本难念的经啊。

他们从面馆里走出，虽是月明星稀，夜游人依旧来来往往。郑杰唠叨，上官，这些天我们总是不顺，是不是得去龙华寺烧烧高香？上官云栋长叹口气说，你真的相信这些？郑杰说，做生意的人都相信的，很多领导也相信。大年初一烧头香的，都是什么人，你去了解了解。上官苦笑着钻进那辆老旧的桑塔纳。

上官云栋是长子，上官疾想让他接手自己的公司，自己退居二线。上官云栋走的是自力更生的路，坚持自己打天下。父子关系弄得不冷不热。上官云栋平时很少去看望父亲，过年过节带两瓶酒过去，坐个两三个小时，走走过场。让上官云桦接手公司，更是镜花水月。上官云桦从小就喜欢画画，考入美术学院之后，住校，除了月底回来向老爸拿生活费，平日极少回家。毕业以后，开了小画廊，这才回家来住。年轻人有年轻人的活法，虽然住在同一屋檐下，谈话机会很少。上官疾年纪渐长，寂寞的心情就浓了。好朋友劝他找个老伴，上官疾总是摇摇头。上官云栋看出父亲的心情，几次想劝慰父亲，话到嘴边就是说不出口。父子俩从来没有对话的习惯，面对面坐下来郑重其事地谈谈，双方浑身都不自在。

上官云栋是奔"四张"的人了，人长得不错，又有事业，家庭背景更是无可挑剔，称得上是钻石王老五级别。早就该谈婚论嫁了，可是连个像样的女朋友都没有。别人给他介绍，见面率是百分之五十，成功率是零。他的内心想法连郑杰也不知道。上大学时，上官云栋有个女朋友，两个人海誓山盟，你死我活，轰轰烈烈了两年多。毕业后，女友进了中日合资企业，不久公司调她去东京。女友想拉上官一起去日本，上官死活不肯。说到日本，他就想到"鬼子进村了"这句。就要分开的一天夜里，两个人手挽着手从外滩的一头走到另一头，再从这头走回到那一头，从夜里十点钟走到天亮，难分难舍之情可想而知。再难分手，女友还是东渡扶桑。后来，上官去东京看望女友，热情已然大减，再去，已是情淡如水了。上官从日本回来，样子老了好几岁。

3

上官云桦在画一张水彩画，韩柯陪陈国基进来，后面还跟着一位美女。韩柯说，《海上知名画廊续集》印得不错。陈国基说，先给你带来两本样书。看了看上官的水彩画赞道，有型，有型。韩柯说，上官的水彩比油画好。陈国基说，都不错，都不错的。上官看了看陈国基身边的美女。陈国基说，别误会，这不是我的女朋友，是我们老板的女朋友，叫她琳达吧。美女琳达看看四周，觉得画室简陋，耸了耸肩。陈国基随手翻看几张素描稿说，画上的这个模特儿有型，有型。上官说，在搜集一些素材，做创作准备。陈国基竖起大拇指，好，很好。这是最宝贵的……韩柯说，情场失意画场得意。琳达说，上官先生果然很有才的。国基在董事会上一再提到上官先生，我们老板终于有兴趣了，特派我来这里代表他见见上官先生。陈国基说，要不要拿几幅作品，给老总看？琳达想了想，从包里拿出几十张百元美钞，放在台上说，也好。上官先生，这是押金，我们拿两幅小幅油画，给老总过目。上官云桦说，这，用不着吧？陈国基说，不，不，亲兄弟，明算账嘛。哦，这次的续集印得比上次好，我们米开朗琪罗公司老总非常满意，特意找专家写了序，还要包销一半，所以，各位的定金会返还一部分。上官说，小钱，无所谓的。陈国基说，表示我们公司的诚意嘛。送走陈国基和那位妖艳女郎，上官问韩柯，说我情场失意是啥意思？韩柯说，我听陈国基说的。上官自语，他们调查过我了？

不错，陈国基和琳达已经做过调查。知道上官的作品很有投资空间，还知道他最近正跟女朋友闹别扭。陈国基和琳达回到达华酒店，琳达说，这位朋友不像傻瓜，玩得转吗？陈国基说，你怎么断定他不会入港？觉得他帅？人长得帅气就不傻吗？上海人讲，聪明面孔笨肚肠，有道理的。琳达说，我当然希望这个帅哥能上钩。国基，事情成功怎么谢我？陈国基说，你开价，是物质奖励，还是精神奖励？琳达说，精神物质我全要。陈国基说，钞票的事，以后再说，精神的嘛，现在就可以兑现。琳达看了对方一眼，陈国基的眼睛里有不少言外之意。室内燥热，空气有些窒息，窗外传来街头的嘈杂声。陈国基的眼神更显怪异。琳达妩媚一笑说，死相，就不怕老板做了你。陈国基说，牡丹花下死，做鬼也风流。琳达会意，上前抱住陈国基，红唇就贴了上去。陈国基狂吻琳达，急吼吼地脱着琳达的上衣、胸罩，琳达捏住他的手说，急死了。一身臭汗。陈国基不情愿地走进浴室，琳达慢慢脱去裙子。镜子里映出她那诱惑人的身体。这个身体让好几个男人上了钩，一阵战栗袭来，她躺到床上，心脏怦怦地跳快了。陈国基从浴室走出，全身赤裸。琳达扭动了一下，陈国基像饿狼似地扑上床……琳达喘息着。琳达并不喜欢床上这个男人，甚至有些看不起他。但是现在……人说，有时要相信世上有魔鬼，不然不好理解人性。说得也对，也不对。

笺记：

　　黄昏时分，方先生走近自家居民楼的电梯。电梯门打开时，落日映亮了电梯壁上的镜子。恍惚间，他看到镜中映出五颜六色的彩球，如同节日的天空。方先生定了定神，却不敢看那些镜子。这时候，几个邻居拥进去，带着他走进电梯，惊魂未定的他再看看壁上的镜子，毫无异样。

第六章

1

　　早晨，周静正在擦阅览室的玻璃窗，马孟跑了过来说，调皮鬼，我有件事想跟你商量……我看，到了星期六，有些小朋友在街上跑来跑去，我想把他们组织起来，成立个小记者培训班，凭我的文学功底，教教孩子们还是搭得够的。你看怎么样？周静给了马孟一拳，好事呀，你这家伙还有鬼点子呢，快去跟老章头说呀。马孟说，我也想做出点成绩，不能总是叫老章头点着鼻子骂山门。嘿嘿，有点自私想法。周静说，什么自私不自私的。马孟说，你点头，我心定啦，不想当将军的士兵不是好士兵，我想有道理的。正说着，陈侠打来手机，喂，静静，我收到一封信，你猜猜是啥人的？我都想不到，是上官老爸的。周静说，跟我有啥关系？陈侠说，关系大了。他说，以前误会了你，现在知道你还是很优秀的，只是那次见面，让他产生错觉，后来了解，还做了调查，晓得了……周静打断陈侠说，什么乱七八糟的，听糊涂啦。陈侠说，说乱了，说乱了。一句话，上官老爸接纳了你。他还说他家的大门，时时刻刻为好人打开着，金光闪闪的大门。周静说，一听就是你编的。手机那边嘿嘿笑了半天，陈侠喘着气说，金色大门是我编的，不过，他老爸认你这个儿媳确实是真的。喂，你在听吗？我还没有说到主题呢。现在正式传达，上官跟你约好星期天晚上，滨江见面。周静说，什么约好，我还没同意。陈侠说，我替你定了。

2010年世博会前后，滨江路一带起了大变化。一批批树冠浓密的大树从别处移植过来，一片片绿茵茵草坪舒展开来。各式各样的建筑拔地而起。别致的小餐馆，风味十足的茶馆酒吧，画廊，摄影棚，纪念品商店，应有尽有。林荫道濒临黄浦江，水天一色，花草树木掩映，别有一番情致。

在一家餐馆，有几张餐台摆到室外，靠着江边，黄浦江上迷人夜景一览无余。上官云桦坐在靠栏杆的桌旁，看到周静和陈侠沿江边走了过来。陈侠说，我做一回"电灯泡"，陪你这位公主去见你的白马王子。周静说，我又没求你。陈侠说，送佛送到西，没得办法。两人说着话走近上官云桦。陈侠对上官云桦说，我家小店这两天净做亏本生意，没饭钱了，来你这蹭顿饭吃。上官矜持说，陈姐开玩笑。多谢帮忙。周静在一旁不响。上官看看周静，又看看陈侠，一时不知说什么。陈侠拉周静一道坐下说，牵线工作已经完成，我先走啦。上官云桦连忙说，陈姐别走，帮我劝劝小静……你小店不是揭不开锅了吗？周静淡淡一笑，嗔怪上官，没几天，学会贫嘴滑舌了。

气氛缓和，上官招来服务生点菜。陈侠和周静遥看江上风光。浦江两岸灯光如幻，江上倒影摇曳迷离，银光碎玉忽隐忽现。一条观光船驶过，船上灯火辉煌，彩旗招展，乐曲悠悠传来，忽远忽近，似有若无。

餐桌上摆好啤酒，三个人慢饮慢酌，夜风轻拂，陈侠渐渐有了醉意，叫着要走，周静死活拉牢她。上官云桦没话找话说，小静，过几天，我们也去参加浦江夜游吧？周静说，我才不去呢。陈侠说，好啦，小静，你看上官那副卑躬屈膝的样子，快成清宫的太监了，就饶了他吧。上官说，小静，向你道歉，是我不好。周静说，你怎么不好了。上官一时语塞，我……凉菜上来了。陈侠说，来，冷盘来了。大家先吃菜，趁热吃。周静"扑哧"笑出声。

江边夜浓，凉意袭来。陈侠还是先告退了。周静和上官在江边漫步。明月，江波，岸边建筑物上的彩灯梦幻而神奇。上官说，小静，还记得我们去年秋天去扬州游瘦西湖吗？周静说，好像记得一点。上官说，也是这样的夜色，也是这样的轻风，也是水波荡漾，岁月就这样流走了。周静笑笑说，有点古代文人骚客的味道。上官说，以前以为那些文人是无病呻吟，现在知道，一个人情绪处于低潮，就会秋风秋雨的没完没了。周静说，我还是喜欢大江东去的苏东坡。上官说，我更欣赏月落乌啼霜满天，有画面有色彩。周静说，你们画画的自然欣赏。说到扬州，我记起一句诗，天下三分明月夜，二分无赖是扬州。上官说，我也记得这句诗。当时我们还对无赖俩字讨论了半天。周静说，还行，你还没有老年痴呆。

海关钟声"当当"响了起来。悠扬钟声在夜空中传得很远……

2

在红树画廊里，上官云桦正给唐晓宁画一幅巨大的肖像。午后阳光从落地窗照射进来，室内显得迷离寂寞。斯美塔那的《伏尔塔瓦河》乐曲，悠悠地流泻出来，抒情诗般的美妙，淡淡的忧伤，回荡在慵懒空间里。

唐晓宁穿着淡紫色的连衣裙，摆出一副明星姿态。上官云桦左看看，右看看，说，姿势能不能再自然些……对，对，这样更美。好的，就这样。唐晓宁换了姿势说，上官，我总觉得这件衣服有点……上官云桦说，画出来，色调肯定很漂亮。唐晓宁说，我怎么总觉得像电影《雷雨》里面繁漪穿的。上官云桦说，这部片子，我没看过。繁漪穿的又怎么样呢？唐晓宁说，繁漪是个悲剧人物，我不欢喜。周朴园这个人物我也不喜欢。上官问，为什么？唐晓宁说，反正不欢喜。家长作风，封建地主恶霸流氓，大坏蛋一个。上官说，有正义感。两人沉默。过了片刻，唐晓宁说，那，除了画画，你不干别的？上官说，有什么可干的。唐晓宁挑逗地看看上官说，交女朋友呢？上官云桦说，我有女朋友。别，别动，面孔转过去一点。唐晓宁沉默片刻，又说，就那个周静？她不配你。上官说，怎么不配？唐晓宁说，长相，长相一般般。上官说，那又怎样?我们投缘,讲得来。唐晓宁冷笑,投缘的说法很别致,又很暧昧,吃不准啥意思。上官云桦说,再明确不过,有啥吃不准的。唐晓宁又笑说,她几月生日?上官说,什么?唐晓宁说,那位灰姑娘呀,周静,几月几号生日?上官随便说了个日期。唐晓宁算来算去说,是水瓶座。思维敏捷,理智多于情感,工于心计,日后你吃不消她的。上官不响。唐晓宁说,为人比较冷淡,尤其性的方面,这个星座的人,多数是性冷淡的,结婚以后有你苦的。上官笑笑说,不谈这个好不好。唐晓宁干咳了两声。上官在画布上乱涂了几笔说,今天就到这里吧。你也站累了。唐晓宁说,我还好,不累的。我有几年没画画了,什么时候跟你学学。看看上官的眼色又说,也好,明天再画。

美术馆很少有人流涌动的时候,偶尔碰上达利或者凡·高的画展,才会门庭若市。展览大厅里正在举办摄影作品展览,参观的人自然不多。郑杰和婚介公司的刘海燕并肩走着,浏览着墙上的展品。这里真够热的。刘海燕边说边从挎包里拿出纸巾,一不小心,挎包掉在地上。郑杰很绅士地从地上捡起来,拍拍上面的灰递给她。刘海燕说,谢谢。郑杰说,刘小姐,太客气了。刘海燕粲然一笑说,郑大师,我生来不会客气,我小时候很皮的,半夜里敢爬阳台……郑杰说,看不出。刘海燕说指着一幅摄影作品说,以你行家的眼光来看,这幅作品,是不是单调了些?郑杰说,嗯。不过,形式感还是蛮强的。刘海燕笑了,我班门弄斧了。郑杰说,我也是半瓶子醋,一知半解而已。

摄影展取名"都市新曲",意在反映城市新风貌的。作品五花八门，有的拍摄建筑工地，有的是老年人晨练的场景，有的拍摄校园球赛。有一幅拍摄大型电子计算机的，先锋派构图，形式感很强，但是内容单薄。两个人走马灯般地走着过场。有一幅作品是反映酒驾的，画面上，一位交通警察正在用仪器检验一位中年男驾驶员的酒精含量，旁边一个七八岁的男孩，大约是驾驶员的儿子，正踮着脚看仪器上的读数。郑杰停住，看了看说，这幅有点意思。刘海燕说，形式上没啥新意。郑杰说，也对。刘海燕说，我是外行，意见不作数的。郑杰说，摄影如今也算做一门艺术了，手段非常丰富，非常自由，正因为这样，出好作品是很难的。用哲学家的话说，越是自由，就越不自由。刘海燕笑笑说，听不懂。郑杰说，我也是瞎讲。

走出美术馆，他们来到一家快餐厅。刘海燕慢条斯理地吸着可口可乐，郑杰大口吃着汉堡包。刘海燕看着郑杰的吃相，"扑哧"笑出声来。郑杰意识到什么，有些尴尬。刘海燕说，郑先生有些北方男人的气质。郑杰说，我本来就是北方人，辽宁的。刘海燕说，那怎么到南方来发展？郑杰说，我东北艺术学院毕业以后，找不到称心的工作……刘海燕说，我也考过北京广播学院，没考上。考官私下说，我形象绰绰有余，但普通话说得不标准。郑杰说，刘小姐的形象，当然没问题的。刘海燕妩媚地看看郑杰，嗲声嗲气地说，是吗？两个人有些相见恨晚的意思。

3

马孟这两天心情不错。前些天，阿晴的老公，那位驻外企业的工头回来,阿晴的脸色泛起红润,偶尔见到马孟就是点点头,平常礼仪。马孟倒也省心,用不着听阿晴成天唠叨个没完。可是好景不长,一天夜里,马孟听见楼上阿晴和老公大吵大闹,像是落地大钟倒地,英国买来的彩瓷人也敲碎了,还有撕衣服的声音。没等到天亮,外企代表先生就拉门出去,听说住进了格林豪泰酒店。这样一来,打翻了五味瓶子,每到下班回来,阿晴必到马孟这里诉苦,酸甜苦辣全部倒在马孟跟前,说到伤心处,还要马孟来安慰她。马孟只能顺其自然,半推半就,冷冷热热应付。天天如此,一个星期下来,把马孟折腾得人不人鬼不鬼的。好在天无绝人之路,马孟被逼无路,忽然想到攻心为上之计。费了九牛二虎之力,把阿晴两口子请到波特曼大酒店底楼自助餐厅,做了一番思想工作。马孟说,我一直把你们两位芳邻当成自己的楷模,郎才女貌,哪个邻居不羡慕?阿哥从海外归来,早该为阿哥洗尘接风,只是怕给你们造成不便,一直不敢骚扰。前两天偶然听见芳邻小吵,算我多事,劝一劝。夫妻吵架,每家都有,不能往心里去,小吵还会增进双方感情,不知小弟说得对不对?外企代表笑一笑,半信半疑地说,还有这种理论?马孟一本正经说,真的,我听人家这样说过。是一位心理学教授说的,书上也有。喝酒喝酒。马孟编的怪论,连自己也不相信,对那位外企人员却起了效果。阿晴和老公又开始出双入对,还回请了马孟。马孟颇有成就感,心情大好。

这天,周静经过文学教室门前,朝门上的小窗望了一下,看见马孟正给孩子们上课。他说,上次的一位同学是这样写景的,我来给大家念念,我家门前,是一座小花园,有梧桐树,还有冬青树,那天,天阴了下来,接着牛毛细雨就哗哗下了起来……马孟念到这里，停下，望望同学。有的同学小声笑了。马孟说，有什么问题吗？他叫起一个男孩，男孩摇摇头。马孟又指着一个女孩说，你，为什么笑呀？女孩又笑了，说，牛毛细雨……下毛毛雨是没有声音的。马孟说，对啦。牛毛细雨，雨很小，下起来可能有声音，但我们听不到，对不对？孩子们大声喊，对。马孟又说，上次我们讲过，景物描写很重要，哪位同学说说，写景有什么好处。一位女孩举手站起来说，可以表现人物情绪。一个小胖子站起来，可以……可以……忽然急得哭起来。马孟说，不要紧，不要紧……站起来，忽然忘了，是不是？老师以前也有过，还急得差点尿裤子呢。孩子们哈哈大笑。笑声惊动了主任章强，他把马孟叫进办公室训斥说，你这人呀，怎么说你呢，抹不上墙的烂泥，扶不起的阿斗，做什么不像什么。上课是桩严肃的事，怎么可以胡来。马孟喃喃地说，主任，我没胡来。章强说，还说没有。上课就该有上课的样子，吵吵闹闹像什么？马孟说，我这是活跃气氛。章强板起面孔说，活跃，活跃，活得人家哭鼻子。尴尬时段，周静探头进来说，马孟，门口有人找你，急事。马孟看看章强，章强挥挥手，你先去吧。

马孟三步并两步地走到文化中心门口，门口没有人，只有保安老路。马孟问，老路，没人来找我过？老路说，没有哇。马孟纳闷，怎么……嘿！周静在马孟背后大喝一声，马孟回过头，见周静正朝他做怪脸。马孟醒悟，指指周静说，你这调皮鬼，我跟你没完。周静引马孟跑到花园一角说，戆大，我救你一命还骂我。马孟委屈地说，他骂得没道理嘛。周静说，没道理，你也听进去了。算啦，小事一桩。好，中午我请你吃肯德基。

到了星期六的下午，已经是上课时间，可是在小记者培训班的教室内，马孟没有出现，孩子们聚在一起，打打闹闹。汪雁站在门前，看看手表，又看看室内的孩子们，长叹了口气。一个女孩走近她问，今天上不上课呀？汪雁说，再等等。女孩说，都过了好半天了。汪雁自言自语，这个马虎虎。真是的。这时周静经过，汪雁叫住她，问，马孟呢？周静诧异地说，怎么？他没来上课？汪雁说，整天都没见他人影。周静说，这个马虎虎。汪雁说，那怎么办？小周，你代他上一节课吧？周静叹了口气，正要走进教室，马孟气喘吁吁地奔了来。汪雁气呼呼地说，怎么搞的，你。马孟说，对不起，对不起，我记错日子了，以为今天星期五呢。汪雁大声说，星期六，今天星期六，同志，看章主任不骂你！

马孟发呆。的确是扶不起的阿斗啊。

笺记：

方先生跟朋友说，上个星期天，我做了一个梦，梦到我走进一条黑黢黢的弄堂，走啊走，走不到尽头，走累了，醒了。前天夜里，我又做了差不多的梦，还是走那条弄堂，这次走到弄堂尽头，看到一扇门，刚要推开，醒了。昨天，又做了这个梦，我走到弄堂那扇门，推开了门，见里院还有一扇门，再推开，又有一扇，后来醒了。方先生说，这梦做得有些像电视连续剧。你说这是怎么回事？朋友说，一般说来，日有所思，夜有所梦。方先生说，我白天从来没有想到推什么门。朋友不置可否。

第七章

1

上官云桦给唐晓宁画肖像已经进入尾声。唐晓宁看着画像拉长了脸。上官问,是不是不像?唐晓宁摇头。上官说,我水平有限,只能画成这种样子。唐晓宁发嗲说,你敷衍我。上官说,天地良心。唐晓宁说,你的心不在画上,在小周那里。上官说,桥归桥路归路,我给别人画任何东西,都是不敢敷衍了事的。唐晓宁说,那么,我是别人喽。上官不响。唐晓宁看了上官一眼说,要不然,背景画一架直升机,画饼充饥吧。上官苦笑,添上这么一个庞然大物,就把整个画面给毁了。直升机对唐晓宁说来,真的是她的追求?上官不敢想象,至少在学校时唐晓宁不是这样的。又想,就是背景画一尊大炮又能怎样。于是,直升机飞到唐晓宁的身后去了。上官这两年的艺术追求也衰减不少,开画廊是生意,作品是艺术品也是商品,顾客的要求只要别太过分,他总会勉为其难地答应。当然,要求太过分的,那么这笔生意只能不做。

过了几天,唐晓宁又来到红树画廊,脱掉大衣,显出一套烟灰色低领衣裙,走近画像说,对啦,就是这种私人飞机,我在加拿大的一位朋友有这么一架。上官云桦说,唐小姐想买,也没问题的。唐晓宁转过身,直对上官云桦说,买,是买得起,可不会开呀,请你替我开怎么样?上官说,我不会,也不想学,更不想为别人去开。唐晓宁嫣然一笑说，生气了，大艺术家。我知道，你的理想是举办轰动全国的个人画展。上官云桦笑了笑，没有回答。

从红树画廊出来，唐晓宁刚要跟上官握手告别，偶一抬头，发现周静出现在画家街街口。不知怎么一弄，唐晓宁脑袋一昏，斜身倒在上官肩头。上官扶住唐晓宁，问，怎么了？唐晓宁说，没什么，头有点昏，也许低血糖。定睛一看，周静已在街口消失。唐晓宁靠着上官说，还是有点头晕，你帮我开一段车吧。

法拉利刚刚开出画家街，后面飞一般地开过来一辆土头土脸的改装电动车。车上坐了两个人，前面驾驶员戴着头盔，后座上是个四十几岁的男人，肩上扛着一根三四米长的三角铁。电动车开过，车子一个转向，三角铁在法拉利车身擦蹭了一下，惯性使得电动车朝前一冲，驾驶员把握不稳，连车带人，"哐啷"倒地。上官连忙停车下来。唐晓宁也下了车，查看刮痕。电动车驾驶员爬起来，对着上官大骂，你他妈的眼瞎啦？会开车吗？上官说，是你们刮了我的车。怎么，想碰瓷吗？那人喷着酒气说，碰你妈的瓷。有这样碰瓷的吗？我的车子摔坏了，哪能办？上官说，好办，我们给你修车，你给我们修刮痕。唐晓宁说，对，对，我的车子你们修吧，法拉利，晓得吧？穷瘪三，赔得起吗？骑电动车的操起河南话说，妈拉个巴子，你说谁是穷瘪三？老子削不死你。话到拳到，那人劈头朝上官的左脸上狠狠一拳，上官的左眼周围立刻肿了起来，像半个紫茄子。唐晓宁傻了，站在一边大叫，别打啦，别打啦。打斗双方不仅没停手，另一个河南汉子也上来助战。上官纵然有三头六臂也斗不过两个壮汉，很快只有招架之功了，正在无奈之际，韩柯拍马杀到，只见他三拳两脚声东击西就把那两个人打了个屁滚尿流。英雄救美的这一幕很快结束，有人及时打了110，几个人都被带到派出所。

事后上官对韩柯说，你打那两个河南人身手不凡嘛，有两手绝活呀。韩柯说，没两手能在江湖上混？上官说，上次我跟你打架，好像没有这么好的功夫嘛？没几天就练得这样？韩柯笑笑，兄弟，不瞒你说，上次我手下留情，让着你，哥们之间动手还能来真格的？这叫内外有别。上官想，这家伙还真讲义气。

上官云桦在家整整躺了两天，紫茄子才有些消退。周静打来过一个电话，也不敢接。其间，上官疾问他受伤原因，上官云桦支支吾吾。上官疾当然不信，但又怎么样呢。现在是老子管儿子还是儿子管老子，真不好说。

冯爽走进新世纪百货商店，随意翻了翻货品，问，有没有高档一点的？陈侠说，抱歉，小店经营的就是大众化商品，小姐看不上眼的。冯爽说，老板娘，我也是工薪族嘛。陈侠笑笑说，小姐开玩笑啦。小姐的肤色，打扮，一看就……冯爽终于忍不住，哈哈大笑说，这戏也别做下去了。实话实说，我是周静的表姐，来看看你的小店，血拼血拼。陈侠说，怪不得，我一见就觉得自来熟，像是在哪里见到过。冯爽说，真会说话。其实我们第一次见，不过我也有一种见面熟的感觉。陈侠说，我跟周静是闺蜜，既然是表姐来，一律打八折。冯爽打断陈侠说，别，别，别给我优惠，别打折。相反，我买什么，给我在原价上加它个百分之二十。陈侠说，看不懂看不懂，为什么？冯爽说，实话跟你说，我是来烧我老公钞票的，谁叫他惹我。这样吧，这双肩背包，我买一百个，然后，麻烦你，派车送到天使基金会。然后,让他们去支持农村小学生去。陈侠说,好。加价百分之二十就免了吧,一百个双肩包是笔大生意啦。她看了看冯爽,又问,周静最近好吗?我有几天没见她了。冯爽说,还不是老样子,成天没心没肺的。这两天看上去,她有点不开心。

冯爽说的没错,这几天,周静心里不爽。那天,她在画家街看到了唐晓宁靠在上官肩上,气得两眼冒火,站都有些站不稳,马上转身离开。平静下来之后,反复告诫自己,不要无端猜疑。不过,说说容易,放谁身上能舒服?不禁又想起买乒乓台受骗的事,更叫她心里窝火。她打电话给上官,紫茄子加身的主,当然无颜见江东父老。

一个在火里,一个在水里。陈侠的心情大好。一记头卖出一百个双肩背包,对陈侠这个小店说来,实实在在算是一笔不小的生意了。此刻,陈侠正在进货,周静垂头丧气地迈进门。陈侠挥挥手说,静静,你坐,我这就好。正帮你表姐血拼呢。周静随便翻着服装说,你忙你的。什么?帮我姐血拼?什么意思?她来……噢,又是跟她那位程总怄气了。陈侠搬着货物,边问,怎么了?面孔拉得老长,谁欠你钞票了?周静苦笑着说,除了你还有啥人?陈侠停住搬货说,出什么事了?真的有事?周静说,前些天买的几张乒乓球台,那家伙开的发票是假的。那些东西也是废品,都让白蚁蛀空了。啊。陈侠一怔,叹口气说,我就说吧,别贪便宜。商场如战场,到处是陷阱。这回中头彩了。周静拿出那张假发票给陈侠看说,我想找他们去,你能陪我去吗?陈侠说,那还用说。要不要再喊上几个人?我在这条街上有几个铁哥们儿,一呼百应的。周静丧气地说,还想广播广播呀。登不登报呀?发不发微博呀?陈侠说,也对,家丑不外扬。那我们走。想了想又说,你等我一下。说着走进小屋,片刻,背了个鼓囊囊的挎包走了出来。周静问,拿包做啥?陈侠说,有用。

周静和陈侠来到那家体育用品门前,傻了,"铁将军"把门。玻璃门上还贴着一张纸,上写,内务整理,暂停营业。十分抱歉。乖乖,真叫人绝倒,有魄力,有特色,有时代感。干了坏事,还正人君子。周静骂,赤佬。关门了,还抱歉呢。陈侠问,是这家吗?周静说,没错。陈侠说,为你这点小生意就关门大吉,不至于吧。周静说,我想也是。那怎么办呀?陈侠说,还能怎么办,认倒霉呗。我来帮你赔吧。周静说,算你财大气粗了,这点钞票我还赔得起。正说着,隔壁一家文具店门开了,出来个年轻姑娘说,你们也想找这家老板吧?跑路啦。昨天就来过两拨人,说是来讨债的。鬼都找不到一个,气得骂山门。周静无可奈何地看看陈侠。陈侠低低骂了一声,他妈的。随即从挎包里拿出一个报纸包着的东西说,白带来了。周静奇怪地问,这是什么?陈侠说,半块砖头,准备拍人的。妈的,狗熊蛋溜之大吉,想打架也打不成。说着就要把砖头扔了。周静一把抢过砖头,陈侠还没反应过来,已经把那块砖头拼命朝大玻璃门砸了过去。"哐啷"一声,门玻璃被砸得粉碎。周静自己也愣住了。那个文具店的姑娘也傻了。陈侠突然醒过神来,拉了周静就要跑,周静却呆呆地站在那里。陈侠说,傻啦,周大小姐,绅士啊?快闪吧。说着拉了周静就跑。俩人刚跑出几步就被大楼管理员拦住了。管理员说,喂,喂,玻璃是你们砸的吧?搞七捻三。哪能?闯下穷祸就跑哇。陈侠强词夺理,你想怎么办?我们还一肚子气哪。那家公司呢?那个老板哪去了?你们光要钱不管事呀?

管理员理直气壮地说，瞎三话四。那家公司在不在与我们无关，反正你们破坏了大楼设施，必须由你们负责。我们只管大楼，公司跟我们不搭界。周静说，我看你才是胡搅蛮缠，你们只管大楼，商家不管？你们的歪理一讲，别人就不敢响了，对吧？你管屁大一点的事，就吆五喝六，真的当了什么官，屁股还不撅到天上去呀。管理员说，你这个小姑娘，看看像个知识分子，怎么骂人呀。周静说，对不起，我不是知识分子，我是识字分子。管理员说，少给我废话，我们找地方讲理去。去管委会还是派出所？说着就要打手机。陈侠说，打什么110啊，派出所离这里不远吧？走，我们一块去派出所解决。管理员说，好。好的。

　　陈侠、周静和管理员沿着弯弯曲曲的小街向派出所走去。陈侠说，还有多远？管理员说，过了十字路口就到了。说着急匆匆地走到她们前面去了。陈侠给周静丢了个眼色，周静会意，忽然捂着肚子，哎哟，哎哟地哼起来。管理员回过身催促，快一点。怎么啦？陈侠说，对不起，我们这位有点不舒服，走得慢，你别急嘛。你前头慢点走行不行？管理员说，你们尽量走快点，我还有事呢。说着，加快脚步朝前走去。这时，陈侠瞥见一辆出租车开过来，连忙拦住，很快拉开车门。管理员只顾朝前走，根本没有注意到这一幕。陈侠用力一拉周静，两人上了出租车。管理员发现时，出租车已经开走了。

　　出租车司机问，到啥地方？陈侠说，往前开，随便。周静捶了陈侠一拳说，你这家伙，坏透了。陈侠洋洋得意说，这叫好汉不吃眼前亏。别忘了，我可是大侠。

　　隔天，陈侠在文化中心走廊上找到周静说，商厦的人没找来过吧？周静说，没有，他们也不晓得我在这里呀。陈侠说，也对。周静说，大侠，我觉得这件事做得有些不妥。陈侠说，怎么？内疚了？做东郭先生啊，他们商厦只拿钱不管事，不该给他们一点颜色看吗？周静说，反正我觉得不妥。我想，玻璃门总是要赔人家的。陈侠说，赔可以，不过得拖一拖，叫他们难过难过。周静说，正合我老佛爷之意。陈侠又说，报告你最新信息，上官受了伤，你表姐说的。周静说，这家伙又跟人家打架。陈侠说，好战分子，日本军国主义，坚决反对。周静说，跟你说正事呢。陈侠说，听说，他是打抱不平。还是去看看他吧。周静说，我不想去。陈侠郑重地说，静静，你是不是有什么事瞒我？周静踌躇片刻，说，我，我怀疑他有别的人了。陈侠一惊说，什么？不可能吧。有什么证据吗？周静说，证据没有。陈侠说，既然没证据，为什么……静静，这不像你的处事方式。周静说，我是凭直觉，女人的直觉。陈侠笑着说，收回你那直觉吧。我还不知道你。这事交给我，我陈大侠给你去调查。要是没有，你得跟上官道歉，一切恢复正常，要是有，我轻饶不了他。不过，在事情没搞清之前，别晾着他了。

陈侠说到做到，她把冯爽约到星巴克，边喝咖啡边说，冯姐，别怪我多事，我是想请你帮小周了解了解上官，听说他原来有个女同学从加拿大回来了？冯爽说，我晓得。陈侠说，他跟那个女同学从前谈过朋友？冯爽说，听静静说过，好像是的。陈侠说，会不会旧情复发？冯爽说，这就吃不准了。这女人我见过，骚狐狸，不晓得上官吃得住吃不住。陈侠无可奈何叹了口气。陈侠想了许久，单刀直入，打了电话给上官云桦。上官说，怎么可能，我和唐晓宁早结束了。这些天，我只是给她画肖像。没有别的。不信，你直接去问唐晓宁。陈侠想想也对，绕那么大弯子干吗，直接找唐晓宁面谈不就完了。

谈判桌又回到星巴克咖啡馆。

冯爽、陈侠与唐晓宁相对而坐。唐晓宁听完冯爽的话，笑道，哈，哈哈，怎么可能？怎么可能。冯小姐，我现在有男朋友，是一家房产公司老总，比上官帅气还不说，身家也不是上官能比的。萧家有几亿资产哪。噢，萧家，就是我朋友家，他叫萧迟。你说，我怎么会再去追上官呢？不错，我以前跟上官是谈过朋友。那是我出国以前的事了，早就成为历史啦。好马不吃回头草嘛。当然，如果上官现在再有这方面的想法，我可不知道，我也无法负责。陈侠大笑，说，唐小姐不愧是出过国门的人，说起话来，软中有硬，滴水不漏，令人佩服。虽然，对一个人的评价，我跟唐小姐的尺度不同，但是，我们的交谈还是有成效的。至少，我明白唐小姐和上官的关系了。谢谢。冯爽说，我们只是了解了解。谢谢你。再见。

中午，楚雯在走廊里遇见周静说，小周姑娘，我听汪雁讲，你有个男朋友是画家？周静说，只是会画画，谈不上什么家。楚雯说，客气了。我家有幅油画，我又不大懂西洋画，能不能帮我看看有没有价值。周静说，好，就怕他看不明白。周静不想带上官去，向陈侠讨主意，陈侠说，带他去又怎么样，他能吃了你？感情的事先搁一边。

于是，这天傍晚周静带着上官云桦爬上古旧而昏暗的楼梯。上官说，这房子有一百岁了吧。周静说，以前肯定是不错的房子。当年一个漂亮的小姑娘，几十年后变成了难看的老太婆。一幢房子也是这样。

　　楼梯的油漆已经剥落，有些地方腐烂了，用新木板补缀着。楼道灯光昏暗，墙壁上布满了蜘蛛网般的电线。他们到了三楼，敲开门，楚雯出现在门边，热情地说，快进来，小周，快请进，哦，这位就是……周静说，他就是上官云桦。楚雯说，大画家，快请进来。门大开，正面餐厅，一张古旧但质地极好的餐台上，放着烛台，烛台上的蜡烛还未点燃……楚雯摆好茶具，对周静和上官云桦说，小周姑娘，对不起，事先没说……今天是我七十岁生日，特地请你和你男朋友过来小聚。周静说，楚老师，你不好，事先说一声，我们也好准备生日礼物呀。楚雯笑道，你把男朋友带来了，就是最好的礼物。说着，点燃烛台上的蜡烛，走进厨房。上官云桦与周静四处打量房间。屋角摆着鲜花，布置得很精致。楚雯重新回到客厅，把一个大大的蛋糕放在桌子中间，插好七根红蜡烛。楚雯说，今天你们两位是我仅有的客人，若不是有小周这么个好姑娘，我这七十岁生日，恐怕只有一个人过，谢谢你们的到来。周静说，楚老师，上次您不是跟我说，女儿女婿要回来给您祝七十大寿的吗？楚雯轻叹口气说，女婿从洛杉矶又打电话来说，女儿住院暂时不能回来了。好，不说这些啦，点蜡烛好不好？周静说，我来点。生日蜡烛点了起来，暖暖的烛光照着楚雯苍老的脸庞，寂寞的神情展现在老人的脸上，周静也有些感伤，长叹一口气，说，来，我们来唱生日快乐。上官云桦带头唱起来，"祝你生日快乐……"周静与楚雯也唱了起来。生日蜡烛燃烧着。楚雯的眼睛湿润了。周静搂住楚雯的肩头摇晃着她，轻轻唱。窗外，繁星点点，灯火璀璨，夜游的人们喧闹声阵阵传来。周静说，楚老师，许个愿，吹蜡烛。楚雯淡淡说，这把年纪了，还有什么愿望呢？周静孩子似的固执，许，一定得许！楚雯轻叹着说，那，那就希望我女儿晓茹早点回来。楚雯吹着生日蜡烛，一次，两次，到第三次才在周静的帮助下全吹灭了。室内，安静下来。周静轻轻拍了几下手，上官云桦也跟着拍了两下。周静真诚地说，祝楚老师，一年好运。楚雯站了起来说，我今天准备了罗宋汤、沙拉，还有红烧牛排，你们一定要尝尝我的厨艺。周静说，楚老师，我们吃过晚饭了。楚雯一面切着蛋糕，一面说，吃完蛋糕，总得尝尝我做的罗宋汤，很正宗的，不过，还赶不上我那过世的老头，那是他的绝活。周静说，那我们就吃蛋糕吧。楚雯走到钢琴边，开始弹奏《友谊地久天长》的曲子。她忆起了早年快乐的时光，也想到了晚景的凄凉，泪水慢慢流了下来。周静看着，眼睛也潮湿了。上官云桦轻轻拍着她的肩头，周静用手轻轻地抚摸上官的手，《友谊地久天长》的曲子低回、婉转，弥漫在这陈旧的客厅里。

　　送走周静他们，楚雯把客厅的灯一个个熄灭，只留下沙发前的一盏小灯。她坐在沙发上，打开一封贺信，那是"十五人团队"写给她的生日贺信，看完，精心地收好。她又打开一本厚厚的相册，在孤灯下一页页地翻阅。相册中，有楚雯年轻时的照片；楚雯和丈夫童大威的照片，楚雯夫妇和女儿童珊珊的全家福。"是那山谷的风，吹动了我们的红旗，是那狂暴的雨洗刷了我们的帐篷。我们有火焰般的热情，战胜了一切困难和寒冷。背起了我们的行装……"《勘探队员之歌》从很远很远的地方飘过来，那是童大威最喜欢的歌曲。记得那次童大威又要出差，他们第三次去看话剧《年青的一代》，老童说，忠骨埋在高原上，死而无憾。想不到一语成谶，老童遇上了雪崩……楚雯潸然泪下。

寂静小街。周静和上官云桦慢慢走着。周静说，你说，今晚楚老师开心吗？上官叹口气。周静说，她很寂寞，女儿没回来，过这七十岁生日，蛮凄凉的。

其实，楚雯的邀请，是陈侠一手策划的。既为老人过了生日，又撮合周静和上官。这位陈大侠粗中有细，还是有一套的。

2

冯爽和陈侠拎着大包小包从新世纪小店里走出，一辆宝马过来，停下。邵全林从车窗探出头说，程太，这里有什么东西好买？都是低档货。冯爽瞥瞥邵全林说，又没花你的钞票。邵全林下了汽车，走近冯爽她们，看看那些东西，摇摇头。冯爽呵斥他，看什么！看什么！邵全林说，帮你把把关嘛。冯爽说，我出钞票，要你把关？走开。走开。陈侠笑了，对邵全林说，她不为买东西，她是烧钞票。邵全林哈哈大笑说，老程又惹你了？这个家伙花头经……他不是改邪归正了吗？冯爽赌着气说，去问你那狗友。她指着陈侠，对邵全林说，我们这位新世纪大老板不认识吧？她是我表妹的好朋友。邵全林连忙上前，伸出手，欠着身说，敝人邵全林。陈侠和他握握手说，周静是我的铁哥们儿。铁，铁哥们。冯爽笑了说，我们这位大侠就这么说话。闺蜜，闺蜜懂吧。邵全林有些尴尬地说，啊啊……对了，程太，你表妹的公司是干什么的？冯爽敷衍道，弄文化体育的。邵全林说，在什么地方？冯爽警觉说，你想干吗？邵全林笑而不答。

冯爽跟邵全林刚走，上官云桦和周静来了。上官云桦拎来一个纸盒，从盒子里拿出一个小巧的咕咕钟，说，看，我弄到了什么？陈侠说，在我这里寄卖呀？我可要提成啦。周静打了陈侠一巴掌说，死要钞票。上官这是拿给你做样子的。如果在这基础上改进一下，做成各种各样的颜色，肯定是桩好买卖。陈侠打量着"咕咕钟"喃喃地说，是个好点子。周静揪揪陈侠的头发说，你这小破店的成败，牵动着亿万革命群众的心呢。你晓得吧。陈侠说，少给我唱红歌……今天中午，云南路小吃街，我埋单。周静朝陈侠眨眨眼，扮怪脸说，戆大。你我都是草根，眼前的土豪看不见呀。陈侠会意说，对，对，打土豪分田地，画家埋单。上官云桦说，埋单可以，我可不是什么土豪。不过，我今天发了财，不大不小。

原来当天上午，唐晓宁拿走了画像，给上官打了八万元。走时，抱了一下上官，说，我还会帮你拉生意的，亲亲。

吃完饭，周静、上官和陈侠分手，两人继续在街上闲逛。热闹的夜市，大排档摆在人行道上，小吃摊上吃夜宵的人如同走马灯。他们路过大排档，忽然看见一群人哄在一起，边叫边喊，竟是两个年轻人在打架。旁边有几个围观的人，站在一旁起哄。上官云桦冲上前，企图拉开他们。两个人仍旧相互厮打、纠缠。这时，两个旁观的年轻人也拥上前帮助劝解，几个人扭结着拥来拥去……忽然，那两个打架的年轻人相互看了一眼，停住手，扭头就跑，另两个劝架的也随即朝同一方向跑去。上官一时觉得异样，旁边有个中年人轻声对上官云桦说，先生，看看自己东西。上官云桦猛醒，一摸自己放钱包的裤袋，低声骂了句，他妈的……中招了。周静说,怎么了?上官说,上当了。他们是一伙的。我钱包没啦。周静意外地说,啊?上官云桦说,其实,这是老一套,可……周静问,丢多少钱?上官云桦自嘲地说,算他们触霉头,我钱包里只有五六百块。周静说,哈哈,还自命老江湖呢。上官云桦说,你得发奖金给我——见义勇为奖。周静笑道,这叫神马见义勇为?她看定上官又说,以后你再看见打架的人还劝不劝?上官云桦不假思索地说,当然,还要劝。周静笑了说,正确。十分。停了片刻,深情地望望上官云桦,挽起他的胳膊说,将来,你会是个好老公。也许。

3

早晨,郑杰骑着个破助动车,来到公司门口,门房值班师傅说,郑老师,你怎么骑这个上班?郑杰说,我那部老爷车又进医院了。师傅说,大师,你得换部新车啦。郑杰锁好助动车说,说说容易,money 呢?正说着,红色法拉利开过来,唐晓宁下了车,趾高气扬地进了大门。师傅说,乖乖,看人家这派头,全 hold 住了。郑杰走进来,正碰上唐晓宁。一工作人员说,郑大师,你来得正好,这位唐小姐要找栋总。郑杰说,栋总今天不来上班,有什么事吗?我是这里的副……唐晓宁伸出手说,我差点忘了,自我介绍一下,我姓唐,是你们老总弟弟大学同学,同班同学。郑杰说,幸会幸会。唐晓宁说,我有个广告想麻烦你们公司,对方开价二十万,生意不算大。这样吧,我改日再来。

唐晓宁的车子开到国际贵都酒店,见到新结识的女友赵婉。赵婉和前夫离婚一年多，正在找新朋友，一不小心认识了唐晓宁，两人一见如故。赵婉从前夫那里接手了一家食品厂，有钱有色，找结婚对象不难，但找个如意郎君不那么容易。唐晓宁说，包在妹妹身上，我帮你找个艺术家怎么样？赵婉很受用说，一切拜托。唐晓宁打出了上官云栋这张牌，建议赵婉委托重华文化公司先为食品厂做个广告，开价五十万。赵婉有些犹豫，唐晓宁不屑说，一分钱一分货嘛。赵姐市面做得这么大，还在乎这点钞票？赵婉吃进。赵婉是个"钱多人傻"的人物。

笔记：

早年间，长白山人把上山采参叫"放山"，把人参叫"棒槌"。说是七两为参，八两为宝。放山要有头领，叫"把头"。把头不但判断山地上人参有无，还负责"起参"。通常放山七八个或十来个人一伙，由把头带领，排成一线，人与人间隔三五米，一起慢慢往前搜索。不管任何人发现了人参，先要一把抓住参秧，用红线系在上面，并喊一声"棒——槌"，然后由把头来起参，山里人的规矩是，除了把头，别人是不能起参的。坏了规矩，要遭报应。一天，闲汉金三跟把头放山，意外发现了一株"五品叶"的上好人参，系上红线之后，正要喊"棒槌"，忽然贪心上来，悄悄做了记号，没事人似的继续搜山。过了多日，金三偷偷上山去起那株人参。参秧还系着红线，一切如常。金三喜滋滋地挖了半天，果然起出一株八两多的上品人参，狂喜间却见手里的东西骤然变成了大萝卜。金三骇然，不久郁郁而终。

第八章

1

上午，在文化中心阅览室里，严浩晕倒了。幸亏周静在场，严浩很快被送往医院。下了班，周静看过严浩，走出病房，忽然看到严浩的女儿严小雪正站在门外一角。周静问，怎么不进去？严小雪说，小周妹妹，麻烦你把这个带给我爸。说着，她把一塑料袋营养品递给周静。周静诧异地说，这是为什么？严小雪说，我爸不愿意见我，我进去，他会生气的。麻烦你了。周静只好接过那袋营养品，返身重回病房，走到严浩的病床前，交给范阿姨。严浩怀疑地望着周静说，怎么回事？周静说，给您送来的东西。严浩说，谁送来的？范阿姨说，老先生，别管了。严浩勉强欠起身，厉声问道，说，是啥人？范阿姨支支吾吾说，是……您的……话音未落，严浩就把那袋东西用力一拨拉，东西落地，一瓶玻璃罐头也摔碎了。周静没想到严老师会发这么大脾气。

过了几天，周静在阅览室见到严浩说，严老师，你好了？严浩说，前天就出院了。在家闷，还是到这里看书开心。周静刚要离开，严浩说，小周姑娘，这一期的《人物周刊》好像买不到了。周静说，这事交给我。正好我明天休息。第二天，周静跑了两家报亭都没有买到。她来到第三家书报亭，发现经营书报亭的竟是陆世雄的女儿陆菊芬。周静惊喜说，陆姐，你在这里？陆菊芬说，在这里干了好几年了。要买什么？周静说，我想买本这期的《人物周刊》，跑了几家都卖光了。陆菊芬说，来巧了，我这有一本，是我自己看的，你拿去吧。周静掏出钱，陆菊芬连连摆手说，小周，你要出钱，就是骂我了。这本刊物我看过了，还能要钞票吗？你帮我那么多，还没好好谢过你呢。周静说，这报亭离家远吗？陆菊芬指着旁边的弄堂说，居委会为了照顾我，让我承包了这间报亭，离家近，也好照看我老爸。如果方便，请到我家里坐坐，好吗？说着招呼旁边一间修车铺的伙计，毛头，帮阿姨看一会儿摊头，我会跟你老板招呼的。伙计毛头说，你放心，陆阿姨。

　　周静随着陆菊芬走进老式弄堂。陆菊芬说，我家里又脏又乱……周静说，没关系的。两人进了一座石库门房子，爬上一道狭窄破旧的楼梯，来到厢房。陆菊芬推开门，让周静走进去，大声说，爸，你看啥人来了。陆世雄坐在临窗的一只藤椅上正发呆，见周静进来，站起来喃喃地说道，是，是周同志，请坐，请坐。周静热情地说，老伯伯，你蛮好的？陆世雄说，好，好。就要去倒茶，陆菊芬连忙赶过去说，爸，你别管这些了。厢房里，幽暗潮湿，淡淡的霉味夹杂着剩小菜的味道。陆菊芬倒好茶说，你看，没什么可招待你的。周静说，用不着招待，都是熟人了。又压低声音问，你爸最近还好吧？陆菊芬说，这几天倒是没犯病。犯病就到处跑，人也急死了。我那摊头放在弄堂口，就是为了看住他。多亏街道照顾。陆世雄似乎听到了，慢慢说，对，对不起。陆菊芬说，你也晓得对不起呀。她犹豫片刻，对周静说，走，到我房里去。陆菊芬把周静领到隔壁一间更小更暗的房里，但房子收拾得很整洁。周静意外发现屋里还有个七八岁的男孩，默默坐在角落里摆弄一本小书，见有人进来，头也不抬。陆菊芬说，我儿子……他不会跟人打招呼的。周静对着男孩说，你好。男孩只顾自己摆弄着手里的书，并不看，只是翻来倒去。陆菊芬低声说，这孩子有自闭症。周静意外地说，啊，去看过医生吗？陆菊芬说，看过，又有什么用呢？周静叹息说，这一老一小，够你难的。陆菊芬说，这孩子平时在他爸那里，偶尔送到我这里……哦，我们离婚了。周静说，是吗？因为你爸爸的情况？陆菊芬说，也是，也不是。七年多前，我刚生下这孩子不久，我老爸得了胃癌要手术，费用得二十几万元，当时，东借西凑，也弄不来这些钱，无奈之下，我犯了个大错，那时我在单位里做出纳，就贪污了二十万元。爸爸手术做得还好，可我判了十年。进去以后，我主动提出跟我家老杜离婚。开始，他不肯，我再三坚持，才同意了。法院判孩子由他抚养。我在监狱表现较好，老爸手里一幅米芾的字变卖了，赔上赃款，我被提前释放。出来后，原单位不要我了。幸亏街道考虑到我的实际状况，给我安排了现在这份事做。是老天的惩罚吧，我出狱后，才知道孩子得了这种病，我太对不住这孩子了……陆菊芬说着流下眼泪。男孩过来，默默地望着妈妈。周静给她递上纸巾。陆菊芬擦着眼泪，抱歉地说，对不起，小周，你看我，我真是对不起。周静说，没什么对不起的……陆大姐，每个人心里的苦楚，是需要找人倾诉的，谢谢你对我的信任。那，你跟原先的丈夫，有复婚的可能吗？陆菊芬摇摇头说，他，已经又结婚了，是农村来的，很朴实，待这孩子也不错，我应该谢人家呢。周静看看表说，不耽误你生意了，改日再来看你。说着站起身。男孩出乎意料地跑过来，拉住周静的衣襟。周静感动地抚摸着男孩消瘦的脸说，谢谢你啊。临离开时，周静悄悄地把几张钞票放在了小几上。街上，小雨淅淅沥沥下个不停。

2

郑杰在摄影棚，正拍一组儿童玩具的广告片。扮演妈妈的阿莹笨手笨脚，与男孩根本不像母子关系。郑杰说，大小姐，放自然些好不好？你在和儿子玩游戏。阿莹说，你们应该有位导演嘛，给我说说戏。郑杰助手说，我们郑大师兼任导演。阿莹说，是吗？没看出来。郑杰很没劲地说，好啦，就这么拍吧，开灯。停机后，阿莹问，导演，可不可以？郑杰说，关灯，结束。"咻。"有人在暗处笑出声来，原来是刘海燕站在那里。郑杰说，你，怎么来了？刘海燕说，来看看你呀。工作很顺利？郑杰说，天天吃药。阿莹问，导演，还拍不拍了？郑杰没好气地说，不拍了，结束。见鬼了！刘海燕说，我也走吧。妨碍你工作了。郑杰说，也好，改日再约吧。郑杰送刘海燕走出大楼。刘海燕说，别送了，你回去吧。郑杰说，实在不好意思，上班时间走不开。刘海燕说，理解。给人打工嘛。郑杰说，晚上请你吃饭，算我的道歉。刘海燕说，给人打工总不如给自己打工。我已经辞掉了婚介所的工作。郑杰说，是吗？刘海燕说，我想自己开公司，请你加盟。郑杰不响。刘海燕想起什么说，朋友给了我两张音乐会票子，一起去听听？

夜晚的上海音乐厅，灯光勾画出欧洲古典建筑的优雅轮廓。音乐厅内，正在演奏《拉德斯基进行曲》，显然，演出已近尾声。台上，乐团欢快地演奏着。乐器的闪光，黑色礼服的轻轻摆动，乐队指挥燕尾服和指挥棒闪闪发亮，这一切如梦如幻。那一年，那位小提琴手演奏的帕格尼尼，让她刘海燕忘记了时间，忘记了自己，忘记了身在何处，一抹粉红色的纱幕笼罩着她和那位小提琴手，她把一切都给了他。不久，他告诉她，他必须和老师的女儿结婚，老师才可以帮他考进音乐学院。她垂着眼泪答应他，她真不想毁了那个白马王子的前程。小提琴手海誓山盟说，将来一定会再来找她。可是当她去报考广播学院时，顺路去找他，竟然连面也没有见着……台下，观众们热情地合着音乐节奏鼓着掌。音乐和那个潇洒的小提琴手渐渐远去。眼前是朦胧美丽的耀眼灯光。

　　走出音乐厅，刘海燕说，不想太早回去，随便走走？郑杰说，听你的。两个人走来走去，走到上岛咖啡。刘海燕说，去里面坐坐吧。两人坐定，慢慢品着咖啡。说起刚才的演出，刘海燕感叹说，我总觉得国外知名交响乐团的水平，还是比我们的高出一截。郑杰说，不能一概而论，国外也有一些差劲的。刘海燕说，我听人家讲，欧美有些演奏家，不是以演出为谋生手段，完全是为了艺术，是一种信仰，是一种献身。所以就很少杂念，一心一意，精益求精。郑杰说，这个我很难说是认同还是不认同，因为我对这些不了解。刘海燕说，不说这些了。郑杰说，你的计划书，我看过了，同意跟你合作。刘海燕说，太好了，大好消息。有你加盟，我心里有底气了。郑杰说，我们的艺校，宗旨是培养影视的配角和群众演员，很有意义的。当前影视界，只盯着大腕，次要角色没人管，临时找的群众演员就是为了五十块钱，一份盒饭。这怎么行呢。次要角色，有台词的群众演员，都可以由我们培养。别人不愿做的事，由我们来做。要做，就要把它当成事业来做。刘海燕说，我完全同意。郑杰举起咖啡杯说,来,我们以咖啡代酒……刘海燕说,不,不,我们要用真的红酒来庆祝。说着,招手叫过服务员。郑杰说,喝了酒,不能开车了。刘海燕说,那有什么,车放这里过夜嘛,我们步行回去。

3

红树画廊。上官云桦正在创作油画《窗前的少女》。他正在把一幅小样搬上正稿。小样画得很精致,窗外,阳光明媚,少女站在窗前,呈半逆光状态。少女的肤色呈现柔和的暖色调。她穿一件白色衣裙,手里拿着半开的书籍,窗台上还有一束淡黄色花朵,插在一只玻璃瓶内。

陈国基和琳达走进画廊。陈国基轻轻拍了两下手,连连说,正点,正点。琳达也说,漂亮,漂亮。想不到上官先生画得这么精彩。上官云桦放下画笔,对琳达说,小姐过奖啦。琳达连忙说,NO,NO,在我们那边,小姐是不能叫的,做皮肉生意的姑娘才叫小姐。上官何尝不知道,他只是想看看这位琳达的反应。琳达果然是一副说不出来的嗲样子。上官暗笑,嘴上却说,贵客贵客,快请坐。陈国基说,不打扰你吗?上官说没关系。陈国基仔细端详着草稿,又看看画架上已经完成的大部分的正稿,不住点头,连连说,这才是艺术,感人,上官先生,你的才气不应该就这样埋没了。上官笑笑。琳达指着画面说,这个模特不够漂亮。上官说,找模特也很难的。美女什么时候也能来做一次?琳达撇撇嘴说,哼,我才不要。上官笑笑。陈国基说,我觉得这样蛮好,画中的人物，主要表达的是清纯，清纯的气质，不一定要多少漂亮。琳达看看陈国基说，清纯？清纯卖几个钱？上官又笑笑。琳达望了望窗外，哼了两声。陈国基说，模特儿也确实难找嘛。这我晓得。特别是纯洁的女孩太少了。正说着，韩柯走进来说，哈，今天真热闹。这两天上官一门心思搞创作，我都不敢打搅，见美女来了，特意过来欣赏欣赏。琳达说，撕你韩大师的嘴。没大没小的。韩柯说，没几天学了不少我们东北腔嘛。女人没办法，就是聪明。琳达不理韩柯，转过头对上官说，上官先生，窗台上的那束黄色的花，不如改成白色百合花，是不是……上官云桦点点头说，你说的有道理。

陈国基从包里拿出几张纸说，上官先生，我们公司总算为你联系好去纽约古哥海姆艺术中心举办个人画展的事。古哥海姆方面已经与我们公司签署了合作协议，按流程，公司也需要与你签订一份合同。琳达插嘴，我们公司对这项活动十分重视。陈国基把一沓纸放在小桌上说，上官先生先看看文本，不一定今天就答复我们……韩柯看看陈国基，又看看上官，轻咳两声说，你们谈正事，我在这里不方便。说着走了出去。陈国基接着说，如果先生同意这项合作，那还有一个小问题，就是先生须先交付一些先期费用……琳达说，其实，这些费用只是上官先生垫付的。我们和美国的有关买家已经商定，一旦上官先生的个展展出，那么买家可以购买你的几件作品。陈国基笑笑说，我们这位琳达，不愧是老板的得力干将，一开口就是MONEY、MONEY。上官云桦展开那几张文件，看了看说，我考虑两天可以吗？陈国基说，当然，并且，我很希望先生能找人把中英文对照一下，看看有否措辞不当。上官云桦说，好。多谢提醒。

笺记：

  书痴蒋生喜逛书市。一日，听友人说文庙街新开了夜市，便兴冲冲赶了去，觅得一部线装版的《石头记》。蒋生爱不释手，通夜诵读。天亮时方才睡去。蒙眬中醒来已经日上三竿。再拿起《石头记》看，竟是一面有字，一面白纸。蒋生愤然把书丢入火盆。燃火飞腾起来，幻成朵朵灿烂鲜花，飘忽片刻，落下时发出呜咽之声。

第九章

1

  上官疾请周静在半岛咖啡坐了一个小时。上官疾拿出一封信说，这封信，写着我想说的一些话，抽时间请看一看，拜托啦。事后，周静仔细想想，这一幕真像电影里的一场戏，或许，上官疾以后会成为自己的公公，如果是那样，今天这场，算是哪跟哪呀。要是让陈侠晓得，准会笑得把隔夜饭都呕出来。对于这位闺蜜，还得留一手。

  深夜，周静读了那封信：

  小周姑娘，请原谅我上次的唐突和不够宽容。你第一次来我家，我对你有所误解，现在请允许我做些解释。其实，我不是那种把工作分为贵贱高低的人。在大学时期，甚至在事业初创阶段，我都是个穷光蛋，常遭人白眼。我深知，那些从事平凡工作的人，是多么惧怕那些有点臭钱而歧视他人的人。做平凡的事，收入微薄，没什么可耻，然而，那些看不起自己工作，从而躲躲闪闪，甚至编造谎言，才是可悲的。我的父亲是个工程师，后来被打成右派，家境变得十分贫寒，但父亲教导我，一个人的富有或贫贱，不在他有多少金钱和怎样高的地位，而在他自己的内心。内心强大的人，才是最富有、最值得尊敬的。我父亲给我取名为一个"疾"字，目的是为了时时提醒我，关心底层人们的疾苦，同情他们，尊重他们。如今虽然我事业上小有成就，也绝不敢懈怠，也绝不会以世俗的门第观来评判自己孩子的恋爱婚姻。不过，有一点我是坚持的，那就是要求他们择偶一定要找一个善良、诚实、富于爱心的人。学会做人，将来才有资格为人父母。好了，不多写了。云桦是一个毛病很多的人，希望你多帮助他……

周静打开窗户，望着夜空中的点点繁星……人们说，每个人死后，灵魂都会变成一颗星星，高悬在空中，他们会审视活在世上的人们。那么，关注自己的那颗星星在哪里呢？

中午，韩柯走进红树画廊，站在上官背后看他修改画稿。上官说，提提意见。韩柯说，上官老弟的水平没得说，我不敢班门弄斧。上官说，说这个就不够哥们了。韩柯说，恕我直言，女孩的衣服处理得太琐碎，不够整体。上官说，有道理，有道理。我也觉得什么地方有些不对劲。你点醒了我。韩柯说，我就这一点水平，说不到点子上。上官停住笔，看看韩柯。今天怎么会这样谦虚呀。两个人沉默着。韩柯轻叹口气说，你忙吧，不打扰你啦。说是说，却站着不动。上官看看对方的异样神情说，有事吧？韩柯说，一点小事，手头有些……上官问，需要多少？韩柯说，一两万吧。上官拿出一沓钱递给他。韩柯说，有人欠我两幅画款，给了，就还你。上官说，不用急。韩柯看看上官说，前天你跟陈国基谈的事，怎样了？上官把合同拿给韩柯看。上官问，你看怎么样，靠不靠谱？韩柯沉吟良久说，就看你怎么看啦。如今这年月，饿死胆小的，撑死胆大的。股市有风险，入市需谨慎。机会与风险并存嘛。要是我，就冒一次险。可是人家一没有看上我的画，第二，我也没有那么雄厚的经济实力。哥们，话说回来，慎重些还是好的。

2

一家考究的花园式饭店，起名叫"威尼斯"，经营的却并不是意大利菜。饭店由一个不小的露天花园和一幢洋房组成。花园里放置着几张餐桌，四周的冬青树上装饰着一串串彩灯，矮矮的灌木丛上也挂满了小灯泡。

上官云栋与郑杰坐在角落的一张餐桌旁。上官云栋说，兄弟，是抢银行了，还是中大奖了？郑杰说，毕竟是告别演出嘛。上官云栋寻思，告别？郑杰忽然激动地挥起手，海燕，海燕，在这里。刘海燕疾步走来,上官云栋一时想不起来在何处见过这位资深美女。刘海燕主动伸出手说,栋总,你好。上官说,我们,见过?刘海燕说,栋总,贵人多忘事。我叫刘海燕。郑杰说,海燕以前是做婚介的,还记得那次新郎的保镖……上官云栋说,想起来了。郑杰说,好,大家坐吧。海燕,你来点菜。刘海燕爽快地说,我点菜,你们谈正事。郑杰说,哥们,那我就开门见山吧,我们,哦,就是我跟刘海燕想合伙开公司。上官云栋说,那就是说,今天是散伙饭。郑杰说,真不好意思,本来想再拖个一年半年的,可眼前正有个机会。刘海燕说,我们看中一处商铺,租费优惠。过这村没这店了。上官说,还不知道你们要办什么公司呢?刘海燕说,演员培训公司,初级的。上官喃喃自语,主意的确不错。郑杰说,哥们儿,如果你实在不同意我走,那我可以……服务生送上啤酒。上官说,打开。服务生一一打开啤酒。上官云栋举起啤酒,来,哥们儿,我祝你们……说着,一瓶啤酒咕嘟咕嘟地喝光。同甘共苦了几年,上官觉得没有给朋友带来什么利益,跳出火坑也好。两个人开始对饮。上官云栋又打开一瓶啤酒说,来,干杯。郑杰说,不,不行,你喝太多了。上官说,今天,你我一醉方休。他轻轻叹口气说,以后,你我这么喝酒的机会,怕是不多啦。郑杰说,哥们儿,以后我会来看你的。上官说,会的,当然会的。你不是那样薄情寡义的人,这我知道。郑杰有些感动说,到底是哥们儿,来碰碰杯。想想,你我共事快十年啦!上官感伤地说,是啊,我们当初创业那会儿,雄心壮志的,回头一看,不过浮云而已。

夜深,三人走出威尼斯花园饭店。月色朦胧,前路迷茫。郑杰和上官云栋跟跟跄跄。刘海燕一会扶扶这个,一会儿扶扶那个。上官云栋走向自己那辆老旧的桑塔纳。刘海燕拦住上官说,你不能开车啦。上官喃喃说,我没醉,没,没关系,哥们儿,你说呢?郑杰说,没事儿,他醉不了。

刘海燕和郑杰走到停车场,刘海燕想了想说,我们还是不开车吧,免得闯穷祸。郑杰说,那就走走,夜色蛮好。走来走去,他们走到了郑杰住的地方。郑杰说,进去坐坐?刘海燕不响。郑杰开了门,把刘海燕让进房间,郑杰的酒劲还没过去,有些亢奋。他脱去西装说,蛮热的,你也把衣服脱了。刘海燕说,是脱外套,还是全脱光?刘海燕的眼神有些迷离。郑杰一愣说,随便。喝,咖啡?茶,还,还是可乐,可口可乐?刘海燕打量房间,你这房子很不错嘛,就是小了点儿,一看就晓得是单身男人住的地方。郑杰笑笑说,乱就乱点,脏就脏点,大小我不管……刘海燕主动打开冰箱,取出两瓶可乐,递给郑杰一瓶说,来,醒醒酒。郑杰问,什,什么?住不久?是,是住不久。房子小,住着不舒服,等,发了,发了……刘海燕扶住郑杰说,沙发上休息一会儿吧,你醉了。郑杰闻到刘海燕的发香说,你真香……为什么?郑杰抱住了刘海燕,刘海燕并不推脱,也紧紧贴住了郑杰。两个人亲吻了一两分钟,郑杰觉得浑身发热,他开始解刘海燕的纽扣。刘海燕说,做啥?郑杰说,热,热呀。刘海燕说,你热,脱我的衣服?郑杰迷迷糊糊说,啥?刘海燕说,脱衣服。郑杰开始解刘海燕的胸衣,纽扣解了几次也解不开。刘海燕说,我自己来。郑杰抱住刘海燕赤裸的上身,亲吻她的脖颈,脑后的头发有些弯曲,散发着蜜司佛脱香水的淡淡气味。好久没有这种感觉,郑杰有些手忙脚乱。刘海燕说,深山老林,好久没有去人了,是吗?深山老林,郑杰嘟囔,抱紧了刘海燕,刘海燕脱去裙子,帕格尼尼的小提琴声音,悠悠响了,断断续续,仿佛好远好远。

早晨,外面下起了小雨,淅淅沥沥,空气中弥漫着让人迷醉的气息。郑杰从床上醒来,发现刘海燕睡在自己身边。郑杰慌忙坐起,看到自己上身赤裸,连忙找睡衣。刘海燕还没完全醒,却把睡衣丢给他说,急什么?还早呢,反正今天不上班了。郑杰说,我,我昨晚喝多了,对,对不起。刘海燕一笑说,有什么啦。你我孤男寡女,很正常,用不着内疚。

郑杰和刘海燕用完早餐,外面的雨越下越大。郑杰穿上外衣,拎起挎包准备出门。刘海燕说,哎,下这么大的雨,上哪儿去呀?郑杰说,去公司啊。刘海燕说,不是辞职了吗?郑杰拍着脑门说,糊涂了,糊涂了。

3

马孟参加了"十五人团队",有点腾云驾雾的意思,特意买了一束玫瑰花插在自家的花瓶里,表示庆祝。阿晴看到了说,有人送玫瑰花了,妹妹啥地方的?马孟说,十五路售票员。十五路?阿晴很不开心,回到楼上把杯碗弄得山响。

笺记:
  夜晚下起了小雨。小林赶到家已近十一点钟。浑身湿透的她进了电梯,觉得里面冰冰冷。还是夏末,即便是雨天也不至于这样啊。家住在二十三楼,是大楼的顶层。电梯徐徐开动,她掏出手帕擦着头发上的雨水。下午上班时为什么不想着带伞呢?她埋怨着自己。电梯抵达顶楼,她走出电梯的一瞬间,不知从什么地方传来轻微声音说,你老公为什么不提醒你呀。她四下张望,没有人,电梯壁上却有两个身影。

第十章

1

上午,周静在文化中心办公室接手机。手机里上官云桦的声音说,小周,我哥出事了。周静说,什么,出什么事了?上官云桦说,没什么大事,昨晚醉酒驾车被逮住了,拘留十天。坐在对面的马孟问,调皮鬼,怎么了?出啥事了?周静说,上官的哥哥醉驾被关了。马孟说,关啥地方了?我有路子,可以捞出来呀。周静说,捞什么?他活该!上官说,临去的时候,还特意关照他哥哥别喝酒,别喝酒。马孟说,他哥哥的事也要跟你汇报?周静说,上官他老爸已经晓得了,等他哥哥出来怎么去见老爸?到时候,拉我去做挡箭牌。

上官云栋出来的当晚,周静陪着上官兄弟来到上官家。在客厅里,上官疾给周静倒了一杯红酒说,来,小周,红酒喝一点点没有问题吧。周静说,只能一点点。上官疾说,好,就一点。上官疾看看上官云桦,又看看垂着头的上官云栋。周静抿了一小口红酒。上官疾说,哈,可以了。给我老头子面子啦。你随意吧。周静轻声说,云桦,敬你爸一杯。上官云桦动也不动。周静又说,大哥你也敬一下。上官疾连连摆手说,别,别,千万别敬我,敬也不喝。

上官疾看也不看他的两个宝贝儿子,只顾对周静说,小周,我以前也说过,一个人在社会上要站住,靠的是什么,靠的是自律。自己管不住自己,别人还能说什么。周静说,大哥是初犯。上官疾说,今天初犯这个事,明天初犯那个。周静无言以对。场面一时僵持着。上官云栋越发不安,仿佛传染病,上官云桦也有点坐立不安了。周静为了打破局面,举起酒杯对上官云栋说,来,大哥,我们碰碰杯,欢迎你回来,以后当心点。上官云栋说,嗯,谢谢。忐忑地举起酒杯,咪了一小口。上官疾仍旧不看儿子,只对周静说话,小周,刚才你提到的那个叫陆世雄的人,给我感触很大。十年动乱中,有各种人受到了伤害,也包括他们这样的人,伤害过别人,也被别人伤害过,尤其是他的家人。那些年,说是触动每个人灵魂的大革命。还真是叫他们说对了。你不触动办得到吗?一根无形的鞭子在背后抽你,揭发,揭发,批判,批判,今天让你去斗别人,明天让别人来斗你,没完没了。人人屁股上都有屎,一提这些,每个人都脸红,最好少提。折腾了十年,实在说,远不止十年。上官疾突然停住说,不说了,不说了,无轨电车开过头了。哦,你说,陆世雄的女儿还有一个智障的儿子?周静说,不是智障,大概是自闭症吧。上官疾长叹一口气说,这是很悲惨的。说着,起身走向隔壁的书房,片刻又走了出来,交给周静一只信封说,这些钱,算是我的一点心意吧。周静想了想说,这钱,我转交给他们好像不太规范。上官疾说,那,该怎么做呢?周静说,可以考虑捐给天使基金会,或其他慈善机构,然后再……上官疾说,好,好,我明白了。云栋,明天你去办这件事,以我个人名义向天使基金会捐赠十万元。上官云栋如遇大赦说,好,好。

事后,上官云桦对哥哥说,周静厉害,曲线救国,棋高一招。上官云栋说,老爸给我打来电话,我就想到得请周静帮忙,果然有道理。小周,现在我得好好谢谢你,小南国吃一顿。周静说,我不认识小南国大南国,我倒是想吃那家"好再来"的素浇面。

于是,在好再来面馆内,上官兄弟和周静点了面条,外加一堆小菜。上官云栋情绪不高,吃了半碗就沉默了。周静坐在他身边问,干吗不说话?有心事啊。上官云栋说,其实,也没什么大事。郑杰走了之后,天塌了一半,别的人顶不上去。周静说,可不可以干别的?干什么呢?上官云栋说,有时真是盲目。周静说,也是啊,我们往往迷失在路途,走过了很多路,却不知道目的地。上官云桦说,像哲学家说的。周静说,我想起一个笑话,有个团队,花了几亿美元,动员了十几个科学家,研究了十年之后,忽然有人问,先生们,我们在研究什么?企图发现什么?众科学家没有人能回答,没有一个人知道。你相信这事吗?上官云桦说,难说。周静说,我相信。上官云栋不响。

2

一部出租车停在新世纪百货商店门前。周静和上官云桦下了车，只见陈侠在店内爬上爬下地忙乎，还有两个临时工帮忙。周静说，陈大侠，你在练什么功夫？孙悟空呀。陈侠从梯子上下来说，哈，是你们。报告你们特大消息，彩色咕咕钟卖火了。周静惊喜说，真的？恭喜发财。陈侠说，发财谈不上，到底是救了我这个小破店。周静说，这个金点子还是上官出的呢，怎么样，发不发奖金？陈侠说，上官，你要多少奖金？上官云桦笑着说，抽成百分之六十怎么样？陈侠说，我的祖宗，你比周扒皮还厉害。周静说，周扒皮到现在也平反了。陈侠说，枪毙了几回再从坟里拉出来。周静说，说正经的，上官一直记挂着你这小破店，什么时候拆迁呀？陈侠说，拆肯定要拆的，跑得了和尚跑不了庙。周静说，你呀，你是跑不了和尚，跑得了庙。陈侠说，庙给拆了，和尚没地方去了。周静说，拆庙容易，盖庙难。

周静回到文化中心看见马孟正在挨批。汪雁走过来，在她肩头一拍说，快走吧……老主任几天没发脾气啦，今天马虎虎算是撞枪口上了，你也想往枪口上撞啊？周静说，到底怎么回事？汪雁说，小事，前天，老主任叫马孟去买A4复印纸，结果他买回来的是B5的，你说说？

3

马孟挨了一顿臭骂，回到家，心里发闷，饭也不想吃，倒头便睡。半夜醒来，竟看到阿晴睡在自己身边。马孟推推阿晴，阿晴睁开眼说，做啥，半夜里闹鬼呀。马孟说，你怎么在这里？阿雯说，知道你下了班，准备喊你一道去吃夜饭，哪能喊也喊不醒，只好陪你,死不脱的。马孟说,那,你也没有吃夜饭了?阿晴说,当然没有。马孟说,我现在倒有些饿了。阿晴说,我也饿了。你想吃什么?马孟说,冰箱里大概只有鸡蛋。阿晴说,面包有吧?马孟说,好像有。牛奶像是有半瓶。阿晴说,蛮好嘛,我去煎荷包蛋,吃夜宵蛮好。说着,起身离床,半裸着身子进了厨房。一会工夫,阿晴端来了热腾腾的牛奶、荷包蛋、切好的面包。她拉过一只小凳放在床边说,等一等,猴急样子。说着,关了电灯。马孟说,做啥?阿晴说,不要急,点蜡烛,烛光晚餐。马孟说,亏你想得出。蜡烛点了起来,两个人慢慢吃着。马孟说,阿晴,其实你是一个好老婆。阿晴不响。吃好烛光晚餐,阿晴收拾停当,解掉胸衣又躺在马孟身边。她抚摸着马孟说,我们做一次,最后一次。马孟说,嗯?阿晴说,我要跟老公离婚了。马孟说,啊?那你?阿晴说,我还是要结婚的。马孟一惊说,跟,跟啥人?阿晴笑笑说,别紧张,不是跟你。马孟不响。停了片刻,阿晴说,我晓得我不是个好女人,我不能害你。

笺记:

  洪师傅和好友合开一部出租车。洪师傅连着做一个星期夜班,从夜里十点钟接班,做到第二天上午。这天夜里十一点,车子开到陈家桥,上来一位美丽女子,说是开到八仙桥。到站,女子付了一百元说,不用找。第二天,洪师傅鬼使神差地又来到陈家桥,那女子又上了车,依旧是到八仙桥,下车时,还是付一百元。三天下来,皆如是,这天下午,洪师傅理理车资,竟发现里面有三张冥币。他想来想去有些后怕。过了几天。洪师傅又是夜班,十一点,又来到陈家桥,果然,那女子在等他。开到八仙桥,女子付车钱时,洪师傅紧张起来,只见那女子,掏出一整叠百元大钞,付给洪师傅。洪推辞,女子笑道,师傅,那三张冥币发现了吗?洪点点头。女子说,好,这钱是你应该得到的。放心,不是死人钞票。洪更是不解。女子又说,我跟男朋友打赌,我赢了,赢了一百万。你信吗?至少你知道我不是女鬼吧。

第十一章

1

周静和上官云桦应邀去拜访严浩。周静和上官刚认识的时候,哪怕去买条毛巾,她也希望上官陪着,现在,没这份疯狂了。再说,这家伙去做客,就像打了鸡血,不感兴趣的话题一言不发,感兴趣的又开无轨电车。临行前周静提醒上官,上官说,保证不会乱说乱动。

他们走到复兴路上,推开一扇锈迹斑斑的铁门,见到一座建于二十世纪初期的花园洋房。房子虽已破旧,昔日的华贵仍依稀可见。门窗因修理、改建,新旧参差已没什么格调了。庭院里的花草杂乱荒芜,几株小叶黄杨树也好久没有修剪过了。

俩人随着严浩、范阿姨来到二楼。楼道昏暗,楼梯旁的电灯早就坏了,只有一家门前亮着鬼火般的小灯泡。范阿姨抱怨说,楼里几个年轻人，懂电工的，不管；我们想管，又不敢碰。墙上的电线都老化了，横七竖八的，哪一天电线短路，火烧起来，不得了啊。严浩介绍说，这座洋房原是一位国民党高官买给姨太太的。解放后，政府分配给了我们单位。"文革"期间，有人被赶了出去，陆陆续续又搬进几户别单位的人。分隔、改建、折腾，虽是洋房，可庞杂得很，混乱得很。文化革命嘛。

室内格局基本保持着原来风貌，深棕色高高的护壁板，显示着昨天的典雅。客厅旁的一间小房内，沿墙摆着一排大书柜。周静说，这么多书呀。严浩说，有点闲钱就买书，为这个，也吃了不少苦头。范阿姨送上热茶。周静说，严老师，我一到您家，就觉得是个学者生活的地方。严浩谦逊地说，学者不敢当，只是多看过几本书罢了。上官云桦说，严老师，我听周静介绍，你以前是《华报》的编辑。《华报》我还是很喜欢的，里面刊登过不少观点鲜明的文章，蛮有启发的，受益匪浅。虽然有的观点我不一定同意，还有些文章哗众取宠，标新立异，非得一鸣惊人不可……上官的无轨电车开起来没完没了，周静连忙拉了拉他的衣角。上官尴尬笑了笑说，说多了，说多了。严浩说，随便谈嘛，《华报》这几年办成什么样，我也不去关心了。周静喝了口茶，站起身来说，严老师，我们不打扰了，您好好休息吧。严浩说，既然来了，就多坐坐。我还想请二位看看我的书房呢。

上官和周静随严浩穿过过道，推开一扇门，周静朝里望了一眼，不禁"哇"的一声叫了出来。书房不大，三面都是高大书柜，中央一张写字台，旁边一对沙发靠椅和一张茶几，上面也堆满了书籍、刊物。屋里几乎都用书填满了。周静说，可以办一座图书馆了。严浩说，说得好，我打算在我离开人世之后，把书全部捐给街道，也算是办点善事吧。上官说，这两年，人们开始注意做善事了，有捐款捐物的，还有立下遗嘱，身后捐献眼角膜，捐献肝脏肾脏的。还有捐心脏的，看起来心脏移置的医学技术有了很大进步……上官还要说下去，周静狠狠瞪了他一眼，上官只好打住。严浩笑笑说，上官先生是个爽快人。周静犹豫片刻说，严老师，我问一个问题，行吗？严浩笑笑说，问吧。周静说，严老师，您家有这么多书，为啥每天要去文化中心阅览室呢？严浩笑道，我喜欢那种氛围。范阿姨这时端上咖啡，附和着说，是呀，我们老先生，除了看书，还是看书，就是活动太少，小周姑娘，你多劝劝他。严浩笑了笑，然后，做了个神秘手势，还请你们看看这个。说着，拉开一块帷幕，露出一个硕大银橱，里面竟摆满了各式刀剑。周静看傻了，上官连连说，出乎意料，出乎意料。银橱里有日本军刀、阿拉伯新月弯刀、新疆镶宝石腰刀、内蒙古长短小刀等，真可谓琳琅满目。严浩把一柄精致短剑拿出来递给两人说，见过吗，这是中正剑，有点来历的。周静看了半天也没看出有什么特别之处。周静看看上官，他悄悄摇摇头。严浩说，说起来，这是个历史见证呢。抗日战争中期，日本鬼子打到广西，国军在昆仑关有力地阻击了日军，和敌人展开一场血战。双方五进五出，阵地几番争夺，我们以死伤五倍于敌人的代价，最后取得了胜利。严浩接着说，当时第188师的一个团担任正面阻击敌人的任务，那位带领一千多官兵与敌血拼，激战几昼夜，连排级军官打光了，几个营长也只剩下一个双眼被打瞎的，但阵地仍旧坚守不弃。昆仑关战役结束，项团长只带出了五十八人。战后，蒋介石亲自授予项团长一把中正剑。这位项团长是我父亲的同学,他把中正剑送给了我的父亲。

说到这里,几个人全沉默了。

严浩叹口气接着说,我父亲过世时特别叮嘱我,要好好保住它。因为这个,"文革"时我被打成了特务,说我藏有特务的委任状,还有武器。抄家时,委任状当然搜不出,武器就是这把剑了。揭发者是我过去的朋友,因为看过我收藏的没有几个人,见到这把剑的人就更少,我猜也猜得出来。拨乱反正之后,抄家抄掉的东西还回来的已经是面目全非了,可以说是驴唇不对马嘴,唯独这把剑倒是原来的。据说是一个看门大爷保存了它,那位大爷是个抗战老兵。

严浩送周静他们出了大门,上官突然说,严老师,冒昧地问一问,我听周静说,您和您女儿的关系,不是……严浩说,我这人,脾气太坏。

第二天傍晚,"十五人团队"成员王芸、周静、李凯、汪雁等人就开进了严浩家的楼道里,要把那里整顿一番。还有两个志愿者也想参加,王芸说,那里地方小,容不得八仙过海,下次吧。周静、王芸打扫灰尘,汪雁负责擦玻璃窗,李凯站在扶梯上换电线。汪雁说,小李,你行吗?别搞错了线路。电工可不是阿猫阿狗都能做的。李凯说,放心吧,汪姐,我快成专家了。周静说,你就吹吧,反正吹牛也不用上税。王芸插话道,小李搞电,可谓资深人士。他七岁那年,就摸他家的电插座,差一点没电死。

李凯正要"惩罚"王芸,范阿姨端出一锅赤豆汤说,赤豆汤来啦。大家休息休息。严浩也跟着出来。笑着看看大家,说,你们年轻志愿者真了不起。我得写篇文章大大点个赞。

第二天中午，周静跟大家讲了半天李凯的趣事。小苏说，还是讲个笑话吧。周静想了想说，有个老头去一家商店买鱼钩，店里是位漂亮的女售货员，老头被迷住了，买了鱼钩，还赖着不走。女售货员就问，先生，你只买了鱼钩，不买鱼线吗？老头说，当然，当然要买鱼线。又买了一大捆鱼线。女售货员又问，鱼竿用久了，不换支新的吗？老头说，应该。于是又买了一支高级鱼竿。女售货员又说鱼漂不换一换吗？应该，应该，老头又买了鱼漂。女售货员接着说，其实坐在岸上钓鱼意思不大，应该买条小船划到湖里去钓鱼，那才爽。于是，老头走出渔具店的时候，把家里的存款全花光了——他买了条渔船。大家哈哈大笑。小苏说，这才叫经营有方。卖渔具的姑娘魅力十足，老先生吃不消，家当赔光。我也讲一个，有个校长叫一位职员去买地球仪，买回来，校长一看怎么都是歪的。校长说，是不是买的都是次品，全装歪了。职员说，我又没动过，不赖我。大家大笑。汪雁一头闯进来喊，还笑呢，出大事啦。

大家跟着汪雁跑到文化中心四楼楼顶晒台上一看，都傻了。晒台上已经有不少人围观，晒台一角，陆世雄正站在晒台边徘徊着，嘴里还念念有词。显然，又犯病了。原来，半个小时之前，陆世雄从图书馆走出来，手里拿着一本书，一边走一边翻看。走着走着，忽然停住脚步，左顾右盼了片刻，然后对着空中喃喃地说，你说什么？什么？他忽然快步走开，像是躲避什么。接着，一边跑一边把书一页一页撕下来，嘴里还叫道，封资修，封资修。走廊地面上，书页丢了一地。不想，马孟走过来，见此情形呆住了，抢步上前，一把夺下陆世雄手里的书，大声呵斥，你干吗？这是公物，你懂不懂啊。懂吗？陆世雄吓呆了，怔怔地望着马孟。马孟余怒未消，大声说，太不像话了。以后不许你来借书了。陆世雄望着他，忽然转身，一口气跑到楼顶的晒台上。

真的要出大事了。这可急坏了主任章强。他在通向晒台的拐角楼梯上，训斥马孟说，小祖宗，我真服了你了，别的事你不管，偏偏要管老疯子的事。马孟不服气地说，他在撕书嘛。章强说，还在狡辩。他就是撕人民币，你也不要管。章强说着，指指自己的脑袋，又说，他这里不正常，你又不是不知道。章强越说越来劲，可急坏了一旁的吴芳。吴芳说，我的老主任呦，小囡跌进河浜里，哪里管他穿的是红鞋还是蓝鞋呀，救人要紧。章强说，什么，什么鞋？又对马孟说，这下可好，闹出人命来了。马孟慌神了说，老主任，他，他会死吗？章强气急败坏地说，跳下去，准死。四楼哪，下面又是水门汀。马孟傻了，支支吾吾地说，那，那快去打110吧。章强说，打了，早打了。说话间，几辆警车已经开到。随后，又开来了120救护车。文化中心院子里，街头，看热闹的人越聚越多。一位干练的警官看了看形势，命令，立即展开气垫。另一位警官走向指挥者说，林局，谈判专家到了。指挥者没好气地说，扯。用不着。神经病，懂吧？上面是神经病。谈判专家有屁用。心理医师呢？下属说，心理医师也马上到了。

章强懊恼说，这下完了，文化中心的名声全完了。周静跑过来说，还是救人要紧，主任，要找一个德高望重的人来劝，说话有分量的。吴芳说，那，那，找谁呀。周静想了想扭头往楼梯下跑说，我去找人。

周静跑进文化中心阅览室，室内几乎没有人了，全看热闹去了，只有坐在一角的严浩仍旧不动声色地翻着杂志。周静冲到严浩面前说，严老师，你还看书哪。严浩抬起头说，嗯，怎么？怎么人都走了？周静说，有人要跳楼，求你去劝劝。严浩说，我，行吗？周静说，严老师，您年长，讲话有分量，人家要听的。严浩还在犹豫。周静拉住他说，快走吧，严老师，救人要紧。

　　晒台上，陆世雄仍在徘徊。天空很晴朗，远远近近的楼房高低错落。抬头望，一片阳光。恍惚间一束光射下来，耀眼的，光芒万丈，巨光变红，红彤彤，化作一片红的海洋，一片片红旗红书，红的手臂，红的袖章，人们在喊。有人倒了，有人胸前挂着木牌子，上面有黑字，有红叉叉。那些人，他有的是认识的，有的给过他小鞋穿，有的人手里有本变天账。现在挂了牌子，不神气了，变成狗熊了。忽然他觉得自己胸前也有了木牌子，有人按住他的头，他不得不低下头去，看到了一片深深的海，波涛汹涌，涛声阵阵，波浪就要涌到脚下……

　　周静拉着严浩走上通向晒台的楼梯口，严浩朝晒台上张望了一下，见是陆世雄，愣了愣，转头就走。周静说，严老师，您怎么……严浩连连摆手说，不，不，这人我不劝，我不能劝。周静说，严老师，您不能见死不救吧？严浩说，随你怎么说。说着，匆匆走下楼梯。章强走过来焦急地说，小周，死马当活马医吧，不管怎样，你先去跟他谈谈，稳住他要紧。周静犹豫着说，我没做过……万一……这时，陆菊芬拉着儿子祥祥冲上来，见到周静，"扑通"跪下来说，小周姑娘，你就劝劝他吧，他听你的。忽然，祥祥默默地走向周静。周静摸摸祥祥的头，想了想说，祥祥跟阿姨一起去。祥祥没反应。

周静领着祥祥走近陆世雄，轻声说，陆老师。陆世雄看了周静一眼，转头往回走了。周静上前一步说，陆老师，是我，小周。陆世雄转过身，重复一句，小周。周静又轻声说，陆老师，我们回家吧。陆世雄站定，看了看周静，忽然，他的目光投向祥祥，仿佛一道闪电，陆世雄眼里放光了。祥祥，祥祥，乖囝……陆世雄慢慢朝祥祥走过去，渐渐离开晒台沿口。在一旁的公安便衣一个手势，几个警员飞快扑了上去，控制住陆世雄。周静松了一口气。

这一回马孟算是闯下穷祸，章强把他叫进办公室，一通臭骂，一沓白纸摆在面前说，好好检查检查，从思想上深挖深挖，你这个人，究竟怎么回事，满脑子都是什么东西？真是不可救药，不可救药哇。马孟茫然说，我，我怎么不可救药？明明是那个疯子破坏公物……章强打断他说，到这时候，还不好好认识，亏得没有死人，要是一头栽下去，你不吃官司才见鬼了，起码十年。

马孟垂头丧气地从办公室里走出，小苏走来说，小马，怎么啦，批得重不重？马孟说，重不重？简直是原子弹爆炸，这日子没法过了。

日子不好过的还有周静。她真是搞不懂，严浩怎么会是这么个人。第二天，周静走进文化中心阅览室，更新报刊。她走过严浩身边，没有任何表示。严浩主动招呼，周静也没有反应。到了午饭时候，周静呆呆坐办公室里，眼前的一盒饭摆在那里。

汪雁端着盒饭进来，傻傻地环顾四周说，今天怎么没人讲笑话了？在座的几个人如同木雕。小苏忙朝汪雁使眼色。汪雁说，小周，吃饭了？周静的声音低得像蚊子说，我不饿。汪雁走近小苏说，怎么，跟谁吵架了？

  周静没有跟别人吵架，她在跟自己吵。晚上，周静和上官云桦来到好再来面馆，两人相对而坐。老板端上一碗面说，姑娘，这是不辣的，特意现炒的浇头。画家，你要的辣酱马上就好。上官云桦说，老板，谢啦。老板说，画家，你真有福气啊。你哥哥这些天来得少了，生意很忙，好事。说着，伙计给上官送来辣酱，没到桌前，脚下一滑，托盘上的食品全部倒地。伙计慌了，近旁的几个顾客见状，纷纷过来帮忙收拾，一时忙乱，却有一丝温情。上官也上前去帮忙。周静傻傻看着，自言自语，为什么严老师会那样呢？

2

  上官云栋费了九牛二虎之力争来一个项目。最近重华公司几乎发不出工资，现在来了救命稻草，砸锅卖铁也要抓住。可是，大家讨论来讨论去，还是找不出最佳方案。小悦说，要是郑大师在就好了。小沈说，缺了张屠户，我们就得吃浑毛猪呀。上官云栋说，不要乱扯。这个项目对我们公司至关重要，大家认真点……正说着，郑杰走进来，兴高采烈地说，诸位同仁，你们好。想死你们啦。小悦说，郑大师，刚才大伙儿还提到你哪。上官说，说曹操，曹操到嘛。郑杰说，想我了？摄影助理说，大师是不是把我们全忘了。郑杰说，我的出现，不正说明没忘吗，还不鼓鼓掌？上官云栋打量了郑杰几眼，小声说，你无事不登三宝殿吧？郑杰把上官拉到室外说，哥们儿，开门见山吧，我来是搬救兵的。公司注册资金要四百五十万，我和刘海燕掏空腰包只凑了二百万，还有二百多万的缺口。打算跟银行贷款，银行说，需要有一个经济实体作担保……上官说，没得办法，重华公司给你作保喽。郑杰说，到底是铁哥们儿，我要的就是这句话。来，击击掌。两个人击掌之后，投桃报李，郑杰给他们出了一些好主意。方案总算定了下来。上官说，哥们，事成之后请你喝酒。郑杰说，你帮了我的大忙，我请你喝酒。现在给大公司做广告，他们挑剔得厉害，有啥困难给我电话。

击掌的第三天，郑杰、刘海燕陪着上官云栋来到工商银行营业所。签了合同。郑杰说，哥们儿，谢谢你。刘海燕朝着上官直点头。在她心里有一份感谢，有一份憧憬。有了这救命的二百多万，艺术学校就可以开办起来，就会有一批又一批的学员从艺校走出去，又有一批孩子们走进来，其中有的人就可以实现自己的艺术梦想。这正是她刘海燕曾经的梦想而没有实现的。

3

郑杰为重华公司策划的广告方案，顺利得到赵婉的通过。唐晓宁说，费用不算高，但是行里的潜规则很多，钞票的事就不用赵姐操心了。

笔记：

　　方先生走进弄堂时，觉得后面有人跟着他，他走得快，后面的脚步也加快。他放慢步子，后面的脚步声也轻下来，节奏也慢下来。不好，他想，遇上歹徒了。

　　这条弄堂足足有二百多米，又黑又窄，想逃，得有百米跑的速度，工作了一天，他做不到；硬拼，会是歹徒的对手吗？他没有把握。但是，眼看就要到家门口了。他想，此刻，不能回家，不能把自己家的住址"告诉"给歹徒。到了家门，他只能走过去，走过去。后面的脚步声依然嗒嗒嗒地响着，已经是十一点敲过，呼救，也不是好办法，来不及呀。他横下心决定与歹徒一搏。于是他猛转过身，却见什么人也没有，只有狭长的，暗暗的弄堂。

第十二章

1

周静经过书报亭，见陆菊芬正和一个中年男人说话。小祥祥站在一边左看右看。陆菊芬看到周静招呼她过去说，这是孩子他爸。周静跟那人点点头，又问陆菊芬说，最近你爸还好吗？陆菊芬说，好几天没犯病了。周静说，太好了。过几天，我们志愿者团队要举办一个联欢会，你带祥祥来吧。

送走周静，陆菊芬对前夫说，她就是我跟你说过的那个小周。人很好的。前夫说，我看得出来。陆菊芬弯下腰对祥祥说，阿宝，在爸爸家乖不乖？祥祥没有反应，呆呆站在那里。前夫说，最近还好吧？腰间盘可好些？陆菊芬说，还好，你呢？前夫说，也还好。陆菊芬说，进家里坐坐吧。前夫说，不坐了，爸爸还可以吧？陆菊芬说，他最近蛮好。你给他买的老酒，他说要谢谢你呢。前夫说，用得着谢吗？菊芬，我走了。过三天，我来接宝宝。陆菊芬说，好的。前夫还想说什么，但没有说，转身走了。陆菊芬有些茫然地望着前夫的背影。

联欢会的准备紧锣密鼓进行着。上午，周静、汪雁和两个工作人员在剪纸，马孟走进来说，小周，我找你。周静看看马孟说，什么事，一脸官司。马孟说，这鬼地方，我实在待不下去了。说着从衣袋里掏出一张纸说，请你代我把这个交给章主任。周静说，是什么？马孟说，你看看就知道了。周静展开那张纸念道，面包两个、方便面三桶、花生米一斤、鸡蛋一斤……马孟抢过纸说，错了，拿错了，换这张——辞职报告。马孟换了一张纸递给周静，引起哄堂大笑。马孟说，对不起，对不起各位同仁，我马孟准备离开这块风水宝地，以后会来看大家。小苏说，小马另谋高就啦。去啥地方？马孟说，准备跳黄浦江。

午饭时，马孟把周静、汪雁和小苏几个人约到文化中心附近的小饭馆。马孟举起红酒对周静说，来，老同学，谢你了，感谢你对我的许多帮助。也谢谢小汪小苏，谢谢你们的关照。周静举起酒杯说，马孟，能不能再考虑一下，这里还是不错嘛。马孟说，也许你很适应，我不行。我尤其受不了主任那张脸。周静笑笑说，那就少看他的脸嘛，又不是跟他谈恋爱。说真的，准备去哪里呢？马孟说，到外地去闯闯。周静说，好吧，祝你好远。常回来看看吧，这个城市还是值得留恋的。

章强看了看马孟的辞职报告，抬眼看看站在面前的周静和汪雁。章强说,马孟同志就这么,这么走了?辞职报告不自己送?周静说,主任,他怕你骂他。章强说,这个小赤佬,不知好歹嘛。我批评他是爱护他嘛,他怎么就不明白呢。周静说,我也不明白。章强说,你不明白什么?周静说,我从来就没看见您表扬过马孟,其实,马孟还是有很多优点的。章强欲言又止。长叹口气,然后对汪雁说,小汪,你说说,我对小马怎么样?汪雁看着地面说,我……我说不好。

文化中心小剧场的规模不大,仅能容二三百人。这天晚上,舞台上贴着字幕,"手拉手,爱心传递联欢晚会"。晚会开始,王芸走到台中央报幕,下面请我社区癌症俱乐部的成员表演诗朗诵。俱乐部成员十余人走上舞台,他们之中有老年人,也有中年人,其中,楚雯也在。一个中年妇女上前一步说,诗朗诵《感谢生活》。创作者:癌症俱乐部成员于小军。表演者:癌症俱乐部会员。

众人开始朗诵:

> 生活里,不全是阳光,
> 也会有惊涛骇浪。
> 生活里,不全是欢乐,
> 也会有泪水和悲伤。
> 我们面向大海,
> 我们面对阳光。
> 我们自豪地说,
> 生活,我爱你。

生活中，我们有彼此的爱。
……

观众席上，陆世雄，陆菊芬和祥祥都在。陆菊芬听着，泪水涌上眼眶，她紧紧地握住儿子的小手。台上，楚雯继续朗读：

有爱，我们不怕。
有爱，我们走向阳光。
……

朗诵结束，台下热烈鼓掌。周静随着"十五人团队"志愿者走向舞台，志愿者们站定。周静走向舞台中央，说，下面由志愿者"十五人团队"表演合唱《让世界充满爱》。

志愿者们放声高歌：

轻轻地捧着你的脸，
为你把眼泪擦干，
这颗心永远属于你，
告诉我你不再孤单。
深深地凝望着你的眼，
不需要更多的语言，
紧紧地握着你的手，
这温暖依旧未改变。
……

2

　　这几天，上官云桦在创作那幅《窗前少女》，他越画越感到不满意。他想表现的是阳光照耀下的鲜活的生命，是生命的美好，还有一些他希冀的而又无法言说的感觉。啪，啪。门口响起掌声，唐晓宁带着浓妆艳抹的赵婉出现。上官云桦说，晓宁，请进来。唐晓宁说，干扰你创作了。上官说，正在鬼画符呢。唐晓宁说，永远不满足于自己，真正的艺术家嘛。来，介绍一下，这位是知名大画家上官云桦先生，这位是我的好朋友，赵姐。赵婉说，我叫赵婉。大画家，久闻大名。唐晓宁说，上官可是前途无量的人才啊。潜龙在渊，定会一飞冲天的。上官云桦说，你就吹吧。唐晓宁说，言归正传吧。赵姐看到了你给我的画像，她十分欣赏，一定要请你代她画一幅。上官打量了一下那位浓妆女人，有些不情愿说，我的润笔不低的。赵姐一时不解说，润笔？唐晓宁说，就是价钱，费用。上官，价钱多少，赵姐是不在乎的。上官说，那，要等我这画完这幅作品再说。赵婉说，没关系，我可以等的。唐晓宁看看上官，把他拉到一边说，我拉赵姐过来，请你把把关，你看，她和你哥哥配不配？上官说，我看不出来。我哥的心思啥人吃得准。唐晓宁笑笑。

　　刚刚送走唐晓宁和赵婉，陈国基和琳达走了进来。陈国基热情说，上官先生，个展的事，耽搁许久，现在总公司总算把这项目提到日程上来了。上官点点头。琳达说，有件小事得和大画家商量商量。就是整个项目需要有些预付款，总公司的意思希望上官先生今天能定下来。说着，从包里拿出文件，上面清晰地标明"米开朗琪罗文化传播公司中国分公司"字样。琳达接着说,这上面有公司的账号,先生垫付款进账后三个工作日,整个展出程序就会启动,到时,买家的预付款也会打到上官先生的账上。上官看看琳达,笑笑。陈国基说,上官先生赴纽约的签证、机票等事项,我们都会代为办妥的。上官云桦说,展出的画作呢?陈国基,先选出四十件展品,不能再多,到时货运公司会来打包的。陈国基和琳达轻声说了些什么,然后说,上官先生,还有什么不清楚的,我们电话联系吧,款打过去之后,给我个电话,我们再安排行程。上官说,那么,我现在需要做什么?琳达说,只要大画家在合同上签字。上官拿起笔,看看合同,想了想,把笔放下说,我是不是再考虑一下?琳达的粉脸即刻沉了下来。陈国基的脸上也掠过一丝不快。微妙变化并没有逃过上官的眼睛,他玩了个小小的狡猾,只当没看见,心里暗暗发笑。琳达却按捺不住,焦急说,恐怕得今天签字,不然的话……上官说,不然怎样?琳达说,不然会失掉绝好机会。上官说,是吗?说着又拿起笔。琳达说,这是肯定的。上官说,噢。琳达说,大画家,千万别错过好机会。上官说,怎么可能。琳达说,我们完全是为了这次画展着想。上官看看琳达急吼吼的样子,真想笑出声来。琳达巴巴地看着上官握着水笔的手。只见那只手慢慢移向合同,忽然路线一转,笔又放了下来。琳达一呆,说,怎么?上官说,今天先到这里,合同的事,我再考虑考虑。琳达大失所望地说,怎么……不是讲好的……陈国基大声对琳达说,算了。多说有用吗?

陈国基、琳达礼节性地和上官握手告别。陈国基说,我们双方都再考虑考虑。上官说,一定一定。

3

回到酒店，琳达一屁股坐在沙发上，背对着陈国基。陈国基看看她说，一点挫折都受不了，还能干大事吗？冲了杯咖啡送到她面前。琳达猛然坐起来，一巴掌把杯盘打落到地上，对着陈国基吼道，我要做什么大事？我要的是钱，懂不懂？钞票！说好这次我到手五十万的。现在可好，五万，五千，空屁！陈国基说，什么时候答应你五十万了？我怎么一点印象也没有？琳达咬牙切齿地说，不认账了是不是？忘了？给你睡了，白睡吗？陈国基有些慌神说，这，这两回事嘛。两回事，呸！想得美。这些事要不要我告诉老板？陈国基软了，说，好商量，机会有的是，再来嘛。琳达哼了一声说，还要白睡吗？听了这话，陈国基像吃了一只苍蝇，他自作多情地曾经认为，自己跟眼前这个美人有了一点爱情，现在看来，这个女人地地道道的是个卖肉的。

两个人正在冷战，有人敲门，琳达懒洋洋地拉开房门，门口出现了韩柯。琳达正感意外，陈国基热情地迎上去说，老朋友，快请进。

笺记：

乾隆年间，方生去京城会试。途中遇上大雨。见不远处有一颓败的茅舍，便进去躲雨。少顷，有一女子躲了进来。方生斜视那女子，竟有倾国倾城之貌，遂心生邪念。忽然雷声大作，围着茅屋响个不停。女子惶惶然，猛然扑到方生怀里。方生不是柳下惠，紧紧抱定那女子。女子身上的香气，令他痴迷，正想宽衣解带，忽然香气慢慢散去，狐狸的气味袭来。方生猛醒，知遇上邪物，欲推开那女子。女子忽然说，官人既知道妾之来路，何不救人救到底，妾亦是一个生命。方生终于救了那个狐仙。后来，方生金榜题名。

第十三章

1

送走陈国基、琳达两人，上官给周静打电话说，静静，两个神仙走了，很失望，很不高兴。周静在电话里说，这么说，你没有签字喽？上官说，欲签未签。周静说，你这家伙真坏。上官说，替天行道，除暴安良嘛。让这些骗子不爽是天大的好事。周静说，应该放鞭炮庆祝一下。上官说，亏得你在网上查了查。周静说，根本不靠谱嘛。什么米开朗琪罗文化传播公司，我去工商局查，怎么也查不到，我还跑了公安局……两个人正在闲扯，喝得醉醺醺的韩柯晃进来，浑身冒着酒气，脸上如同霜打的茄子。上官说，又喝成这样，可别吐在我这里，上次，我收拾了半天。韩柯说，今天我没醉，真的，不信，我给你背二十六个英文字母，ABCD……上官说别背了，我承认你没有醉，但是满脸不高兴。韩柯瘫在椅子上说，有什么可高兴的？生活，生活本来就是一场骗局。不是骗局吗？毕加索的画就那么值钱，我的就没人要？都是胡涂乱抹，卖野人头啊。我承认，美术学院学四五年，素描、色彩、人像、人体，基本功训练、毕业创作，一整套，变成所谓的艺术家。说到底，我们会什么？把人画像了，创作一个场面说明什么什么主题，有什么意义，有意义吗？没什么大不了。我承认你画得比我好，你基本功比我扎实。可又怎么样，还不是窝在这么个鬼地方？上官给他倒了一杯水，韩柯推到一边，继续说，我，一直想跟你探讨一个问题，什么叫抄袭？你画一个苹果，不许我画一个？你画的是红的，我照着画下来，涂成绿的，可不可以？完全可以。上帝造万物时，就造了好多相似形，比如我们东北出大蒜，你们南方有藠头。开始时我把抄别人的画，卖个高价，心里还有些愧疚，后来我想通了，卖大蒜，卖藠头，有什么两样。吃得下睡得着，天下太平，这就是今天的生活哲学。得，得，说到哲学，说多了你也不懂。再见。不由分说，拉门走了。走出门，又折回来，喝了口水说，听说，你跟陈国基的合同告吹？是不是再考虑考虑？

上官想，今天韩柯一肚子牢骚是不是跟那份泡了汤的合同有关。

隔了一天，周静把这件事说给陈侠听，陈侠说，太便宜他们了，要是犯在我大侠手里……周静说，这就是没有事先告诉你的原因。

晚上，周静和爸妈正在一起吃夜饭，冯爽走进门，脸上挂着异样说，姨妈，我饿死了。什么饭店都不对胃口……周母拿来餐具说，快坐下，饿死鬼，今天正好有你爱吃的。周静看看冯爽说，表姐,没什么事吧?冯爽说,我有什么事,我会有什么事?嘿,今天股市全线飘红,然后,我押的几支股票,有一支居然涨停板,然后,让我给抛了,想到姨妈这来庆祝庆祝呢。周母说,死小鬼,半个月没涨过了,涨一天就高兴得这样,你那些套牢的呢?冯爽说,那就让它套着,反正算在荣宾头上……喂,静静,我们中信泰富血拼去好不好?全部姐姐埋单。周静仔细看了看表姐,却放下筷子,走进了自己的房间。

冯爽也走了进来,拉把椅子坐下说,你的样子怪怪的,不欢迎我呀?周静说,我样子怪?你照照镜子吧。冯爽说,那,谁给你小鞋穿了,跟姐说说,姐找人摆平他。周静轻轻一笑说,你一进门我就看出来了,说,有什么事吧?装得蛮开心的样子,瞒得过我。冯爽叹了口气说,谁也用不着摆平,别人不摆平我就蛮好。周静说,我猜表姐又跟程总闹了?冯爽说,这个死东西,跟那个阿莹又缠上了。周静说,你又跟踪他了?冯爽说,我翻他手机短信,本来他发誓说跟那个小狐狸精断了,根本没有。

两人对坐,一时无语,冯爽的眼泪流了下来……

2

新开张的"新星演艺服务公司"设在大厦二楼,郑杰和刘海燕把公司打扮得像模像样,通亮的走廊,整齐的办公室、会客室、接待室、排练室一应俱全。公司在网站上刊登了招生广告,包括公司的办班宗旨,招生的条件,培训的标准等等,让一些文艺爱好者看了就心动。到了招生这一天,进门处特意挑起两条醒目的宣传标语:"演艺新星的摇篮","你想进入影视圈吗？就从这里起步吧"。凭着这两条,一清早就招来了几十个青年人。这些男男女女们相互交换信息询问公司的虚实,跃跃欲试,却又怕受骗上当。时间一到,公司门口走出一位工作人员喊着,先交报名费,再填报名表格。一个小伙子问,费用多少哇？工作人员说,简章上面不是写清楚了吗？八千,八千元。一个姑娘说,要是不录取呢？工作人员说,扣两百手续费,其余退款。大家请排好队,排好队。转眼间,门前排起了长龙。男男女女们交上报名表,奉上银子。

场上,一个俏丽的姑娘已经在应试,她拘谨地站在考官面前,不安地总是看着旁边录像的工作人员。刘海燕坐在长桌后面,对那女孩说,你的无实物表演不是太好,以前参加过类似考试吗？女孩说,没有。我,我不大会……刘海燕笑笑说,不过,你的形象、包括气质,还是具备一定潜质的。能唱一首歌吗？女孩说,好的。刘海燕说,准备唱什么？女孩忐忑不安说,《青藏高原》或者《忐忑》……刘海燕看看忐忑的女孩说,忐忑就算了,就唱《青藏高原》吧。《青藏高原》的旋律响起来。女孩唱着唱着,高音部分唱不上去了。女孩傻了,说我、我,能不能重新来……刘海燕说,就这样吧。郑杰说,到502室拍几张照片。女孩说,能通过吗？刘海燕说,等通知吧。接下来是一个高高大大的小伙子,他粗声粗气地说,表演我一窍不通,我唱个歌行不行？刘海燕说,可以。小伙子说,那我唱个《东方红》。还没有等刘海燕表态,小伙子就喘着气唱了起来,东方红,太阳升,中国出了个毛泽东,毛泽东为人民……小伙子不唱了,说,错了,错了,不对了……在场的人都被逗笑了。小伙子有些尴尬，怎么办？我朗个诵行不行？刘海燕说，可以了，请问，你来报考的目的是什么？小伙子说，目的，目的是当演员呗。刘海燕说，为什么想当演员呢？小伙子说，出名呀，挣钱又多。工地干活苦透苦透。刘海燕说，我们要培养的不是主角，而是次要演员和群众演员。小伙子说，呒关系，呒关系，俺想过了，先做配角，再做主角嘛，像王宝强一样，蛮好的。刘海燕与郑杰交换了一个眼色说，先这样吧。小伙子说，通过吗？刘海燕说，等通知吧。

在新星公司门口上演着另外一幕。几个青年人一边在填表格，一边嘟囔，报名费这么贵，真是棺材里伸手，死要钞票。另一个青年人不屑地说，这点钞票算啥？以后当了明星，这点钞票不是小菜一碟？

程荣宾陪着阿莹走了来。程荣宾走上前去看墙上张贴的招生简章，阿莹走上前发哆说，看什么，看什么呀，昨天我都看过了，不愿报名我就走了啊。程荣宾说，阿莹，别闹了。说着，从包里拿出一沓钞票说，报名吧。阿莹拿过钞票去交款。

这时，郑杰从里面走来，与工作人员了解情况。程荣宾看到郑杰，不觉一惊，连忙躲向一个角落。过了一会，阿莹拿着一张表格找到程荣宾，骂道，荣宾，你死到哪里去啦？来，帮我填表。程荣宾压低声音说，小声点。阿莹说，为啥？程荣宾说，碰到熟人了。阿莹说，那，你不陪我进去了？程荣宾说，你自己去吧，小祖宗，对不起。他边说边往角落里躲。阿莹噘着小嘴，扭扭摆摆地走了进去。办完手续，两人坐回车里，程荣宾心有余悸地说，莹莹，报考演艺公司的事，我看就算了。阿莹说，为什么？钞票也交了，通知我明天下午来应试,那人说,我的形象一流,以后很有发展空间的。我不要,我要来公司的。程荣宾说,你到这家公司我没意见。只要你高兴就好。可是,你晓得这家公司是啥人开的?阿莹说,啥人?程荣宾笑笑说,是那个拍照片的郑杰。阿莹一惊说,啊。

3

程荣宾把一只英纳格手表给阿莹戴上,说在表演班最好别戴。阿莹噘着小嘴说,为什么?太招摇嘛,不懂啊?阿莹说,我偏戴,有好表不戴,放冰箱里呀。她美滋滋地端详着手表,忽然说,骗子,骗子!不是江诗丹顿嘛!我要江诗丹顿!程荣宾说,江诗丹顿暂时没有货。阿莹说,我不信,你是舍不得钞票。程荣宾说,不信,你自己去问。阿莹不响,过了片刻说,来了货,你得给我买。程荣宾说,自然。他走到门口,回转身,叮嘱道,吃晚饭前后,千万不能给我电话。记住了。阿莹嗲声嗲气地说,人家想你嘛。

笺记:

　　黄昏时分,云遮住了将落的太阳,一切处于朦胧之中。四周空无一人,万籁俱寂。突然从云层中射出一缕亮光,让一块巨石在枯草地上拖了一条长长的影子。过了一会,一切又恢复了原样。

　　又是一个黄昏,在一片旷野上,深秋已至,衰草与枯枝在秋风里瑟瑟发抖。又是一束光照射下来,草地上,一点影子也没有。

> 世界与人生总是处在混沌之中,任何发现只是用手电筒照到了一角,光线、色彩、形状,种种都在朦胧中融为一体。

第十四章

1

午饭时间,汪雁和周静从办公室走出,严浩迎了上去说,小周。周静不大情愿地说,严老师,有事吗?严浩说,我想跟你谈谈。周静陪严浩走到文化中心花园内。严浩说,小周姑娘,你一定很恨我。周静淡漠地说,我没必要恨您,严老师。周静觉得这样的口吻,连自己也觉得奇怪。严浩说,我知道,我,我做了一件连我自己都看不起自己的事,可是当时……周静说,没什么可是……我无法容忍一个见死不救的人。严浩说,可是,可是我没法救他。周静说,您也许救不了他,但是,您做了什么?这跟战场上的逃兵没什么两样,还是我男朋友说的对,做人要有一个底线。严浩欲言又止,眼巴巴看着周静匆匆离开。

周静气呼呼地来到舞蹈室,见陈侠在指导舞蹈爱好者们学习国标舞。

陈侠是周静请来的舞蹈老师。陈侠开店之后,一时觉得空虚,除了做生意,赚钱,这个"新世纪"还能干什么呢?去卡拉OK唱歌?就凭那驴叫一样的嗓音,卡拉OK,根本不OK。搓麻将吧,打了没两圈，就打瞌睡，牌搭子们都觉得跟她打麻将就像蹲牢房。她最后选择了舞蹈训练班。训练班的教练是位舞蹈学校的正规老师，课余时间教成人跳舞。国标、拉丁、桑巴、吉特巴，样样精通。名师出高徒，陈侠在那里学了一年多，已经跳得有模有样，尤其是国标、华尔兹、探戈，接近专业水平。一天，陈侠对周静提起说，你和上官帮了我很大的忙，那种高仿的小钟，简直卖火了，钞票赚了不少，拿什么谢你们呀。周静灵机一动说，请吃饭，俗，不如请你去我们文化中心教舞蹈，你这三脚猫水平还可以折腾折腾。于是，陈侠成了文化中心的舞蹈老师，教学对象是中老年。陈侠的教学有方，为人爽快，开班不久，就有几十个中老年舞蹈爱好者参加。

  眼前老伯伯老妈妈翩翩起舞，一对对从周静面前跳过去，让她突然有一种十分美好的感觉。这平安吉祥的氛围，生活的美丽，中老年生活的阳光感，都令她感动。

  节奏，注意节奏，跟上音乐，嘣嚓嚓，嘣嚓嚓。

  章强经过舞蹈室，隔着门上的玻璃窗朝里望着，手里还不住地打着节拍。吴芳走过来说，主任，你也进去学学吧。章强说，我？我去学跳舞？老胳膊老骨头架子的，别跳散了。吴芳说，你看舞蹈房里比您年龄大的好几个呢。章强大笑说，人家那是文化人，我当兵的……正说着，门开了，陈侠走出来说，章主任，你也来参加。章强慌了，我、我，这玩艺，我可弄不来。边说，边往后退。吴芳用力一推，章强被推进了舞蹈室。学舞的人们一齐拍手。陈侠说，欢迎领导也来参加。章强站在房子中间，手脚觉得没地方放。他支支吾吾，我……同志们，我可以参加京剧班活动……一位老伯伯开着玩笑说，章主任，京剧班那里，高手很多，用不着你。我们这里得加强领导啊。众人附和说，对，对。欢迎老主任到我们这里来批评指导。章强一吓说，指、指导，指导什么？三步四步华尔兹迪斯科我都看不懂呢。陈侠说，迪斯科、华尔兹，说得很专业嘛。大家哄笑，吴芳和陈侠趁机一齐把章强推到舞池中央。章强手忙脚乱，喃喃地说，我，我真弄不来……陈侠说，我来教你呀。说着架起章主任的双臂，开始旋转。章强手足无措，四肢僵硬，昏头昏脑，恨不得叫救命。陈侠朝着管音响的人说，还是华尔兹，起音乐。音乐响起来。音乐响起来。众学员开始跳舞，陈侠带着章强边跳边哼着节拍，一二三，二二三，别像走步哇，有点音乐感……章强笨手笨脚地在舞池中央"走路"，一边说，音乐感是啥？俺可弄不来。陈侠说，就是嘣嚓嚓，嘣嚓嚓。众人一边笑一边跳。吴芳在一旁起哄，主任，跳得好，有范儿了。章强被搞得满头大汗，脚步大乱，不停地踩陈侠的脚。章强说，对不起，又踩你了。陈侠笑着说，没关系，我经得住。脚就是让人踩的。章强方寸大乱，几乎跌倒……

回到办公室，章强一边擦着脖子上的汗，一边对站在自己身边的周静和陈侠等人说，你们几个小鬼，拿我老头子寻开心。陈侠说，主任还是蛮有悟性的。周静说，当然，老主任久经沙场。舞蹈细胞不是一点点。章强说，小陈，把你的脚踩肿了吧？陈侠说，没关系，过两天，您再来踩。章强对周静说，小周哇，你这位好朋友，可真能干。周静说，我们这位大侠，就是喜欢走江湖行侠仗义。章强不解地问，大侠？什么大侠？

走出章强的办公室，周静说，有一天，一个姓邵的忽然捎来一台跑步机，说是代别人做的，这事是不是跟你有关？陈侠脱口而出说，这个死胖子，想得周到。周静说，什么死胖子？啥人，我哪能一点也不晓得？陈侠说，是你表姐夫的朋友，叫邵全林的，不知哪根筋搭牢。周静说，是为了讨好你吧？死胖子，死胖子的叫得蛮嗲嘛。陈侠说，跟我有啥搭界。周静看看陈侠说，哼，哼哈。有猫腻。

周静说得不错，陈侠和这位邵全林有点猫腻。不久以前，冯爽强拉着程荣宾去新世纪百货公司消费。程荣宾说，这种小店能有什么好东西。冯爽说，不要搞错，这是新世纪公司，引领新潮流，山不在高有仙则灵。程荣宾看不上那种下只角，却又拗不过老婆，拿出一张银行卡丢给冯爽说，自由发挥，里面有十几万，冲头由你去做吧。卡是拿出来，却又有些后悔，便拉了邵全林一起去侦查。邵全林再次去新世纪，感觉那里有点鸟枪换炮的意思。他说，店面虽小，布置高雅，品位不低，价格公道。程荣宾说，小店老板是周静的闺蜜。这么一说，邵全林不免朝着陈侠多看了几眼。就因为这多看了几眼，注定邵全林成了新世纪的老顾客。起初陈侠蒙在鼓里，邵全林却多用了心思。按说，陈侠和这位邵老板，一个是铁轨上跑的高铁列车，一个是小河浜里划的乌篷船，毫不搭界的。可是，感情却不是一加一等于二那么简单，开始，陈侠比较讨厌姓邵的，久而久之，接触多了，倒发现这家伙也有可取之处。

早上，周静走进文化中心阅览室，把当天的报纸放在报架上。她习惯性地朝严浩坐的位置上瞥了一眼，那位子是空的——严浩没有来。周静心里"咯噔"一下。她回到办公室,在电脑前打着字,动作迟缓,有时反复地打同一行字。汪雁说,小周,我看你半天了,心不在焉的样子。周静说,没什么。说是这么说,心里却总是想着严浩没有来的事。她觉得那天自己对严浩说的有些过分,老知识分子嘛,大概有些受不了。她离开电脑,重新回到阅览室前走廊。她远远望去,看到严浩一直坐的位置上有个人,但是那人不是严浩。

不一会,严小雪也走到文化中心阅览室外,隔着玻璃窗朝里张望,寻找片刻,也没有见到父亲的身影,她失望地离开,满腹心事地慢慢下楼,正巧遇到汪雁。汪雁说,小严,是不是找小周?我带你去。严小雪说,汪姐,我不找她……如果你有时间,我想跟你谈谈。汪雁说,没关系,我有时间。严小雪说,是关于我爸见死不救的事情……汪雁说,小严,别放在心上,事情过去了,再说,你爸不一定就……严小雪说,不,不,汪姐,我爸跟陆伯伯有矛盾,几十年了。汪雁惊诧地说,怎么,他们认识?严小雪点点头。

2

新星演艺服务公司正式开班。刘海燕请来几个朋友做老师,都是经过专业训练的。应该说,新星公司还算正规。这天,郑杰请来上官兄弟来参观,目的是想让上官云栋看看公司的正规运作,他的经济担保大可放心。

在排练场上,学员们正在进行形体训练。刘海燕陪着上官兄弟站在一旁。刘海燕指着一个阳光女孩说，前排第三个女孩，怎么样？上官云桦没有回答，只是关注地看着那些男女学员，不停地拍着照。学员们在把杆旁，做着各种基本动作。上官云桦终于说，刘老师说得不错，那女孩气质很合要求。她叫什么？刘海燕说，谢丽娜。上官云桦说，好吧，就请谢丽娜同学吧。

上官云桦这次来是为了找个模特。他对那幅《窗前少女》的创作，总觉得不满意，想找一个新的模特重新画过，这才跟着哥哥来到新星公司。忽然，上官云栋看到了阿莹，不觉多看了几眼，刘海燕问，那位同学也试一试吗？上官云桦说，不，不必了。上官云栋说，那女孩是不是叫阿莹？刘海燕说，她叫林莹莹，平常大家都叫她阿莹。

郑杰给教学员们上好摄影课，陪着上官兄弟参观。上官云桦说，你这培训班办得有模有样了。郑杰说，学费收得少，请专业老师又太贵了，不过，学员来得蛮多，前景还是可以的。上官云栋说，还是蛮有意义的，总比拍婚纱照强。郑杰问，重华公司最近好吧？上官云栋说，有些起色，接了两个大公司的电视广告，经济上缓口气。这时候，几个女学员经过，特意朝上官云桦多看了两眼，然后嘻嘻哈哈地走远了。郑杰看看上官云桦说，杀手哇。上官云桦问，什么杀手？郑杰笑着说，少女杀手嘛。

3

一座花园洋房改建的饭店，镂花的铁艺招牌上写着"钱家私房菜"。老旧的桑塔纳在高高的台阶下停下来，侍者上前替上官云栋拉开车门。唐晓宁从楼梯上下来,热情地说,云栋哥哥,欢迎你能来。上官云栋说,云桦让我务必过来,雷打不动。有什么重要事吗?唐晓宁笑笑说,不过是请过来聚一聚。两个人走上台阶,来到华丽精致的客厅。上官云桦正和赵婉聊天,唐晓宁为云栋和赵婉做了介绍。云栋问,周静还没来?上官云桦说,她自己来。唐晓宁把上官云栋和赵婉领进包间,自己和上官云桦仍站在厅里聊天。聊着聊着,两人走到大厅门口,唐晓宁在云桦面前,有意做出种种亲昵的样子。有人在暗里连连摁下快门。

一天中午,韩柯的画廊里走进来唐晓宁和赵婉。韩柯有些意外,手足无措地招呼说,我们是不是见过?唐晓宁一笑说,没见过的,套近乎的老一套了,少来来。我们是陈先生介绍来的。哪个陈先生?还有哪个,艺术经纪人陈国基嘛。噢,噢,韩柯心里一亮。唐晓宁看了几幅画,小嘴一撇说,不理想,很不理想。韩柯有些央求地说,既然陈先生介绍来,总得给些面子,价格一定优惠。唐晓宁不响,看看赵婉,赵婉也不响。韩柯有些发急说,我可以向两位美女保证,不出半年,两位买的画,一定会增值十倍二十倍。唐晓宁看看眼前这个五大三粗的汉子,又笑了笑说,一点小钱嘛,我们不是为这个来的,只是,陈先生的面子,我们拗不过。

韩柯说,陈国基先生正在给我策划个展。过不了多久,会有人求着我来买画的。唐晓宁斜着眼看看韩柯。

唐晓宁和赵婉还是买了韩柯的几幅画。

下午,唐晓宁打电话给陈国基说,我们买了韩大画家的几幅画,完全是鬼画符嘛。丢在大街上都没有人拣的。你给我们吃药啦。陈国基说，请美女放心，好戏在后面。笑到最后，才是胜利者嘛。

笺记：

　　院子里有棵老槐树，主人几次想把树锯了卖掉。不是为了一点钱，只是风水先生说，树旁的那口井，因为树的原因，水是苦的，锯倒树，井水会变甜。主人才起了锯树的念头。夜晚，他拿着锯条走近大树时，忽然传来轻轻的哭声。

第十五章

1

　　隔了一天，一封信送到周静手上，里面是几张放大的照片，正是唐晓宁靠在上官云桦怀里的瞬间。姿势各异，有的显得亲昵，有的略显尴尬。周静看着照片发了一会呆，不知有多么恶心。晚上，她来到陈侠那里，陈侠看了照片说，上官这家伙真不是个省油的灯，又搞啥花头。周静说，什么意思呢？陈侠说，表示上官另有新欢。这种招数，老掉牙了。无非是搅局嘛。我们来分析分析，送信人是善意的提醒，还是挑拨离间，还是幸灾乐祸，还是……周静说，不管是什么，反正唐晓宁和上官有在一起的事实。陈侠说，那你打算怎么办？周静说，按理说，不应该轻易怀疑，可是……陈侠说，看看再说吧，又能怎么办呢。话锋一转又说，我想上官不是那种人,他对你是忠贞不贰的。周静说,但愿如此。

话是这么说,做起来谈何容易。周静这几天神不守舍,问三答四,指东往西。陈侠虽然把事情轻描淡写,还是放心不下,想来想去,找到汪雁,要她多注意周静。

这天夜晚,汪雁来到周静家。周静觉得在家讲话不方便,把汪雁拉到附近的小街上。周静和汪雁并排踱步,一时无话。沉默了一会,周静说,你很少来我家,一定有什么事。汪雁说,关于严浩老师的事。周静说,事情过去了,算了,也许我也有错。汪雁说,肯定是你的错。周静一惊,看看汪雁。汪雁说,严老师的女儿找过我了。为她父亲的事,跟我做了解释,那天,严浩老师的确做得欠妥,但有他自己的理由。你知不知道,严浩和陆世雄有很深的矛盾,当时严浩如果上去劝陆世雄,情况会怎么样呢?或许适得其反,你晓得吧。周静很意外地说,他们之间有什么恩恩怨怨呢?汪雁说,严浩和陆世雄在"文革"期间都是《华报》的编辑,当时,陆世雄发表过一篇吹捧四人帮的文章,得到重视,严浩很不以为然,背后议论,陆世雄晓得了,狠狠整了严浩。从此,两个人结下仇恨,直到两个人退休,也没有和解。周静沉默片刻说,我错怪了严老师,我应该给他道歉。正说着,几个滑滑板的小青年滑了过来,忽然,一个青年没有控制好,滑板冲到了另一个小伙子,跌倒的小伙爬起来就给了对方一拳,一时间,两个人厮打起来,其余几个小青年围上来,起哄、玩笑、劝架,他们滚成一团,忽然有个领头的小伙吹了一声口哨,他们停止了厮打,起哄,一起溜着滑板走了,嘻嘻哈哈的玩笑声渐渐远去……

周静怔怔地望着那伙阳光的孩子们远去。分手前,汪雁突然问周静说,你跟上官还好吧?周静说,好,当然好。汪雁不响。周静意识到什么,说,汪姐,我没事,真的。

看起来陈侠请汪雁照看周静算是没找对人,汪雁这个老实头,难当重任。

夜晚,周静敲响了严家大门。范阿姨出现在门口,惊喜地说,啊,是小周姑娘。先生,先生,小周姑娘来了。严浩坐在客厅的一个角落里。客厅里暗暗的,只开了一盏小灯,周静站在门口说,严老师好。严浩口齿不清地说,小周你好,欢,欢迎你来。周静说,严老师,好几天不去文化中心了,我来看看老师。严浩犹豫一会终于说,小周,我应该向你道歉……周静打断严浩说,是我错怪了老师,我应该道歉。范阿姨过来说,先生,请小周姑娘屋里坐呀。严浩连忙说,对,对,屋里请,屋里请。周静在客厅沙发上坐下,严浩还在说,你批评得对,做人不能跌破底线,千万条理由,见死不救总是不对的。周静不响,双方都觉得尴尬。周静为了缓和气氛,笑道,严老师,客人来了,不给杯水喝呀?严浩的面部肌肉松下来,连连说,对,对,你看我……范阿姨,泡杯茶,那盒锡兰红茶,对,再拿两块蛋糕来,他走来走去地张罗着。范阿姨在厨房里应着,严浩走进来厨房去开冰箱。周静说,蛋糕不用拿了,我吃过饭了。严浩说,吃过饭,也得吃一块……对了,明天,我去陆世雄家道歉。周静说,我陪老师去。

范阿姨送周静下楼。范阿姨唠叨着,你看看,楼道灯现在多亮,电线也全是新的,多好。原先,真是三个和尚没水吃啊。你们那些朋友真了不起。范阿姨送周静走出花园洋房的大门。周静说,谢谢你,范阿姨,你回吧。范阿姨犹豫片刻说,小周姑娘,我还有件事情想请你帮忙。周静说,只要我能办……范阿姨匆匆说,请你劝劝我们老先生跟他女儿和好。周静说,我也看出来了,严老师和女儿的关系不大好。范阿姨说,是呀,我为这事瞎着急呀。周静感动地看着范阿姨说,范阿姨,这件事跟你不搭界的。范阿姨说,有很多事不也是跟你不搭界吗?周静感动地搂了搂范阿姨。

2

红树画廊里,谢丽娜坐在画凳上,身穿一套水手装,显得青春,富于活力。

上官云桦画着速写。他想了想,将一束淡紫色的花束放在玻璃瓶中,又将玻璃瓶放在女孩的身边,画面呈现出一种生动柔和的美。这正是上官想象中的那种氛围,是他构思了许久,想象了许久,追寻了许久的意境。上官云桦在画架上放置一幅画布,开始画色彩小稿。谢丽娜敬慕地看着眼前这位不修边幅的男人。休息时,谢丽娜欣赏着画面说,上官老师,您画得真好,简直一级啦。上官云桦说,不行,还差得远呢。上官边说边注视着谢丽娜那双清澈美丽的眼睛,阳光透过玻璃窗照亮谢丽娜平滑的额头。他喃喃自语说,这就是青春呵。谢丽娜说,老师,我们那些同学都羡慕我呢。上官说,为什么?谢丽娜没回答,偷偷看了上官一眼,"扑哧"笑了。上官倒了一杯水递给谢丽娜。谢丽娜忙着接过水杯,慌乱之中水洒在身上,上官拿来纸巾给谢丽娜擦拭。

周静在街上给上官云桦打电话,云桦,晚上陪我去看看严老师,好不好?电话里传来上官云桦的声音说,不行,我今天没空。周静对着手机喊,晚上也没空?电话里传来上官云桦的声音说,晚上我得画画,感觉来了,看来今晚我得干通宵了。

周静把手机关了。

上官云桦继续画谢丽娜的写生。这真是一个在水里,一个在火里。此刻,上官哪里知道周静的心境,他要把这幅作品尽量画得完美。谢丽娜走过来说,老师,快画完了吧?上官云桦说,就完了,下面就要以这个为素材进行创作了。谢丽娜说,乖乖,画了好几天,才是素材呀。上官云桦说,创作嘛。谢丽娜突然说,上官老师,我得谢谢您。上官说,谢什么?谢丽娜说,您教会了很多做人的道理。上官奇怪地说,我没教你什么呀?谢丽娜笑笑说,用您的行动呀。我看得出,您是一丝不苟的人,工作认真,严格要求自己。谢丽娜走到画架前,仔细看着画作。她离上官云桦很近,她那青春的气息,吸引着上官。上官云桦尽力避开些,但无意间谢丽娜离得更近了,上官云桦欣赏着谢丽娜苗条的身材,她那轮廓清晰的侧面,她短发上散发出淡淡清香,仿佛是唤醒春芽的清凉细雨,让人怦然心动。他想轻轻抚摸抚摸那清香的微微卷曲的秀发。她离他是那么近,只要他微微一动就可以触摸到她的小手。上官云桦终于离开谢丽娜一些。有一个声音告诫着他,是怎样的声音,他不知道。

老旧的桑塔纳在红树画廊旁停下,上官云栋走下车。另一家画廊走出一个留着长头发的年轻画家,瞥了瞥上官云栋那辆破车,随口说，买油画吗老板，一律打对折。上官云栋朝那个画家笑笑，走进红树画廊。上官云栋正看见弟弟帮谢丽娜穿风衣。上官云栋开玩笑说，GENTLEMAN嘛。上官云桦有些尴尬。谢丽娜边穿衣边与上官云栋打招呼，穿好风衣说，老师，明天什么时候来？上官云桦说，你们老师来电话说，明天的表演课程很重要，后天来吧。

上官云栋望着谢丽娜离去的背影说，这小姑娘不错。上官云桦说，嗯。上官云栋坐在椅子上说，陈国基的电话来过没有？上官云桦说，没有。上官云栋说，应该说他们不会再来了。上官云桦说，我估计也是。上官云栋说，你把人家玩惨了。上官云桦说，这叫替天行道。

刘海燕凭着关系找到一个剧组。这是一部反映抗战题材的连续剧，剧组正要拍摄群众场面的镜头，正巧，刘海燕找上门，表示愿意提供足量的群众演员，片酬好说，质量保证。这种送上门的好买卖，剧组当然没有反对的道理，制片主任还要拉长脸说，我是看在刘总和我们副导演的面子上，给你们提供机会。你们一定要保证质量啊，可不能阿猫阿狗都上啊。刘海燕说，那是一定的。制片主任心里发笑，脸却拉得更长。

在外景地，正要拍摄抗日集会的戏。学员们穿着上世纪三十年代学生的服装，集合在的场地上。镜头后面，工作人员也在忙碌着。导演和摄影师在嘀咕什么，副导演和助理导演正在安排扮国民党警察和骑警的群众演员上场。忽然，一匹马嘶鸣立起，导演朝那个方向看了一眼，导演助理喊，道具，管好那些马。道具员咕哝，你来管管看。

　　站在远处的郑杰和刘海燕关注着这一切。郑杰又想起前些年参加剧组的往事，心里一紧，想到，命运弄人，兜了一个大圈子，又跟影视粘上了。一个扮演骑警的男生跑过来说，郑老师，怎么还不拍呀？郑杰说，快回队。你以为拍电视剧那么容易？男生一吓，赶忙跑回队里。这时候，副导演喊，各部门注意了，全部准备好，骑警注意，同学们开始唱歌就往队伍里冲，注意安全，马不要伤着人，道具、灯光、烟火，注意配合。嘈杂声渐渐平息，大战前的死静。导演大声说，注意了，正式拍。预备——开始。场中央，站在高处的演员挥手开始演讲，同学们，日本鬼子占领了我们东三省，七千万同胞生活在日寇铁蹄之下，千万同胞流落他乡，我们，作为中华学子，难道能坐视不顾吗？不能。决不能。站在台下的学生们群情激奋高呼，决不能。还我山河。打倒小日本。站在高处的女同学喊，打倒小日本。这时，一个男同学跳上台，他大声说，同学们，今天，日本鬼子又把魔爪伸向了我们华北大地，政府消极抵抗，听任日寇长驱直入，华北之大，已容不下一张平静的书桌了。我们决不能再沉默，不在沉默中灭亡，就在沉默中爆发。同学们，起来，起来。又跳上几个同学，一个女生开始唱，"我的家，在东北松花江上……"几个同学跟唱，"那里有我的同胞……"台上台下的同学们一齐唱，"还有那衰老的爹娘……"

　　这时，警察开始冲入人群……青年学生开始与警察搏斗。导演悄声对摄影师说，注意，多拍局部、特写。几架摄影机从不同角度，用不同景别在拍摄……

扮演女学生的阿莹跌倒了,一个男同学上前扶起她,警察冲上来……

副导演走过来,对郑杰和刘海燕说,你的几个学生底盘不错,就是戏太差了,根本不会表演嘛。刘海燕说,学员们在课堂上的表演课还是不错的,可能是他们第一次实地拍戏,有些紧张。再说,你们的现场实在是乱。副导演冷笑两声说,有可能,不过,表演不仅仅在课堂上吧。不应该吧。郑杰说,哥们儿,我们多参加几次,孩子们就会松弛了。副导演拍着郑杰肩头说,哥们儿,我很难保证还有没有第二次,今晚回去,导演不知道怎么剋我呢。刘海燕与郑杰交换了一下眼色。

副导演还要说什么,导演那边叫了,1380号镜,准备拍第二条!忽然,阿莹跑到刘海燕面前娇滴滴地说,刘老师,我不拍啦,摔得那么疼,还说摔得不真实。哼。刘海燕紧张地推着阿莹说,不拍也得拍呀,姑奶奶,不想当明星啦?快回去,这是剧组。阿莹嘬着小嘴走回现场。郑杰擦擦额头的汗,嘟哝说,不是人干的,天晓得。刘海燕说,没办法,忍忍吧。收工以后还得烧香,不然明天没戏了。郑杰说,碰上周扒皮。

3

周扒皮只能嘴上讲讲,行动上还得笑脸相迎。晚上,在一家西餐厅里,郑杰堆着笑脸与副导演碰杯。刘海燕在一旁慢慢喝着饮料。郑杰说,哥们儿,今天全靠你帮忙了。副导演说,你们这艺校关门算了,都什么料哇。郑杰说,刚刚培养不久嘛。刘海燕说,是啊，艺校刚刚起步，还请导演多支持。边说边把一只红包推到副导演面前。副导演说，这样就见外啦，说着，红包收入囊中，面不改色地说，明天还得麻烦贵校的同学们。明天的戏里，有几个有台词的角色，选几个好一些的，不然，我跟导演不好交代，是吧。刘海燕连连点头。

交易拍板，彼此的交情进了一步。夜深之际，郑杰和副导演喝得半醉，两个人勾肩搭背，胡乱地哼着苏联歌曲《小路》：

一条小路曲曲弯弯细又长，
一直通向迷雾的远方，
……

副导演口齿不清地咕哝，是啊，远方充满了迷雾，哥们儿，在学校咱哪懂这个啊。

我要沿着这条细长的小路，
跟着我的爱人上战场，
……

笺记：

某电影厂，有位照明钱师傅，平生一大爱好，喜吃野生蘑菇。夏天出外景，必带一个小锅，及油盐酱醋，拍摄之余，便去野外采摘蘑菇煮食。一次，摄制组去长白山拍戏，钱师傅收了工，又要去采摘蘑菇。天色向晚，工友劝他改日再上山。钱师傅执意要去。离开酒店时,酒店服务员特意叮嘱道,山上的蘑菇有的有毒,千万当心。钱师傅说,我走南闯北二三十年了,什么地方的蘑菇没吃过?吃野蘑菇我可以说是专家了。到了野山坡,天色更暗,日间探好的路竟寻找不到了。正踌躇间,但见路口走来一位头戴大草帽的白胡子老头。钱师傅说明来意。老者指着不远的林边说,去那边不妨试试。钱师傅走过去,居然看见一大片白花花的野蘑菇。钱师傅满载而归。进酒店门时,服务员看了看他的收获说,这种太白的蘑菇是不能吃的。钱师傅不以为然说,我老经验了,没问题。烧熟后,整个屋子异香扑鼻,引来三五工友。钱师傅请大家品尝。有人吃了两口说,钱师傅我吃了以后觉得舌头有点麻,又有些苦,是不是蘑菇有毒?钱师傅觉得很丢面子,说道,怎么可能?你不吃,我多吃点。众人摇头离去。钱师傅把锅里的蘑菇全部吃下,以示蘑菇的可靠。不料,半夜,毒性发作,急送县医院,已无力回天。弥留时,钱师傅忽然清醒,对守在病床边的工友说,赶走他,把门口的那个白胡子老头赶走啊。工友看时,门口并没什么人,待回头看时,钱师傅已然驾鹤西去。

第十六章

1

夕阳照着画室,挂在墙上的那些油画,在余晖里泛着淡淡金光。上官兄弟相对而坐。在画室中央的画架上放着刚刚完成的那幅《窗前少女》。

上官云桦深深叹了一口气。

上官云栋也深深叹了一口气。

上官云桦终于说，总算完成了。

上官云栋点点头说，看起来不错。

上官云桦说，是吗？

上官云栋说，送画展没问题。

上官云桦说，老天保佑。

上官云栋亲昵地拍拍弟弟的肩，走了。上官云桦继续修改赵婉的肖像画。天色渐晚，落霞把画室染成金黄色。谢丽娜来了，坐在一边静静地看他作画。上官云桦背对着谢丽娜，问，今天没课吗？谢丽娜说，他们都去剧组了，我不想去，来看看你。上官云桦说，噢。谢丽娜忽然来到上官云桦面前，真诚地说，老师，你要是想办个人画展，我能帮你……她急促地补充道，我的一个舅舅是搞策展的，他有一家公司，而且，而且，舅舅很喜欢我，我求他，一定可以帮忙。上官云桦说，为什么？谢丽娜说，什么为什么？上官说，干吗要卖力帮我？谢丽娜垂下头，忽然扑到上官云桦的怀里，嘤嘤说，因为我喜欢你。谢丽娜紧紧抱住上官云桦。

傍晚，陆菊芬带着严浩和周静走进陆世雄的房间。室内一片漆黑，陆世雄坐在一个幽暗的角落发呆。陆菊芬开了灯，刹那间，陆世雄看到了严浩，他的眼睛里闪出一丝狐疑的光。严浩上前几步说，老陆，我来看看你。陆世雄一时手足无措，喃喃地说，谢、谢了……严浩抓住陆的手,紧握着,连连说,老陆,是我不对,我不对。陆世雄怯怯地说,不,不,我,我对不起,对不起……说着,突然向严浩跪了下去,放声大哭。周静看着这一切,不知如何是好。她不十分明白这一切是怎么发生的,更不知道如何来劝解。实在说,那些年月的恩恩怨怨,令她很难明白,背后的许多故事,更加令人费解。

夜里,周静收到严浩的微信,微信上说,小周,我虽然比你虚长几十岁,但在做人上,你应是我的师长。傍晚在陆家,陆世雄的一跪,跪出了我人格的渺小。"文革"的过往,已是烟云。陆世雄当年对我的打击,就当时来说,不过是名利所趋。今日反观,是时代的大错,我不能对个人怨恨至深。归家时,陆下跪的一幕,在我脑海中翻腾,像一把把刀,刺向我心里,令我汗颜。谢谢你今日能使我有赎罪的机会。

第二天上午,周静走过阅览室外的走廊,她朝阅览室内看看,严浩仍旧坐在原先的座位上,像什么都没有发生过一样。周静宽慰地笑了。正想离开,忽又改变主意,走进阅览室。严浩抬头看到了周静,主动招呼说,小周,早。周静笑着说,严老师早。严浩笑道,没什么新杂志吗?周静觉得似有弦外之音。周静说,暂时没有。看到了您的微信,谢谢。严浩想说什么,又改了主意说,小周,我想为我们社区文化中心做点什么事,你看行吗?周静说,当然行,我问问章主任看。严浩说,做志愿者是不是老了点?周静轻声说,我爸看上去比您老多了,每天去公园唱京戏,还志愿教人家呢。

下午，严浩走出阅览室，准备走回家，周静从背后追上来说，严老师，章主任同意了老师的要求，来我们的小记者训练班指导。严浩说，太好了，不过，我有个小小请求，在训练班里，应该吸收一些农民工子弟来参加。周静高兴地说，严老师，您提醒了我们，应该，太应该了。汪雁经过，看到说，什么事呀，看把你高兴的？周静看了看严浩，顽皮地做个怪脸说，这是我跟严老师之间的私密，不告诉你。严浩"嘿嘿"地笑着离开了。汪雁把周静拉到墙角，低声问，跟上官和好了？周静说，我才不要跟他和好呢。汪雁奇怪地说，看不懂了，你跟上官这样了，还高兴得起来？周静说，没有他，地球就不转了？

如今章强主任做事也讲究雷厉风行了。自从马孟离开，原来的文化班只能停办。这成了章强的一块心病。严浩提出开办小记者训练班，当然正中下怀。第二天，便招收了附近十来名小学生，又把马孟离开后散去的学员召回训练班。过了几天，严浩就站在讲台上给孩子们讲课了。严浩事先做了精心准备。第一课，严浩先讲了两个小故事，然后说，同学们，要想当一个小记者，当然要提高我们的写作能力。那么，怎样提高呢？我觉得，首先要练的不是我们的手，而是我们的眼睛，也就是要提高我们的观察能力。我给同学们讲个笑话，有个化学老师，在课堂上，指着一瓶溶液说，这是一瓶稀释的尿液，我们尝一尝它。老师说着将一只手指头放进溶液，然后抽出来，又把手指头放进自己嘴里吸吮一下，做完这个动作，老师吩咐每个同学照样轮流做一遍，于是这瓶溶液在同学们中间传递开，大家把手指放进瓶里又抽出来，放入口中。当所有同学都做过一遍之后，老师问，溶液是什么味道啊？有的同学摇头说，太苦了。有的同学却哈哈大笑。老师拍了一下手说,笑的同学做对了。原来,老师是把中指放进瓶里,放进嘴里的却是食指,观察细致的同学自然尝不到尿液的味道,对不对?小同学们哈哈大笑。严浩环视了一下孩子们说,同学们,这就是观察的作用。仔细看,才能发现生活中的细节,才能写好文章。

陆世雄和严浩见面之后,似乎变了个人。平时不再喃喃自语,眼睛也有了光彩。这天风和日丽,一束阳光斜洒下来,把小天井照得通亮。陆菊芬搬了藤椅放到庭院,陆世雄便坐在藤椅上看报纸。陆菊芬再回到房间教儿子做基本练习。她出示一张红纸板,说,红的。小孩没反应。陆菊芬又拿起一张黄颜色的纸板说,黄的。祥祥仍旧没反应。陆菊芬拿起另一张蓝色纸板,想说什么,但又失去了信心,无可奈何地放下蓝色纸板。忽然,祥祥小声嘀咕,蓝……蓝色……陆菊芬惊喜地看着儿子,并再次举起蓝色纸板说,宝宝再说,再说。祥祥呢喃地说,蓝……色。陆菊芬兴奋地抱紧了儿子,连连喊,宝宝……真好,宝宝学会了……祥祥在母亲怀里并没有什么反应。陆菊芬流下了欣喜的泪水,朝天井里喊,爸,爸爸,宝宝,宝宝……她激动得不知说什么好了。陆世雄慢慢从藤椅上站起来,走进里间。陆菊芬激动地说,爸,宝宝有进步了。陆世雄用颤巍巍的手,抚摸着孩子的头顶说,是,是吧?

这时,有人敲门。陆菊芬擦了擦眼角去开门。门外站着王芸和另外两个姑娘。陆菊芬说,小王啊,快请进来。王芸说,陆姐,她们俩是新加入我们"十五人团队"的,希望有机会能帮助你。陆菊芬说,那太感谢了。小王,上次我按照你们教我的方法,辅导我家祥祥真的有效果啦。王芸高兴地说，真的吗？太好了。王芸又对那两个女孩说，郭晓雅，齐玲，资料呢？郭晓雅拿出一沓资料，对陆菊芬说，这些辅导材料，是我们新得到的，据说有些效果。陆世雄端着一个托盘走过来，上面放着三杯茶，他战战兢兢地走到王芸跟前，一不小心，托盘翻掉了，茶杯落地碎了。陆世雄怔怔地望着狼藉的地面。陆菊芬说，爸，你又管闲事了。陆世雄喃喃地说，碎了，又碎了……王芸问，陆伯伯还好吗？陆菊芬说，时好时坏，闹是很少闹了，可还是经常发呆。王芸说，齐玲，晓雅，我们有时间多来陪陪陆伯伯。两个姑娘点点头。郭晓雅抱起祥祥，孩子没有哭闹，反倒用小手抚摸晓雅脖颈后毛茸茸的头发。齐玲说，晓雅长得好看，祥祥喜欢她。郭晓雅洋洋得意地说，以后祥祥就是我的小弟。齐玲说，我长得没晓雅漂亮，以后我就多照顾陆伯伯。王芸说，两个都是美女嘛。陆菊芬说，是呀，是呀。

2

中午，西塘湾小街上灰尘弥漫，到处是碎石乱瓦，本来就凹凸不平的石板路，被庞大沉重的推土机挖掘机碾压得更加坎坷。这条小街在走过将近一个世纪的岁月之后，就要寿终正寝了。其实，城市规划图上，早在十几年前就已经把这条街道划入拆迁范围。虽然新世纪小店一带仍在照常营业，但是不远处的一片店铺已经拆除了十之八九。陈侠是任凭风浪起，稳坐钓鱼台。人家忙着拆房子，她却在布置自己的橱窗。邵全林的宝马车开了过来，停在小店前。陈侠全然不知,仍旧布置着橱窗。邵全林走下车,关注地看着陈侠的工作。陈侠侧身对着邵全林问,要进店买东西吗?邵全林说,不要。陈侠说,不买东西,你站这儿做啥?邵全林笑着说,看看也不行吗?陈侠不响,仍旧专心致志地布置着橱窗。邵全林说,依我看,一个橱窗的布置,应该有主有次。陈侠仍旧背向邵全林,说,关你什么事?邵全林笑了说,不关我的事,可关你生意的事啊。陈侠回过头来,看清是邵全林说,怎么,又是顺路经过?邵全林说,没错。你们这里要天翻地覆了?陈侠说,天要下雨娘要嫁人,没办法的事。邵全林说,既然就要撤了,为啥还要布置?陈侠说,做一天和尚撞一天钟,庙还没拆,钟还得撞一撞。邵全林笑道,这话我要听,这叫职业精神。陈侠笑了说,就我这个小破店,还职业精神呢。邵全林说,小店怎么啦?由小到大嘛。二十年前的马云也不是今天的马云。陈侠看看邵全林说,嘿,我得正眼看看你,想不到,话说得有些哲理呢。邵全林说,浅见,浅见。陈侠说,浅见也会说?看起来你还是个知识分子呢。邵全林说,知识分子不敢当,只是个识字分子。我大学读了半年,村子里征地,就去经商了。陈侠说,就想着赚钞票了。邵全林说,你开这家小破店不赚钞票吗?陈侠说,说的没错。对了,刚才你说怎么布置橱窗的?邵全林说,要主次分明嘛。橱窗里货物的颜色也应该注意,用颜色突出你要推销的东西。陈侠说,没看出来……您很内行嘛。邵全林大笑道,你们那个冯爽,还有她那个老公,老说我是大老粗,哼,我为了争口气,这些日子没少看书。陈侠脱口而出说,好样的,胖子!邵全林一愣,缓口气说,以后就叫我胖子吧。陈侠说,不好意思。陈侠弄好橱窗,把邵全林让进小店,问,真是路过这里?邵全林说,不是路过，是特意来找你的。有所农民工小学，我打算捐赠一批学习用品，想请你帮忙进批货。陈侠仔细打量邵全林。邵全林说，别看，不是陷阱。陈侠说，要是真的，我也捐赠一部分。邵全林说，没问题。陈侠说，想起一件事，你是不是给文化中心捐了一台跑步机？邵全林说，为文化做点事嘛。说着，市场管理员老郝走进来，瞄了一眼邵全林，对陈侠说，陈老板，上面决定了，你们这一段下个月得拆，早找退路吧。陈侠说，拖来拖去还是得拆呀。老郝说，上头想多赚钞票呗。我这个市场管理员也做到头啦，下个月去做保安了。叹着气走出店门。陈侠丧气地坐下，叹道，真没活路了。邵全林说，天要塌啦？陈侠说，别说风凉话啊。看人挑担不腰疼啊。邵全林脱口而出说，尿憋不死人……哦，对不起，又粗口了……陈小姐，再找个店面不就得啦。陈侠说，哼，谈何容易！邵全林说，包在我身上。陈小姐，我定的货你照样进，别的事，交给我。

陈侠相信邵全林的话，第二天就开始进货。新世纪百货店的繁忙跟其他店面的冷落形成强烈反差。店门前停着一部大卡车，运来很多文具盒、小书包之类的学生用品。两个临时工正在卸货。旁边几个冷冷清清的小店，不时有店主探出身来，羡慕地望着"新世纪"。店内，邵全林坐在店里监督供货商清点货物，陈侠用计算器计算价格。陈侠说，邵总，货太多了吧？邵全林自豪地说，一所希望小学的呢。这时，冯爽开着车到了。在门外大叫，陈侠，你这家伙，生意起蓬头啦？邵全林迎了出来说，程太，你好。冯爽诧异道，咦，你怎么会在这里？邵全林笑而不答。陈侠也出现在门口说，快进来吧，外面全是灰。冯爽看看邵全林，又看看陈侠，啧啧嘴说，有意思，有意思。

3

早上,上官云桦继续修改赵婉的肖像画。这时候,进来两个警察。其中一个说,你就是上官云桦?上官放下画笔说,我就是。警察说,有个叫陈国基的你可认识?上官说,他来过我的画廊几次,还买过画。另一个警察说,除此之外还有什么来往?上官说,没有别的。警察又问,有个叫黄美美的认识吧?上官说,不认识。两个警察交换了一下眼色,拿出照片给上官看。上官说,这个人我见过几次。她叫琳达。警察说,这就对了。上官问,有什么事情吗?警察说,我们调查了他们好久,可能是涉嫌一个蛮大的诈骗团伙。别的我们不能多说了。上官长舒了一口气,把陈国基和琳达的种种作为讲了。一个警察说,你很幸运,没有上当。正说着,韩柯走进店里,见有两个警察,悄悄退了出去。

笺记:

张某在城郊接合部的汪家堂村口卖西瓜,夏天,正是三伏时节,在村口纳凉的人不少,买西瓜的却没有。张某正想收摊,忽然眼前出现一位,半蒙着脸,捡了两个西瓜。张某说共十二斤,算你二十八块钱吧。买瓜人指指自己的嘴,表示不会说话,然后掏出一张纸,在上面匆匆写道,不会短斤少两?张某说,不会。说完心里打鼓。因为,实际上那两个瓜还不到十斤。买瓜的看看张某,拿出一百元钞票,让他找。张某借着灯光,左看右看,没看出什么不对,就给人家找了零,把那张百元钞票连同那张纸,一同塞进口袋。买瓜的怪怪地笑了两声,走了。张某回到家,那笑声一直在耳朵里响,响得他心里打鼓。借着灯光,他掏出那张百元钞票,一看,竟是一元。张某一吓,连忙看那张纸,上面什么字也没有。忐忑了一夜,张某第二天天亮,仔细看那张纸币,上面有良心二字。张某在床上病了半年。

第十七章

1

楚雯病了。她躺在床上,床边小桌上放着水果、糕点。齐玲在打扫屋子,王芸在给楚雯读报纸。楚雯说,小王,你们回家吧,我这里不要紧的,到吃晚饭的时间了。王芸说,楚阿姨,你从早上到现在还什么也没吃呢,你不吃点东西,我们不走。楚雯说,谢谢你们好心,我不饿。正僵持着,周静敲门进来。周静说,楚老师,你看,我带什么来了。上次你说我老妈做的水饺好吃,你看。周静说着打开一只小保暖盒,里面有热气腾腾的水饺。楚雯声音细微地说,谢谢你妈妈的好意,可我不饿。王芸悄悄拉周静到一边说,怎么办呀,小周,她什么也不吃呀。周静想了想说,让我来。周静端着水饺走到楚雯床头,说,我妈交给我一个任务,只要给楚老师尝三个水饺,然后提提意见……楚老师,这点面子,总得给吧?楚雯苦笑一下说,拿你真没办法。说着,勉强吃了三只。周静又说,我老爸给我的任务是你得吃两只……来，我喂你，还有我的两只任务……楚雯见周静要喂她吃，实在不好意思，又端起饺子。周静顽皮地说，不许偷工减料，我监督你，一个，两个……楚雯慢慢吃着饺子。王芸和齐玲在一边悄悄笑了。

西塘湾路购物街的拐角处有一家小吃店。店面不大，也就是卖些锅贴馄饨豆浆油条之类。东西不贵，味道正宗。店里的桌椅擦拭得泛白，简易地板也是一尘不染。酒香不怕巷子深，小小店堂生意不错。这家小店前前后后开了二十几年，典型的夫妻老婆店，老妈妈做馅，裹馄饨包小笼包，老伯伯炸油条做大饼，配合得十分默契。都是祖传手艺，做事又一丝不苟，可说是近悦远来。当初，小店开得不顺，小猫三只两只，几乎打烊，后来，街上店面越开越多，小店生意渐渐有了生机，随着西塘湾的发展，小店也随之发展起来。两夫妻退居二线，顾了两个外来妹打下手，后来又请了两个工人专送外卖。眼看发财有望，谁知小街要更新换代。两夫妻打发了工人伙计，收缩盘子，回到老路，专卖馄饨，顾客也日渐稀少。傍晚，陈侠正在店里吃馄饨，冯爽风风火火地找了来说，大侠，你个死鬼，叫我一通好找。陈侠说，找我干什么？冯爽说，老邵帮老程介绍了一笔生意，做成了，说要谢谢他，满世界找不见这家伙，然后想想，讲不定在你这里。陈侠说，怎么会在我这里？来，坐下吃馄饨，我埋单。冯爽骂，噢，死小鬼，你埋单，就吃几只馄饨呀。我们去衡山饭店吃正宗的法国大菜，让邵胖子埋单。陈侠说，对，我们敲他一顿竹杠。冯爽抬手说，别、别，我跟你可不是一头的啊，我是说敲你和邵胖子。陈侠说，我跟他扯得上吗？冯爽神秘地做了个手势说，别跟我兜圈子，你跟邵胖子怎么样了？陈侠说，什么怎么样了？冯爽大笑，做着手势说，不懂吧？喂，我说，香过没有？陈侠说，什么？冯爽说，接过吻没有？陈侠有点脸红，局促地说，我跟胖子真的没什么，真的……他想做点慈善，我帮帮他，不行吗？冯爽斜眼看着陈侠，意味深长地点头说，应该，应该。陈侠不睬冯爽，对老板娘说，再来碗馄饨。老板娘说，姑娘，你已经吃两碗了，还要？陈侠指着冯爽说，叫她气的，多吃点。冯爽在桌上放了一百块，拉了陈侠走出馄饨店，没走几步，陈侠忽然捂住肚子，哎哟，哎哟。冯爽焦急地问，怎么了？要紧不？陈侠说，撑的，撑的……哎哟……冯爽没了主意说，那，那怎么办呀？打120？陈侠说，用不着，冯姐，扶我回店里……哎哟……疼得弯下腰去。冯爽连忙用力搀扶着陈侠，陈侠使劲靠着冯爽往前走，走了几步，把冯爽累得够呛。走到"新世纪"小店门前，陈侠忽然直起腰来哈哈大笑。冯爽莫名其妙地说，你这家伙，怎么回事？陈侠笑着说，对你这毒舌妇的惩罚，谁叫你乱说。说着，走进店里。冯爽也跟了进来。陈侠看着冯爽说，今天小店不营业，恕不接待呀。冯爽说，谁来你这里血拼呀，邵胖子说得对，你这里根本没有好东西。陈侠眨眨眼说，那就请出呀。冯爽坐了下来，换了严肃口吻，说真的，陈侠，小静和上官掰了，你也不跟我说一声，还是邵全林跟老程说了，我才知道的。陈侠说，跟你说了又什么用？这两位吵吵和和的，啥人吃得消？由他们自生自灭吧。冯爽说，这可不是待友之道呀。陈侠说，劝合不劝离，这谁不晓得呀。可你看周静那个忙出忙进的样子，跟没事人似的，怎么去劝呀。冯爽说，那，她忙些什么呀？陈侠神神秘秘地说，"十五人团队"。冯爽说，什么？"十五人团队"？什么意思？陈侠说，我也不晓得。反正走火入魔了。

　　走火入魔的周静此刻正在小声地打手机。什么？楚阿姨开始吃晚饭了？太好了。王芸，辛苦你们了。对，明天晚饭我陪她。周静放下手机，呆坐了片刻。拉开抽屉，漫无目的地翻着，忽然翻到她和上官云桦的几帧生活照。她把照片摊在桌上，一张张翻看着，长叹一口气，把那几张照片又扒拉到抽屉里去。湍急的河流，波涛汹涌，人们看到的是激情进击，看到的是愤怒烦恼，看到的是情感的宣泄。而有的河流静静流淌，不声不响，平静无波，但是静水下面却是急流旋涡。周静就像那平静的河水，她跟上官的不愉快，别人很难看出，可是她成天为这事烦恼，夜里常常失眠。她爱他的才华，爱他的帅气，爱他的善良，爱他的不拘小节办事爽快。她很难想象一旦和他分手，自己会怎样。她把这种烦恼埋藏心底，用工作来掩盖。

2

　　中华路一带也算是商业街区，虽然比不上临近的淮海路繁华高雅热闹，借着淮海路的余波，市口算是不错。邵全林领着陈侠走进一家待租的商铺。业主陪着两人参观。陈侠不停点头说，嗯，市口好，店面也蛮像样。邵全林暗暗拉了拉她的衣角。业主回过头说，老板，你是实在人，来看房的一些人，明明感觉不错，偏偏要找出十个八个缺点，鸡蛋里挑骨头。哪有像你这位，给我点了好几个赞啦，就这一条，店铺就租给你了。陈侠笑说，怎么，我说这里好了？业主有些尴尬地笑了。邵全林打圆场道，你们这是谈生意，还是唱滑稽？言归正传，陈小姐，店面你满意吗？陈侠说，满意，就怕租金太贵。邵全林说，租金我来跟老板谈。你别管了。说着，对业主说，老板，外面去吸支烟？业主心领神会说，好呀，我烟瘾早就上来了。两个人来到商铺外的街头。业主与邵全林轻声嘀咕半天，业主还是有些不解地问，老板，你的意思，我还是不太懂。邵全林拍拍对方肩头说，意思不是蛮简单嘛，租金按你出的价，我也不杀价了，只是要求你对那位小姐开租金的百分之七十，剩下的百分之三十由我来付，先付你一年的，余下的百分之七十按规矩收……业主还是有些不明白说，邵老板，你这念的是哪本经呢？邵全林急了，乱说道，劫富济贫。业主奇怪地说，劫……忽然悟到什么，笑着说，啊哈，这位小姐是老板你的……啊，啊……邵全林说，不要乱讲。让她听见请你吃耳光。我只是想帮帮她。业主笑道，老板，你一点意思也没有？邵全林说，有，又怎样，人家看得上我？业主上下打量着说，先生一看就是……有钞票，还有办不成的事？邵全林讽刺地说，老阿哥，这你就不懂喽。租金就这么讲定了，你去跟那位小姐说吧……如果合同能签下来，我明天会追加一份附带合约的。业主狐疑地说，你们，你不会给我吃药吧？邵全林卖关子，想不想租？不想租，我们去别家了。好，好，我租。业主说着走进店里。

店铺外，邵全林站在屋角吸着烟，等待陈侠的决定。片刻，陈侠与业主走出店铺。业主说，老板，这位陈小姐爽快，合同明天一早就签。陈侠说，胖子，奇怪啊，他这店铺的租金真不贵。邵全林装傻说，是吗？那不是蛮好嘛。陈侠还要说什么，一抬头，见到路对面上官云桦下了出租车进了一家服装店。陈侠心情有些往下沉，心想，接下来就会有唐晓宁下车，或者会有另外一个她未曾看到过的女孩跟着下来。陈侠等了一会儿，并没有第二个人下车。陈侠纳闷，也许那个女孩等在车里？这样想着，穿过马路。邵全林和业主奇怪地望着陈侠，陈侠走到路对面，朝出租车内仔细看了看，并没有看到什么女孩，这才又走回路这边，嘴里还不停嘀咕，奇怪，奇怪。

周静和上官的冷战，有一段时间了。作为周静的闺蜜，当然不希望这样拖下去。按陈侠的作派，早就应该挑明，是好是散不就是一句话的事吗？陈侠知道，周静不如她陈大侠办事爽快，快刀斩乱麻，三下五除二，有什么多啰嗦的？周静善于打太极拳，前思后想的。她也知道，周静表面像个没事人似的，内心有多么苦啊。可这种事，别人能帮得上忙吗？如果今天让自己抓到上官的辫子，事情就有了契机。不过她又希望看不到上官的什么秘密，从心底说她还是希望周静和上官和好。

3

唐晓宁和赵婉在重华公司看完广告片之后，赵婉说，拍得不错，画面很美，只是太短了。唐晓宁一笑说，按规定，广告在电视台播放，以一分钟为单位，超出一秒都不可以。要么，拍成两分钟的。上官云栋说，就内容看，一分钟可以了。两分钟的片子，要价要高了许多，没有太大的必要。再说，赵女士投入这点，只能……赵婉说，我的投入不算少……唐晓宁连忙打断赵婉说，赵姐，片子拍得这样好，目的达到了，和上官先生谈钱，有些……彼此是朋友，大家说些开心的。

在国际饭店的咖啡厅里，唐晓宁劝解说，赵姐，幸亏刚才我打断你的话，不然给上官什么印象呢。我们拍广告，花个小钱目的是什么？不是为了接近他，给他一个好印象吗？赵婉说，我总觉得投资多了些。唐晓宁说，赵姐说笑了，这点钱，对于赵姐说，还不是九牛一毛。噢，差点忘了告诉你，我已经和电视台初步谈妥，广告可以在黄金时段播出，好不容易才争到的。连播半个月，每天两次。费用是三百万。赵婉一惊，要这么多？

笺记：

　　张庄村口有棵大槐树，黄昏时分，树的影子忽东忽西。开始，人们没有注意到，后来，有人偶然发现，大惊。此后，凡是有条件的，纷纷搬离张庄。

第十八章

1

齐玲和郭晓雅几乎每天都要去陆家看看，齐玲把陆世雄照顾得无微不至，穿的衣服干干净净有型有派。天气好的时候，两个姑娘还把他家的被褥拆洗干净。陆菊芬感动得直落眼泪，她因为一天到晚要照看书报亭，被褥有两三年没有拆洗过了。在晓雅的努力下，小祥祥的情况大有好转,只要爸爸把小祥祥送过来,小家伙第一反应就是要找郭晓雅。两个新加入的伙伴做出这样的成绩,鼓舞了整个团队。

一天,周静对齐玲和郭晓雅说,我听严浩老师说,陆伯伯年轻时候,京剧唱得超好,你们动员动员他去公园逛逛,那里有个京剧角,很多老伯伯老妈妈在那里唱。我老爸有时也去的。陆伯伯不能天天闷在家里嘛。齐玲说,好主意。

周静说得不错。七里桥小街拐角处有片空地,早年是片小河浜,上世纪五十年代填平,改建成街头公园。建了小凉亭,种上冬青黄杨,摆了石桌石椅,铺了苗圃草坪,成了附近居民茶余饭后的好去处。上世纪八十年代兴起英语角,这里就是英语角;后来有人在这里介绍朋友,又变成恋爱角,恋爱角慢慢退居二线,最终被老年人占领。周静的老爸隔三岔五总要去那里走走唱唱。这天上午十点多钟,周静老爸正和一位中年阿姨在唱《四郎探母》。琴师是个戴眼镜的老伯伯,胡琴拉得很在行。周静老爸扮演杨四郎,正在唱那段著名唱段,当他唱到"……叫小番"一句时,声音竟然十分高亢,犹如专业演员,唱戏的、旁观的一齐鼓起掌来。忽然,亭子旁的树丛里传来笑声,周父循声一看,竟是女儿周静和另一个年轻人。周父大声喊,死小鬼,躲在那里做啥?周静和李凯笑着走出小树丛。周静说,我来侦察侦察,看看我老爸是不是又跟什么阿姨拉手。周父做打她样子道,小鬼,看我撕你嘴呀。李凯说,周老伯,您的《四郎探母》唱得一级了。周父看看李凯,问周静,这小伙子,是……周静说,他是我们的一个志愿者,想求您帮忙呢。周父说，我一个老头，还能给人帮忙？李凯说，只要您愿意。周父问李凯说，你们是志愿者喽？李凯说，对。周父说，那，周静也是？李凯说，也是。周父爽快地说，那好吧，我是志愿者他老爸，也做一把志愿者。周静趁机说，老爸，君子一言驷马难追，可不许反悔哟。周父唱道，哒，哒，没有令箭怎能过关？周静接翎子说，有令箭呀。众京剧票友们都笑了，有的说，看这父女俩，唱上了都。

隔了一天，周父和一些票友又聚在京剧角唱京剧。周静、齐玲和陆菊芬陪着陆世雄走来。周静说，爸，这位就是我跟你提起的陆伯伯。周父说，欢迎，欢迎。来，陆师傅，我来介绍，这几位在一起玩的朋友……说着给陆世雄介绍着那些年老的京剧票友。那些老伯伯老妈妈有的是退休老师，有的过去是公交车售票员，有的是棉纺厂的退休师傅，一位琴师曾经下海，在外地一家小剧团做过伴奏。那位琴师说，陆老师，唱一段吧？陆世雄喃喃地说，我，好久不唱了，好久，好久……周静说，陆伯伯，没关系的，唱错了，也没关系。周父帮腔道，是嘛，我常唱走了板。业余爱好嘛，又不卖票。中年阿姨说，我们周师傅蛮有水平的，上次区文艺比赛，还得过名次呢。周父对那位阿姨悄悄说，你哪能反撬边呢？他又提高声音对陆世雄说，你不要听这位阿姨的，大家在一道随意唱唱嘛。众人都说，对，业余爱好嘛。我们是票友的票友。琴师说，那就别推让了，陆师傅，唱一段吧。陆世雄说，我，我只会唱样板戏。周父说，那就唱《打虎上山》好吧？陆世雄点点头。琴师调了调弦，开始拉过门，陆世雄看看周静，周静做个手势支持他。陆世雄终于开腔唱起来，果然唱得不错。陆菊芬脸上露出少有的笑容。周父对女儿说，唱得真不错。周静小声说，爸，你们做啥不参加我们文化中心的京剧班呢？周父说，你们那里，会有我们这里自由自在？空气好，还能活动活动手脚？周静说，那，你们找时间跟我们中心的京剧组PK、PK。周父说，PK？周静说，比一比呀。周父说，那，就PK。

中午，周静走进文化中心画室。一位老妈妈在画一幅特大的山水画，几位老伯围着观看。她见周静来了说，小周，你的楚老师好久不来了，家里出什么事了吗？周静前几天就注意到，楚雯不像从前那样，天天来文化中心画画，自从上次生病之后，她的心情一直是沉重的。周静记住了章强的那句话，她想让楚雯多做些事情分分心。周静没有回答那位老妈妈，却问，几位老师，我想征求你们的意见，如果在我们文化中心为楚雯老师办一个画展行不行？众人异口同声，当然好啦。我们的展览室一直空着，以后应该多搞展览。周静说，她能有那么多作品支撑吗？大家七嘴八舌地说作品不够，还可以画呀。最多忙一点嘛。楚老师的水平足够了。她画的题材也蛮丰富的。人们这么一说，坚定了周静的想法。她把这个想法跟章强一说，章强满口答应。

夜里周静躺在床上，想到可以为楚雯老师做些事，想到刚刚来文化中心时的情景，不由得想到上官。好几天，她没有给上官电话，上官打来过几个电话，她都不接。上官有一天到文化中心来找她，她也借故走开了。任何人都不知道为了什么，甚至她自己都不知道。周静曾经跟陈侠说她顶烦一些上海女孩的"作"，其实，周静这样子何尝不是"作"呢？她自己也许都不大明白，徒增烦恼都是自己找的。陈侠问过她几次，她都说，根本没有什么。陈侠当然不信，追问下去，周静只能说，反正感觉不好，真不想谈下去了。原因嘛，自己也说不出个所以然来。也许是女人的敏感吧，也许是女人的直觉吧。就在昨天，陈侠找到周静说，静静，我看也许你错怪了上官，他要是和那姓唐的好上了，上街做啥一个人去啊？周静说，有朋友也不一定天天守在一道吧，我跟上官还没分手时，总是跟你一起逛街呢。陈侠说，那可不一样，上官不喜欢血拼嘛。周静说，陈侠，你也别劝我了，反正，我亲眼见到他跟那姓唐的了。陈侠说，看到的，不一定就是真实的。周静说，那些照片呢？那些照片又怎么解释？陈侠无言以对。停了片刻，周静说，别说我，说说你吧，听说，你跟那个邵老板打得火热，中了糖衣炮弹了？陈侠不屑地说，我跟他？哼，走路像熊猫似的。陈侠挽住周静手说，静静，说真心话，你离开上官，不寂寞？周静想了想，说，每个人内心，都有寂寞的角落吧。事情一多，也就……

夜深人静，她重复着这句，每个人内心，都有寂寞的角落吧。想到这里，她默默流下眼泪。她起身从手包里拿出那副假蓝宝石耳钉，看了很久。耳钉她从来没有戴过，却一直放在随身的小包包里。

周静几乎一夜没睡。她很少失眠，曾自豪地跟陈侠说，我属于没心没肺的那种人。可是眼下她不敢这么说了。早上，她发现眼圈有点儿发黑，胡乱洗漱好，早饭也不吃就敲开了楚雯老师家的大门。楚雯开了门，有些意外地说，小周，做啥？这么早来……周静说，楚老师，走啊，去文化中心吧。楚雯说，我不去了，今天不舒服。周静说，哪里不舒服了？我陪你去医院。楚雯不答。周静摸了摸楚雯的额头，笑着说，楚老师，我们昨天电话里不是讲好的，你可不能赖皮哦。楚雯无可奈何地说，好，好。

过了半个月，楚雯的画作，增加了不少。这么一忙，脸上也泛起了红润。周静、小苏、汪雁几个开始布置楚雯的国画展。有的挂画，有的在校对高低平衡。严浩走进来说，画作真的蛮有水平，要不要帮忙？汪雁说，人手已经够了，不要麻烦老师了。周静说，有件事要麻烦老师。严浩说，行啊。周静说，为楚老师的画展写个前言可以吗？严浩说，我行吗？我对中国画一知半解呵。楚雯笑道，要是严老师肯帮忙，那太好啦。严浩说，楚老师首肯，那我就试试。

第二天严浩就把前言的草稿写好，想去征求楚雯的意见，刚要进展览室又退了出来。他找到周静问，小周，刚才我经过书画室，看到楚雯老师一边画画，一边掉眼泪，家里出了什么事了？周静说，看不出严老师也心细了。严浩说，我解读你的话，是不是说，老严也开始关心起别人来了？周静笑而不言，少顷，问，严老师，我想知道您和女儿的关系为什么那么僵？可以吗？严浩迟疑了一下，说，以后再说，我得去上课了。

上好课，严浩回到阅览室，他拿着一本杂志，在那里出神。有人在他眼前走过，他下意识地翻了一下杂志。他木然地坐在那里，苍老的眼角含着一滴泪水。周静问起他和女儿的关系，是触到了痛处。五年前，妻子临走时说，老严你把藏书捐献出去，我没有意见，房子能不能留给小雪？你不情愿我理解，可是就这么一个女儿，总得留点什么给女儿吧，哪怕给她五分之一，十分之一也行呀。

严浩总算答应了，但他知道，妻子是受了女儿的委托来要遗产的。他觉得女儿不应该这样，觉得自己的教育失败了。严浩是个大家庭出身的人，父辈有四个兄弟，家里有两处房产和一家纺织厂，算是很富有的家庭。可是爷爷刚死，几个兄弟就为遗产打得头破血流。父亲一气之下，心脏病发作，不久就去世了，所以，一提起遗产的事，他就像沉到黑黝黝的河底，感觉窒息。女儿暗示过几次，他都不表态，再后来索性谈也不谈了。他是一个脾气很倔的人，越是逼他，越是走极端，弄到后来父女几乎成了路人。

　　下午，周静正准备下班，严浩走过来说，小周，能不能让我去展览室里再看看，前言也许能写得好些。周静说，那好呀。说着陪严浩走进展览室。严浩在室内徜徉，不时近前仔细欣赏一幅墨竹，不时离远观望一幅水墨山水。严浩慢慢在室内走着，心里想着，这一幅幅画作，有的稚拙，有的灵巧，有的浓墨挥洒，有的气韵内敛；有些作品吐露出作者的寂寞，有的显示出她的迷茫。人到老年，在阅尽人生冷暖之后，其实，真正参透的就仅几个字，平静、淡泊、平安。面对人生的收官阶段，不管你富足还是贫穷，不管你功成名就还是碌碌平庸，洗尽铅华的时候，每个都该问问自己，在你的内心深处对人生了解多少？记得一位诗人曾这样说过，对生活，对我们周围一切的诗意理解，是童年时代上天给我们最伟大的馈赠。如果一个人在悠长而严肃的岁月中，没有失去这个馈赠，那他就是艺术家。严浩想把这段话写在前言里。也许楚雯还算不上什么艺术家，但就这个意义上说，难道还有怀疑的吗？

楚雯国画展正式在社区文化中心开幕。

文化中心书画社代表发言，我们的画友楚雯老师的个人画展，今天开幕了。这是我们书画社的光荣，我们表示衷心祝贺。祝画展成功，祝楚雯老师在今后的创作上更上一层楼。众人鼓掌。掌声中四个人抬着两个大花篮摆到了门前。"十五人团队"成员敲锣打鼓，也送来了花篮。楚雯高兴得频频点头。章强走到麦克风前说，我代表七里桥社区文化中心全体人员，向楚雯老师表示祝贺，楚雯老师的画有很高水平，能在我们这里展出，是我们文化中心的光荣，谢谢楚雯同志，谢谢大家。章强的致辞有了点水平，没有拖泥带水，没有废话。章强一挥手说，花篮抬上来！三个工作人员抬上来一个特大花篮，摆在会场中间。众人又是一阵热烈掌声。章强说，现在请楚雯讲几句话。楚雯慢慢说道，首先感谢各位来宾，感谢社区领导，感谢我的画友们。我的这个画展，水平不高，但对我来说，有这个小小的个人画展，已圆了我多年的梦，谢谢，再次谢谢各位。

门外几个工作人员在放鞭炮。有人过来问，啥事体，啥事体？啥人结婚在文化中心办酒呀？一个工作人员听了不高兴，说，给你老娘办酒。那人当然急了说，你哪能骂人？文化中心的一点文化也没有！工作人员说，就你有文化？写在脑门上。你在我们家门口闹事，我打110啊。那人说，110又哪能？派出所你家开的？两人唇枪舌剑，眼看就要动手，幸亏章强走了出来，风波才算平息。见文化中心的主任来了，有人问，听讲，里面开画展，哪里的画家？有名气吗？章强说，我们国画组的画家。那人嗤之以鼻说，业余的啊，没名气搞什么？众人一哄而散。

2

  郊区的外景地上,剧组在拍摄一组战争场面。场面宏大,参演的人员众多,把两个副导演和助理导演,忙得手脚不沾地。新星演艺公司的学员们参加了演出,把现场搅得更加一团糟。副导演几次跑到场边,对站在那里的郑杰和刘海燕抱怨说,哥们儿,你们这都是些什么料哇,要演技,一点也没有,一个个功架不错,指挥不动还不说,满嘴风凉话,都什么素质嘛。郑杰只好说,素质需要一点点培养嘛,我们的劳务费已经是拿的最低的啦。副导说,你们这帮孩子还不如那些老群众呢。人家在剧组里混个一两年,蛮拎得清,几句台词说得蛮溜。郑杰说,有的都成了油子了。我们的目的就是要改变这种现状嘛。副导说,你这远大目标跟我们有啥关系,我们要效率,一天几万开销呢。副导演还要说什么,那边导演喊他了。副导连忙赶了过去。郑杰和刘海燕对看了一眼,无可奈何地笑笑。

  现场那边乱成一锅粥,导演喊,准备拍2645镜,各部门注意了!副导演喊,烟火,烟火准备好,炸点标示清楚,千万不能伤着人啊;那位吊"威亚"的演员,注意安全;道具发枪;群众演员注意跑位,千万不能跑错位置,避开炸点。助理导演跑前跑后,一会安排饰演八路军的群众,一会安排演鬼子兵的,跑得满头大汗。副导演小跑着,指挥扮演日寇军官的群众演员走位置,经过郑杰前发牢骚,哥们儿,看见了吧,这是人干的活吗?郑杰笑笑作为回应。两个扮演日本兵的学员走过来,对刘海燕抱怨,刘老师,这哪是艺术实践呵,整天跑龙套嘛。郑杰说,哪个明星起步不是跑龙套啊。两个学员不服气地嘟哝着归队。导演那边大喊,准备拍啦,烟火、道具注意,演员们注意安全。副导演再次喊,主意爆炸点,演员们一定要注意安全,爆炸过后再冲!预备,开始。爆炸,火光冲天,浓烟滚滚,鬼子冲锋,中弹倒地,八路军反冲锋,场面惊心动魄……郑杰和刘海燕站在圈外。郑杰说,什么时候,我们也弄部片子拍拍。刘海燕说,公司都快玩不转了,还拍片呢。看看再说吧。郑杰说,怎么会呢?刘海燕说,昨天会计跟我说,这月又亏了。现场那边副导演喊,烟火准备炸点,准备拍第二条。第二条开始很顺利,一切按部就班,眼看就要结束,谁知一个扮演八路军排长的演艺学校学员不知怎么,昏头昏脑跑错了路线,当时,爆炸一个接着一个,那人躲闪不及,一块飞石狠狠砸在胳膊上,鲜血立即流了下来。所有人一时间都傻了,叫停已经来不及,现场大乱。

　　副导演哭丧着脸对郑杰说,看在老朋友面上,今天我全部吃进。不过,我们到此为止。

　　新星演艺公司一时断了财路,银行又来催债。郑杰没了方向,东借西借,刘海燕也使出浑身解数,也没有凑到几个钱。夜里,两个人躺在床上,连抱一抱的心情都没有了。走投无路之际,郑杰厚着脸皮打电话给上官云栋。谁知,银行已经打过几次电话给上官,提到担保的事,上官也正为这件事发愁。接到郑杰的电话,上官先声夺人说,郑杰,那笔借款可是我担保的,已经逾期几天了,得赶紧还上啊。郑杰撞枪口上了,无奈说,哥们儿,你放心,我会想办法的。上官云栋说,抓紧啊。银行那边也找过我了。上官云栋沮丧地坐在沙发上，桌上的电话又响了起来，上官云栋拎起电话，电话那头仍旧是郑杰的声音，哥们儿，还是我，刘海燕的意思是，我们能不能请银行的人吃顿饭，贷款请他们再延期一段时间。上官没好气地说，不行的。郑杰，这没用，想法子凑钱吧。郑杰无可奈何地说，好吧。

上官云栋走出大门，停在广场上的红色法拉利门开了，唐晓宁走出来，截住上官云栋说，喂，上官，怎么了？打你的手机也不接。赵姐的印象怎么样？上官说，那个赵婉呀？说不上什么印象。也许人蛮好的吧。唐晓宁说，什么时候见见面？上官说，过几天再说吧。我这几天蛮忙的。见唐晓宁赖着不走，说，实在抱歉，晓宁，这些天公司的事烦死人了。我蛮忙的。唐晓宁说，有什么烦心的，跟我说说，说不定能帮你。上官云栋说，工商银行，有认识的人吗？唐晓宁说，当然有。什么事？要贷款的话，说个数，包在我身上。上官云栋犹豫了一下说，随便问问，不是我借钱。唐晓宁仔细打量上官云栋说，真的？上官说，当然是真的。他的难处最终没有跟唐晓宁说。唐晓宁分手时说，赵婉的事再考虑考虑。

上官没有想到的是，郑杰却拐弯抹角找到唐晓宁，把他跟上官云栋的尴尬告诉了她，问她有没有帮忙的可能。唐晓宁十分热心，开着法拉利在上海滩上兜了一天，居然有了门路。她连着打了七八个电话，总算接通了上官云栋。上官云栋见唐晓宁连着打来电话，以为是为赵婉的事，装聋作哑不去接，被缠得没有办法，只好接听手机。手机里传来唐晓宁愤怒的声音，上官，怎么搞的，打你电话至少十个了，怎么总是不接？上官说，对不起对不起，手机充电，没办法。唐晓宁当然不信，还是忍住怒气说，放心，今天不谈赵姐的事，告诉你一个好消息，工商银行的江行长已经搞定。这两天大家吃个饭，什么问题都好解决啦……喂，你在听吗？上官丈二和尚摸不着头脑，问，什么什么，搞定什么？什么江行长？搞了半天，总算弄明白了。上官说，这个老郑，搞什么，去麻烦你。唐晓宁说，大家都是朋友，有困难，你不来找我，我对你还有意见呢。我跟云桦是老同学，别忘了。上官云栋只好说，谢谢你，辛苦你了。唐晓宁说，用不着谢。要谢，明天你请我和赵姐看电影。你赶快给那个姓郑的联系吧，让他安排饭局，我挂啦，再见。

陈侠新开张的"新世纪"商店处在黄金地段。

陈侠把一只中国结挂在门口。邵全林开车过来，下了车在门前打量片刻，才慢慢走进店里。邵全林说，什么时候开张？我得送只大花篮呀。陈侠说，已经开张了，邵先生买什么？

邵全林左右看了一下说，你呀，陈小姐，也太过分了吧，连个仪式也不要吗？陈侠说，我不是新开张，只是被迫拆迁而已。就像二婚，用得着敲锣打鼓鞭炮齐鸣吗？邵全林想了想说，有道理，有道理，可我们是生意人，图个吉利呵。陈侠说，吉利在自己心里，做生意就是做人，问心无愧地做事，老天就不会亏待你。邵全林想了一会说，就算是吧，实话说，我还从来没有这样想过。不过，我欣赏你说的。这时，几个穿着时尚的女孩吵吵嚷嚷地涌进小店。一个女孩问，新开张吗？陈侠生硬地回答，不是。另一个女孩问，打折吗？陈侠仍旧生硬地回答，不打。那个女孩撇了撇嘴，新开豆腐店也不打折？几个女孩嘀咕着走了。

　　这时，周静和冯爽走了进来。周静四处打量，赞道，嗯，真不错，像模像样……可缺少点什么呢……陈侠说，不错，缺点乡土气。周静说，你还惦记西塘湾购物街的那个小破店吧？陈侠深沉地说，那是我的老朋友，朋友总是老的好啊。周静说，说的好。说着在货架上翻来找去。陈侠说，手又痒了？说吧，想买什么，破例给你打折。周静拿起一只山寨的LV包说，今天也善待一下自己，就它吧。她停了停，又说，不过，别打折，你新开豆腐店，我还没送红包呢。陈侠大笑说，不是宰你，这包可是A货，价格不菲哪。周静说，算我还你老账出血一回。说着，挎着那只包，对着镜子转来转去，摆着各种POSE，然后对冯爽说，表姐，你不出点血？冯爽说，你拉我来，我还不晓得为啥？我要我们老程出血出到心疼。陈侠说，冯姐，手下留情啊。邵全林在一边笑个不停。

3

　　一家豪华餐厅，上官云桦和韩柯对饮。上官已经有些醉意说，哥们，你抢银行了，还是捡了皮夹子，上这么高级的餐馆？韩柯笑笑说，不瞒你说，我经常是吃你的，心里早就有些过意不去。今天我走了两幅大画，进账不少，特意表示一下心意。上官说，哥们之间何必计较这些。韩柯说，也对。交你这样朋友，是我的荣幸。说心里话，上官，这些天，我的画走得蛮好，价格上去一大截，是有贵人帮了我。活这么多年，总算活明白了。画家，作家，一切艺术家，三分才气，七分炒作。上官说，这个我不能同意。韩柯冷笑说，当然，老弟是正牌艺术家。可是，钞票你赚不过我。人活一世图什么？这你比我高尚。我嘛，就图钱，图日子过得舒服。前些天，我为卖画愁得睡不着，可转眼工夫，人家来求我的画作，恨不得跪下来求我卖画给他，这就是炒作的功效。对了，过几天，有个拍卖会。专拍我的作品，有时间请你过来赏光。上官说，我一定去。

两个人走出餐厅，韩柯得意地说，过几天的拍卖会上，我的画，价格要翻好几倍呢，晓得吧。前些天买我画的人，发了一笔。良性循环，他们就成了我的活广告。上官说，有这么神吗？韩柯拍拍上官肩头，欲言又止。上官忽然想到什么，问，韩柯，你真是东北汉子？韩柯微微一怔说，当然，货真价实。上官说，我怎么觉得你有时有江浙一带的口音？韩柯想了想说，也许在上海的时间长了。

临近下班，小悦带着两个人进来对上官云栋说，这两位是工商银行的，有事找你。银行工作人员甲说，您是上官云栋先生？上官云栋说，是我。那人从公文包里拿出一纸合同说，您是这份贷款合同的担保人吧？哦，这有您的担保合同，请过目。上官云栋说，用不着的，出了什么事了？银行工作人员乙说，借款人郑杰失踪了，他的公司也关门了。

上官云栋傻了。

笺记：

  章三思在小面店里吃饭。迎面墙上挂着一幅油画，画面不大,仅画了一个门楼。双扇门,油漆斑斑,紧闭着。章三四把面吃完,偶一抬头,竟看到画上的门,开了一道小缝。章三思刹那间出了一身冷汗。再仔细一看,门还是关着的。他连忙离开小店,到了门口,再回头看时,画上的那道门还是开着一道小缝。

第十九章

1

楚雯的画展,热热闹闹的开幕式一过,展览室平静如水,参观的人影找不着了。周静看见楚雯孤零零地坐在门口的椅子上,身旁一张小桌,桌上有摊开的签到簿,另一边还放着几只花篮,里面的鲜花开得正欢。但是室内只有那些画作相互对视,似乎在问,怎么回事?有什么问题吗?为什么没有人来看我们?周静有些不安,对楚雯说,楚老师,今天来看画的人多吗?楚雯叹息道,该来看的人,也许都来过了,可能人家不喜欢这些画吧。周静翻开签到簿,上面签的名字并不多。周静安慰楚雯说,不要紧,可能有些人还不知道。楚雯说,可能吧。希望这样。

中午,汪雁拿了两只盒饭进来,递给周静一只。汪雁说,发什么呆?吃饭吧。周静拿起盒饭,慢慢吃着,她没心思。她在生自己的气,想想也是,就像做生意,货进来了,却不知道什么人是买家。汪雁哪里知道周静的心思,说,又怎么啦了?周静说,楚雯老师的画展冷冷清清的,就她一个人孤零零地坐在门口。汪雁是个没有主意的人,只能不响。到了下班时间,周静看到楚雯仍旧坐在那里,展厅内还是没人。周静走过去说,楚老师,天不早了,回去吧,明天,明天会有人来的。楚雯叹了口气,起身收拾好签到簿和小桌子,周静帮着把花篮收好,抬进展览室。楚雯问,花篮还要吗?周静说,当然要。楚雯苦笑了一下,也把一只花篮搬进展厅。回到办公室,汪雁还在等她。汪雁问,还是没有人吗?周静点点头。汪雁说,那怎么办呀?要么,提前闭幕?周静看看汪雁,提前闭幕?刚开张一天就打烊,搞笑呀。

夜里,周静在床上辗转反侧,折腾了大半夜,终于想出一个救急办法。周静吃好早饭,问父亲,老爸,您今天去公园吗?周父说,天好就去。周静说,今天肯定是大晴天呀。爸,你去公园,我交给你一个任务,带着您那些票友,去我们文化中心参观国画展。周父不以为然说,我那群票友不懂国画。周静讨好地给父亲添了一个荷包蛋,说,就看怎么动员了。比如说,要想唱好国剧,就得懂点国画呀,艺术之间都可以互相借鉴之类呀,或者……周父看出女儿的小花招说,好啦,我去动员吧。周静撒娇地说,反正任务交给老爸啦,就看老爸表现啦,好,我走啦。周父追到门边问,几点开始呀?周静说,九点半。妈,你监督他呀。周母收拾桌上的餐具,不情愿说,哼,你们的事,我才不管。周静搂住母亲的脖子,撒娇地说,不管也得管,那我走了。

周静不但调动起自己的老爸,还把能动员起来的人都动员了起来。她跟小苏说,给你十个人的定额,你得找十个人来参观画展。小苏说,乖乖隆地咚,我上啥地方去找十个人呀,定额五个怎么样？要么七个？周静说，做生意呀，这也要讨价还价？看你的觉悟了。吴芳的定额是二十个，结果她找来近三十个人。章强自然是当仁不让，一个上午，章强几乎把电话打爆。此刻他正求助他的老战友，正在电话里嚷嚷，喂，我说老宋，这可是政治任务，无论如何，你给我弄三十个人来，来看国画，蛮有水平的。对，对，今天一定得来。不懂国画不要紧，多看看就懂了。就是真的看不懂，凑凑热闹也行。任务你一定给我完成。周静当然也不闲着，她给"十五人团队"打电话说，王芸，我们"十五人团队"，每个人负责组织两个人来看画展，让他们陆陆续续的来，别一窝蜂似的。

　　如此一番策划，文化中心展览室外走廊上，果然大有改观。周静站在远处望着展览室门口，见楚雯正和一个老者在谈着什么。老者随后在签到簿上签名。忽然，楼梯口一阵喧哗，只见周父带着十几个票友走来。周父招呼着，来，签到本上签个名。有人签名，有人径直走进去，遛了一圈，三分钟就出来了。有人说，真是看不懂。另一个人说，画得蛮好看，画画的有名气吗？另一个说，不晓得，回吧，任务完成了。《武家坡》那段我得好好练练。人们的对话楚雯听到了，她脸上掠过一丝不快。又来了四五个青年，王芸带头，走进展览室。两个小青年大致浏览了一下，就要走出去，王芸小声说，急什么？再看一会儿。两个小青年摇摇头，只好再看。楚雯看着这一幕，心绪大变。周静又想到陈侠，她在电话里说，你把那个新开豆腐店先放一放，到我这里来看国画，把你那些在舞厅里认识的朋友也带来……别管什么目的，来人就欢迎。

下午，又来了一批参观者，他们在展厅里叽叽喳喳地大声讲话。一个中年阿姨埋怨，老宋头也真是，叫我们来做啥，我又看不懂哇。另一个阿姨说，这叫国画，晓得吧？中国画跟西洋画不一样。另一个老伯伯说，这些虾倒画得不错，原来齐白石就是画虾画出名的……有人问，那他的虾值钱吗？老伯伯说，早死了。那人说，啥人早死了？这些虾本来就死的嘛。懂行的老伯伯说，你呀，不懂。不过，这位老画家画一辈子就这水平，也算数啦。忽然有人说，到点了，走吧。众人一下子全走了。展厅里霎时空无一人。

楚雯孤零零地站在展厅内。

城市的夜晚，下起了小雨，路灯照着闪闪发亮的路面，楼宇、街道、弄堂，处处反射出银丝般的闪光。虽是夏季，上海的雨天还是有些让人烦心。

清冷而湿润的小风从窗的缝隙吹了进来，楚雯的卧室透着丝丝潮意。窗外，雨声依稀，室内，灯光迷离。楚雯的床头柜上，摊开着女儿和丈夫的许多照片。她和衣躺在床上，日间那些人们在展览室内的议论不断响起，让她心冷。她企图不去想，她努力回忆女儿离开上海时的情景，却总是出现女儿小时候的身影；她想回忆丈夫童大威年轻时的样子，却出现丈夫下葬的情景。她终于回想起童大威年轻时的样子，回忆起他们的初恋。那是一个高大而帅气的小伙子，虽然看上去有些土头土脑，可温柔细心。记得第一次见面时，说话还有些口吃，可是他说起自己的工作时，却是滔滔不绝。他是搞野外勘探的，一次山洪夺走了这个年轻的生命。那时候，楚雯还很年轻，有人给她介绍朋友，她总是拿童大威做比较，一拖再拖，韶华易逝，她再也没有结婚。现在，也许自己就要跟老童在另一个世界见面了。楚雯老泪纵横，望着空荡荡的屋子。餐桌上的一杯咖啡完全没有动过，已经凉透凉透。旁边的一块面包，也只吃一两口。窗台上小花瓶里的一枝康乃馨却开得很鲜亮。外间的小座钟滴答滴答地响着，窗外的小雨，有节奏地拍打着玻璃窗……楚雯苍老的脸上，木然而沉静。她起身在衣橱里找出一件白地小碎花上衣，在镜子前试了又试。虽然显得有些瘦了，勉强还穿得下。她依稀记得，一次和童大威约会时就穿的这件。又拿出一串珍珠项链，穿戴好，还精心地化了妆。她做这一切的时候，就像第一次赴约会时那么精心。她在医药箱里拿出一瓶安眠药，吃了两片，喝了口水，犹豫片刻，又把瓶里剩下的药片全放进嘴里，然后平静地和衣上床，平躺在床上。

孤灯照着她，眼角滴下一颗泪珠。

周静赶到医院，楚雯已经抢救过来。郭晓雅告诉周静说，多亏了汪雁姐。

冥冥之中像是有一种意志佑护了楚雯。早上，汪雁买大饼油条时，忽然想到楚老师，她做了一件再平常不过的事，她多买了一份，送到楚雯家里。幸亏她的及时到来。

周静快步走到病房前，老师……她哭出了声音。楚雯慢慢睁开眼睛，细弱的声音，是你呵……孩子……周静忽然跪了下去，老师……阿姨，我，我对不起……可是，你为什么……周静脑子一片空白，不知自己在说些什么。楚雯看着周静说，孩子，不哭，不哭啊。周静说，老师，有什么事为什么不跟我说呢？楚雯说，有什么事呢，其实，没什么事啊。她说着看看站在床周围的汪雁、吴芳、齐玲几个说，真的没什么事，你们放心。停了一下又说，我想跟小周姑娘说句话。几个人退出之后，楚雯握着周静的手，轻轻说，孩子，我，我不对。可是，活着太难了，孤单哪，受不了了，受不了啊。周静眼睛模糊了，心怦怦地跳，她不知说什么，也说不出什么。过了好久好久说，老师，让女儿回来吧。女儿在美国也有不少年了吧。楚雯的目光更加暗淡，过了一会说，没有了，女儿没有了……孩子去洛杉矶的第二年就出了车祸，我一直瞒着大家，怕人家看不起啊。周静傻了，脑子空了，心好像不跳了。

病房内，一片宁静……

周静缓步走出医院大门，她拐向了一条幽静的小街。同来的王芸见她不声不响，闷头往前走，说，小周，公交车站在那边，方向错了啊。周静从沉思中醒过来说，啊，小王，你们先回去吧，我一个人随便走走。

轻风吹拂，行道树轻轻摇曳着枝头，阳光从树叶间隙投射到人行道上，洒下点点金光。林荫路两旁是居民住宅，有老式花园洋房，有新建的高档商品房。这一切是美好的。是的，生活是多么美好，可是我们又知道生活真的是怎样的？周静想，到现在，自己还是无法分辨。

2

新星演员培训公司实实在在地关门大吉了。公司铁栅栏上贴着一纸公告：本公司目前内部整顿，暂停业务，不日即重新运营，敬请谅解。有人看完布告，骂一声，放屁。有人说，骗人。这一套，在许多城市，许多公司门口都出现过。只是，面对这些年轻人，面对这些涉世未深的学子们，未免残酷了些。一个男青年骂骂咧咧地说，这对狗男女，拿我们哥们儿开涮。骗了钞票就开溜哇。另一个男青年把一只只啤酒瓶掷向大门，啤酒瓶炸裂开来，四处迸溅。人们哄闹着，咒骂着。几个民警过来维持秩序。一个警官说，同学们，大家散了吧，有什么诉求可以通过法律途径嘛。一个女青年说，律师费啥人出哇？有人说，法院是我家开的就好了。程荣宾从远处奔过来，拉住在人群中起哄的阿莹，把她拉到一旁。程压低声音说，你来做啥，唯恐天下不乱哇？阿莹说，一年的学费呢？打水漂啦？程荣宾说，在乎那点钞票吗？走吧，祖宗。阿莹随着程荣宾离开人群，发现了站在人群外的谢丽娜，特意走了过去，怪声怪气地说，谢小姐，老天不作美啊。白辛苦了。谢丽娜紧抿着嘴，望着阿莹离开。

　　离开新星演员培训公司门口，谢丽娜的心像是被人挖空了，不知道自己身在何处，更不知道该往哪里去。她的脚下轻飘飘的，漫无目的在路上游走。忽然她觉得自己来到了画家街。她清醒过来，不错，这是画家街。她不知道为什么来这里，不由自主地走进了红树画廊。上官云桦仍在修改赵婉的肖像画。谢丽娜悄悄走进来。上官云桦停下画笔说，你怎么又来了？谢丽娜站在那里，只是望着上官云桦，不声不响。上官云桦走近谢丽娜说，丽娜，我跟你说过了，我们不可以，你走吧，算我求你了行不行啊。谢丽娜倔强地说，不可以，为什么不可以？上官云桦说，你知道我是有朋友的。谢丽娜打断他，这有问题吗？不是分手了吗？上官说，我们没有。你走吧。谢丽娜叹息着说，那让我在这里待一会，就一会。上官看看她说，出什么事了吗？谢丽娜摇摇头，泪水几乎流了下来。接着，没有说什么就走了出去。

谢丽娜漫无目的地在路上徘徊，一滴泪水留在她的眼角。有辆助动车开过，几乎撞到她，她也浑然不知。车主开口大骂道，寻死啊。谢丽娜根本没有听见。她的脑袋里嗡嗡发出声响，像一群蜜蜂在飞舞。她对上官云桦的情感说不上是爱还是敬仰，或许是爱吧，因为她总是想着他，碰到愉快的事，或者遇到不开心的事，首先就会想到上官。但这也许不算爱情，她只是把他看成师长，是一个无所不能的后盾。像她这样的年纪，应该懂得什么是爱情了，可是她太过重视，反而似懂非懂。她在生活里"读到"的爱情，仅仅是字面上的，或者是几个小男生偶尔献的小殷勤。她不需要这个。她从书本上读到的只是一些作家的随笔。好像她记得一些这样的句子，爱一个人，原来就只是在冰箱里为他留一个苹果，并且等他归来；爱一个人，就是在寒冷的夜里，不断在他杯子里斟上刚沸的热水；爱一个人，就是喜欢两个人一起收尽桌上的残馔；爱一个人，就是把他的信藏在皮包里，一日拿出来看几回，笑几回，哭几回，痴想几回。不，不，这一切她都还没有完全想好。她知道上官有女朋友，但是她又想插进去，他们不是要分手了吗？然而，她又觉得自己这样做有些不道德。

几个骑跑车的男青年飞速地从她身边掠过。其中一个高个英气的小伙子回头望了她一眼。离开一段距离之后，那个青年又骑了回来。青年停在谢丽娜面前说，怎么了，小姑娘？需要帮忙吗？谢丽娜槽槽懂懂说，什么？你说什么？青年说，我说，你需要帮忙吗？谢丽娜横了那人一眼，别过头去。青年笑了说，别误会，我不是流氓，我没有不好的意思。有人欺负你了？我们几个兄弟给你打抱不平。谢丽娜回过神来，没好气地说，去，去，用不着你。你谁呀，蝙蝠侠呀？哈利·波特呀？青年诚恳地说，别发火嘛，用不着帮忙就算了。我是好心好意。可是别伤心，小姑娘，别落泪，别哭鼻子。生活充满了阳光，城市到处有欢乐。再说你又没老，发什么愁哪。假如生活欺骗了你，不要悲伤，不要着急，糟了，背不出了。这是俄罗斯作家写的诗。晓得吧？我老爸常念的，诗写得蛮好。谢丽娜抬眼看了看那人。泪水模糊的眼里，那个青年的面庞与上官云桦的脸几乎重叠起来……青年说，好啦，别伤心了。谢丽娜完全清醒过来说，你，你干吗？青年说，跟我们滑冰去吧。谢丽娜陡然拉下脸，大叫，走，你走。青年讨了个无趣，看了看停在不远处的伙伴们，吹着口哨离开了。远处的那些青年们发出一阵嬉笑……

3

　　阿莹躺在出租屋里，一天没有起来。喝了一瓶果汁，一口饭也没吃。小屋布置得精致而温馨。那是一年多前，她和程荣宾共同构筑了这个安乐窝。那时候，程荣宾的甜言蜜语搞得她昏头昏脑，畅想着冯爽被她挤走，自己取而代之。但是随着时间的推移，她慢慢明白，这是她的一厢情愿。起初的天真销蚀殆尽，周围小姐妹的影响，替代了她的原先的想法，回望过去，她觉得以往太傻，人活着不就是吃喝玩乐吗？今朝有酒今朝醉，有什么不对吗？

　　开始，她其实是爱程荣宾的，慢慢地她也就习惯了逢场作戏，后来，她有些恨这个只有几个钞票，没有情感的家伙。

在韩柯的画室里，韩柯正跟几个富婆谈论着他的大作。几个人都是唐晓宁和赵婉找来的，琳达忙前忙后地招呼着这些根本不懂画的"爱好者"。韩柯侃侃而谈，他说，创新是我们时代的主流，艺术的创新引领着整个世界的发展。各位姐姐可以到各大酒店，各种公共场所去看看，那里挂的油画是不是都是抽象的。随着摄影技术的高度发展，写实的东西越来越没有市场。对不对？诸位可能参加了我前两天举办的拍卖会，我的作品远远超出了那些平庸画家的所谓作品。所以，竞争力十分强。当然那次拍卖会，只是小试牛刀。过几天，还要举办一次全市规模的画展。到时候。敬请诸位光临。琳达说，韩老师，今天是不是卖给我们几幅画，我们怕到时候买不到了。韩柯显出为难的样子。

笔记：
　　林子里有几只小鸟，它们成天担心会有老鹰的入侵。一天，来了一只饿极了的狼。一只小鸟问，老鹰会到这里来吗？狼说，靠近些，你说什么，我听不清。小鸟飞下树枝，靠近狼的耳朵，正要说话，饿狼张开了血盆大口……

第二十章

1

晚上，周父把冯爽夫妻请过来一起吃夜饭。程荣宾举着红酒对周父说，来，姨夫，我敬你。周父说，喝酒可不能开车啊。程荣宾说，知道。姨夫放心，我们打车来的。冯爽说，那你们就干吧。周父忽然来兴致了说，小静，把柜子里那瓶好酒拿来。周静从柜子里拿出一瓶拉菲。程荣宾看看酒说，嚄，不便宜啊。说着，意味深长地看看冯爽。冯爽说，哪能，送姨夫两瓶好酒不应该呀？程荣宾说，应该，应该。周静有些讽刺地说，今天程总真给面子嘛。周母又从厨房端出一只热气腾腾的砂锅，放在程荣宾面前，荣宾，你好长时间没来了，家常菜，多吃点。程荣宾应酬地说，吃来吃去，还是家里的菜好吃啊。冯爽说，不过有的人呢，家里的菜吃多了就觉得腻了，然后，总想着去吃外面的野食，吃不好呢，就容易噎着。然后，吐又吐不掉，可就麻烦了。程荣宾脸上有些尴尬。周静用脚碰了碰表姐。饭桌上呈现出暂时的冷场。周母只好给这个夹菜，给那个夹菜，企图缓和气氛。程荣宾手机响了。他离开座位，走到窗前，听了对方几句，故意大声说，谢谢你，以后别打来了，告诉你，我不炒股，也不投资基金。周静明知故问，姐夫不是炒股吗？程荣宾认真地说，那些股票全是你表姐买的，行情这么差，我叫她少买少买，就是不听，你看现在全套牢了。冯爽说，我不是为了摊薄成本嘛。周父叹口气道，国内股市不成熟，谁进去，谁就被套，嘿，还真有死命往里冲的。程荣宾说，爽爽就是一个，叫套牢敢死队。冯爽横了丈夫一眼说，不炒股，有啥事好干，你说？程荣宾嘿嘿笑着，一拍脑门说，嚄，差点忘了，该我上场了。姨妈，我来烧个苹果拔丝，献献丑。说着匆匆走进厨房。冯爽趁机连忙拿起程荣宾的手机，不断翻看着。周静不屑地说，表姐，你累不累呀。冯爽叹口气，说，我还希望查不出什么纰漏来呢。这时，厨房来传来程荣宾的叫喊，爽爽，来帮帮忙……冯爽无可奈何地放下手机，走进厨房。饭桌前只剩下周静和她的父母。周静问父亲，爸，那个陆伯伯在你们那里怎么样？周父说，经常来唱唱，好像最近也很少犯病了。

吃过饭，周母收拾好餐具，拿到厨房去洗。冯爽也进去给姨妈帮忙，周父与程荣宾吸着烟。周静洗好水果拿到客厅里削皮，程荣宾悄悄问她，怎么搞的，听爽爽说，你跟上官掰了，是真的？周静低声说，是真的。程荣宾说，为什么？周静不响。程荣宾淡淡一笑说，你们之间的事，我不过问，不过，他哥哥最近碰上了大麻烦，你可晓得？周静说，不晓得。程荣宾悄悄说，他哥哥那个朋友郑杰，你应该认识的，几个月前，他跟一个女的合开了一家艺术公司，让上官作保向银行借了二百多万，那个姓郑的人间蒸发了，银行就找到了上官……周静大惊，半天才缓过气来问，是真的？当然。当然是真的，我敢摆你噱头？周静说，你听谁说的？程荣宾说，阿莹就在那家公司待过，我亲眼看到公司铁将军把门……这件事，你可别跟爽爽说啊，不然，她又没完没了的盘问。周静呆呆地坐在那里，程荣宾说了些什么，她都没有听进去，脑子里都是上官云桦垂头丧气的样子，她知道，上官兄弟感情超好，哥哥的事就是弟弟的事。

第二天，周静去找陈侠核实。陈侠点点头说，这是真的。老邵了解过了，银行也去过了。银行方面知道上官是代人受过，表示遗憾，但是桥归桥路归路，钱还是要还上的，不然要进征信记录的，要吃官司，麻烦可就大了。周静听了，半天不响。陈侠说，你心疼他了？周静撇撇嘴说，哼，我才不心疼他呢。白眼狼。陈侠说，上官要真是白眼狼就好了。可你跟我说过,他哥哥的事就是他的事。周静说,上官哥哥不止一次帮过他,他能开起画廊,还是哥哥的大力帮忙呢。眼前哥哥出了事,他能袖手旁观?陈侠点点头说,这我明白。可是……可是为啥你要帮上官?周静说,我不知道。所以才来找你商量嘛。我不是帮他,是帮他哥哥。陈侠笑了说,他哥哥跟你有啥搭界?实话实说,你想帮,还是不帮?周静说,想。陈侠一拍手说,对。不愧是我铁哥们儿。

从陈侠那里回来,周静不再犹豫。吃过夜饭,周静在五斗柜里翻找起来。周母过来问,静静,这里面没你的东西,翻什么呀?周静说,妈,您代我保管的那存折呢?外婆留给我的二十万。周母说,你找它干吗,那可是结婚派用场的啊。周静说,我有急用。周父从内室走出来,对周母说,快给静静吧,那钱又不是你的。周静顽皮地说,还是我老爸懂法律——个人财产不许侵犯!周母说,死小鬼,妈还不愿替你保管呢。

2

上官云桦接到唐晓宁打来的电话,才知道哥哥遇到了大麻烦。唐晓宁说,本来我给他们找了个关系,走了路子,可不知道为啥搞僵了,郑杰这赤佬只能玩失踪。上官听了如五雷轰顶,问,担保了多少?唐晓宁说,不算多,两百多万吧。哥哥的公司目前快要揭不开锅了,这样一来,不是雪上加霜吗?唐晓宁安慰他说,你也别太着急,总有办法的。我们见个面吧。

过了半个小时,唐晓宁来到一家小店。环视了一下说,这小破店,真难找。上官云桦说,喝什么?唐晓宁瞥瞥小桌说,跟你一样,红酒。上官云桦给唐晓宁斟上酒,自己默默喝着。唐晓宁骂道,姓郑的真不是东西,就这么溜了?一个烂摊子让你哥哥一人兜着。上官云桦说,没想到郑杰会……也许,他实在顶不住了。唐晓宁喝了一大口红酒说,你们呀,就是心太好。走吧,这店太破了,换个地方。上官云桦与唐晓宁走出小店。

唐晓宁开着车在浦东新区兜了一圈,两人进了一家高档酒吧。酒吧里,闷热而狂野,灯光迷离晃动,忽明忽暗,人影闪闪烁烁,每个人像是分开又合拢,合拢又分开。上官的酒劲上来了,感觉到心跳,感觉到恶心,他被唐晓宁拖着带着在舞池里游走。唐晓宁说,喂,打起精神。上官云桦强打起精神,可是脚下发软。他眼前金星四射,伴奏的乐队在晃动,晃动……他眼前的唐晓宁的脸也变了形……金星四射……金星放大着,放大着,眼前一片金光,什么也看不见了……

城市的早晨。一天的忙碌繁乱又开始了。

在红树画廊二楼,上官云桦和衣从铺着棉毯的地板上醒来,身边睡着唐晓宁。显然她为了照顾醉酒的上官云桦,已搞得筋疲力尽,此刻,还在呼呼大睡。上官云桦悄悄起身,轻手轻脚整理着画室。突然,他被人从背后拦腰抱住。上官云桦从镜子里看到了唐晓宁,他转过身,轻轻推开她,说,晓宁,对不起,昨天……昨天我大醉了。唐晓宁说,哼,好不容易才把你弄到画廊,还不谢谢我?上官说,谢谢。唐晓宁再次抱住上官云桦,上官云桦没有推开她……唐晓宁迷离的眼神望着上官云桦,娇嗔地说,云桦,昨天夜里我很幸福,做一个女人,能得到这些,没有到这世界白来。上官云桦愕然，他尽力回想昨夜究竟发生了什么，但他始终想不起来，只好带着歉意地说，晓宁，如果，如果昨夜我做了什么对不起你的事，一定请你原谅。唐晓宁莞尔一笑，弦外有音地说，好好想想，达令。说着搂紧了上官……

一个上午，上官云桦感觉心里很闷，就去了哥哥那里。上官云栋懒在床上，几只空啤酒瓶丢在地板上。上官云桦意外地看到哥哥的眼圈有些发黑，说，哥，你怎么了？上官云栋不答，走到床边的一把椅子上坐下，闷声不响。突然说，没什么意义了？上官云桦说，什么没意义？啊，你说？上官云栋说，开公司有什么意义。上官云桦说，你打拼几年得来的东西，就是一堆土，你也得保住它。知道吗？男人，这就是男人，得来的东西，就不能轻易放弃。上官云栋平静下来，看看弟弟苦笑着说，教训起哥哥来了。蛮好蛮好。上官云桦说，不就是二百多万吗？对我们小老百姓不是小数。我们能力有限不要紧，还有朋友吧。上官云栋支支吾吾，这种事，怎么好意思向朋友开口？上官云桦用力说，错，大错。关键时不伸援手的所谓朋友算得上朋友吗？你说。上官云桦缓和语气说，银行的钱，我们要还，重华公司必须保住，这是原则，不能退让。筹款的事，我们来想办法。哥，你的那块和田玉还在典当行呢。上官云栋一笑说，那东西赎不赎回都不要紧。上官云桦开始打电话，喂，喂，是老沙吗？上次你介绍的那位朋友……对，对，就是想买我那幅《水车》的那主，我没舍得卖，现在改主意了。如果对方还想要，我出让了。我急需现金，如果有什么买家，请介绍过来。放下电话，上官云桦又说，哥，我就奇怪了，你帮过的朋友，为什么不求助他们？上官云栋笑了笑说，不说这个……说你也不懂。他想了想，加重语气说，不过，有一点，别向老爸开口。不然，我不认你这个弟弟。

邵全林开着宝马，停在了陈侠新店门口，径直走了进去。邵全林环顾四周，满意地说，嗯，不错，又有所改进了。陈侠说，怎么？邀功请赏来了？邵全林说，别，别误会……我是来给老娘买、买个足浴盆，你这里有吗？陈侠说，有倒是有，可你要是来施舍的，我就不卖。

邵全林连连摆手说，不是，绝不是。我，我真有个老娘，特意给她老人家来买的，真的别误会。陈侠笑了说，好吧，就算你有老娘，说清楚，我这店公平交易，不打折。邵全林说，我不指望，给我看看货吧。挑好东西，伙计帮邵全林把货放进汽车后备厢。邵全林对送到门口的陈侠说，谢啦。陈侠说，我该谢你照顾我生意。她忽然想到什么，又问，胖子，你现在有什么事吗？邵全林说，送东西回家呀。陈侠说，你要是不回公司，那送我去购物街吧。

邵全林奇怪，有些口吃地说，购、购物街，那、那里拆光了，大小姐。陈侠说，就想去看看。

购物街已然是一片废墟。黄昏时分，那片残垣断壁越发显得凄凉。有几家店铺还没有完全拆光，昏黄的夕光，照在残砖碎瓦上，有一种苍凉的悲壮。陈侠望着这一切，想起刚来这里的情景，那时候这里有多么热闹，多么有生气。一家家店主彼此打着招呼，彼此打探对方的生意，产生着羡慕，妒忌，小小的钩心斗角，小小的阴谋诡计。这一切就像一阵风，吹过，吹没了，剩下了一些没有生命的破墙头。邵全林站在她身边，傻傻地看着。陈侠出神地望着一辆铲车在拆屋。陈侠想,那些破屋,那些碎石下的路,那一下雨就四处漏水、道路泥泞的购物街,就这么消失了。这倒霉的地方,常常叫我恶心,常常让我想骂它几句,可是,这里毕竟是我创业起步的地方,也许就像初恋吧,一旦失去,那种悲哀别人是不会理解的……陈侠出神地望着,泪水在眼里打转。那辆铲车正把一堵墙推倒,也许那堵墙正是陈侠小店的。看到这里,陈侠心里一紧,猛地扑在邵全林的怀里……邵全林反应不及,木木地站在那里。片刻,才拍了拍陈侠的肩头,喃喃说道,别,别难过了……我知道,知道你心里不好受……陈侠有些难为情,轻轻离开邵全林。刚才的举动,连她自己也觉得突兀,这个平时她觉得有些可笑的男人,为什么忽然成了自己的避风港?邵全林的谈吐,他吃饭发出的叫人不愉快的声音,他走路像一只大熊猫的样子,都曾经让陈侠觉得可笑,她从来没有把自己的命运跟这个人联系起来,尽管他帮助过自己,还会说一些笑话,但要是让自己和这个人谈朋友,似乎有点那个。然而,眼下,她难道不是把这个可笑的人当成一个知己吗?

3

莎士比亚在《哈姆雷特》里,有一句不大起眼的台词,"不向人借钱,也不借钱给人"。想不到几百年之后,这句话在我们中国,成了醒世名言。有人不听告诫,生活就给你点颜色看看。上官云栋此刻正在尝这种苦果。这几天,朋友们为他奔走,他自己更加忙得不亦乐乎。现在,上官云栋正在打电话,李兄……如果不行,借三十万也行……好吧,那我等你消息。再见。他长叹一口气,又拨通另一个电话,喂,孙总吗?我是重华公司的上官呵,那二十五万,请尽量……对,我不到山穷水尽的地步,决不会催债的,但是……好吧,还十五万也行,好吧。他放下电话,失望地站起身,走到窗前,凝望着窗外。唐晓宁敲敲门,走了进来。上官云栋转过身来。唐晓宁走到上官云栋面前,说,云栋哥,我想到一个人,她一定可以帮你。上官看定唐晓宁。唐晓宁说,我反复考虑了很久……能不能和赵姐结婚?上官意外地说,结婚?这,这太突然了,我从来没想过……唐晓宁说,你不是对赵婉有好感吗?上官说,可是结婚根本谈不上吧。唐晓宁说,别思前顾后了,我都是为你着想——如果和赵姐结婚,赵姐会帮你还那笔债务。两三百万对于赵姐说来算不了什么。这样就能保住你的公司了。上官说,可是,还债为什么要跟结婚拴在一起?唐晓宁一下子坐在沙发上,怒冲冲地盯着上官云栋看了半天,才说,喂,我说,你是真不懂,还是假不懂哇?赵姐拿出的两百万,怎么能够保障安全?上官云栋惊异地望着这个平时妩媚时尚的女人,支支吾吾地说,这,这么说,这是一笔交易?唐晓宁不耐烦地说,话别说得那么难听。正因为赵姐看得上你,才想到这么一个下策。不是再没有别的办法了吗?有很多人,婚前都要财产公证呢,我觉得这么做已经很够意思了。一听这话,上官云栋反倒镇静而清醒了,他说,小唐,从法律上说,这样做无可厚非,可是,从我的观念上说,这样做,我很不舒服。古人说,道不同不相与谋,这个话题到此为止。还债的事,我自己想法子。小唐,我还有事,今天不能陪你了。唐晓宁呆住了,冷笑了几声怒气冲冲地走了出去。

她走向停在停车场的红色法拉利,忽然,她看到了上官云栋的那辆破旧的桑塔纳,她又折返回身,朝着桑塔纳的车身猛踢了两脚,才走回法拉利,开了车扬长而去。

笺记:

方先生和妻子吵了一架,颓然走进公园,站在一棵老树下生闷气。忽然一对白发苍苍的两夫妻走近他,老伯伯对他说,夫妻是冤家,吵架免不了,可你不能把老婆打成这样吧。方先生浑身一冷,再看时,那对老夫妻已然不见。

第二十一章

1

上海的灯光,从高空望下去,犹如一串串珍珠。在黄浦江边看去,更是迷人。入夜之后,黄浦江边的高大建筑物被红红绿绿的灯光勾画得如梦如幻,那灯光构筑的梦境,在江水摇曳间,又画出更加神秘而优美的图画。江边的游人们,以"珍珠"绘就的背景拍照留影,女孩子们兴奋地摆出各种POSE,手指做出V字形。男孩子则做出恶行恶状的姿势,存心和姑娘们唱对台戏。

周静和陈侠呆坐在江边的一条石凳上,坐了很久很久。两个人都不想说话,唯恐对话干扰了那迷人的氛围。过了许久,陈侠问周静说,钱给他了?周静说,给了。他有什么反应?周静说,能有啥反应,发呆呗。陈侠说,感谢的话也没有说?周静说,来不及说吧,也许,反正我放下银行卡就走了。陈侠有些失望,过了片刻说,就没有说些别的?有没有和好的可能?周静说,不知道。

正如周静所说,她这次去见上官,过程很简单,时间也很短,周静见到上官的时候,他正在画室里煮咖啡,小桌上摆着现成的熟菜,兰花豆干、油爆虾、红肠,还有切片面包。这是他常用的晚餐。周静的出现,显然让他有些意外。他有些口吃说,是,是你,小静,你来了。周静说,咖啡快潽出来了。周静把一张银行卡和一张字条放在小桌上,平静地说,这上面写着密码,卡是你的名字,里面是二十万,你用吧。上官云桦如入迷雾,说,可、可为什么……这、这……周静说,不为什么,帮你一把是应该的。不是可怜,也不是赏赐,以后有了再还给我。上官云桦说,谢谢你,小静,可我、我们……周静说,希望你哥哥早日渡过难关。他的公司一定要保住,再见。周静说完,看也没看上官云桦,径直地走出画室。上官云桦呆呆地站在画室中央……

江上驶过来一条游船。船上灯火辉煌,远远望去,如同水晶一般。船上传来音乐和欢乐声。游船上的人们可能是在举办派对,甲板上人头攒动,舞曲如火,彩灯随着江水的波动有节奏地跳动着。

陈侠说,你就这样离开了?周静说,是呀,还要怎样呢。我不想跟他多说什么。陈侠凝望着黄浦江上的那艘快乐的游船说,这个世界啊,有多少欢乐也许就有多少忧愁,有多少忧愁也许就有多少欢乐。静静,我真搞不懂,你跟上官分分合合的,折腾什么呢?周静说,大侠,说真的,连我自己都有点糊涂了。也许是相处的时间长了,彼此的毛病暴露了,放大了?陈侠思忖良久说,也许吧。不过,还是那句老话,人无完人,既然两人相爱,那就全盘接受。不能像在市场上买苹果,光拣好的,烂的留给老板。周静几乎笑出声说,你这是什么比喻呀。陈侠说,我这是话糙理不糙。静静,你是聪明人,道理用不着我说,反正你们有了矛盾,当面谈,用不着像电视剧里似的,一点屁事,绕来绕去。这不是你的作风,也不是我大侠的作风。周静点点头说,你这激将法对我有点用,我考虑考虑。现在说说你吧。陈侠说,我有什么可说的。周静说,你跟那个姓邵的到什么程度了?陈侠说,找不到感觉。周静说,真的对他没兴趣?陈侠说,说不上来。周静说,是不是因为他太胖了?陈侠说,我是不太看重外表的,这你知道。周静说,那就有戏。陈侠说,我自己都不知道有没有戏,你就知道了?周静说,旁观者清嘛。陈侠说,难说。

周静爸爸的京剧票友们和文化中心的京剧小组联手,参加了全市京剧汇演,比赛结果竟得了第二名。这不仅让周静老爸的伙伴们没有想到,连章强也大大出乎意外。这个把文化中心的荣誉看作生命的老主任高兴得像个新女婿。这一天,周静正和小苏整理着书目,章强走进来,左看右看,周静问,主任,有事吗?章强说,没事,没事……小周,你爸爸的京剧班唱得有水平。小苏说,主任唱得也不错嘛。章强说,小苏,你也去看比赛啦?小苏说,当然喽,我们文化中心的大事,能不参加吗?章强说,有理,有理。章强迟疑了一下,又说,小周,你说,我们这次比赛得的第二名,有没有照顾的成分?周静说,全市范围的比赛,能照顾谁呀。为什么要照顾我们？是颜值高哇，还是钞票多？我们这是实至名归嘛。章强说，这话我要听。对，对，实至名归，实至名归。周静故意逗老头说，主任不是说重在参与吗？名次算什么。这句话触到了章强的软肋。比赛前，章强紧张得饭量也减了一半。为了给参赛者们打气，自己不但参加进来，还反复说重在参与，重在参与，名次算什么。周静的玩笑让他有些语塞，拔腿就要走。周静大笑说，主任，跟你开玩笑呢，别走哇。章强嘿嘿笑道，还有事，有点事。正说着，汪雁走进来，见章强在，欲言又止。章强说，小汪，做啥？鬼鬼祟祟的。汪雁说，人家见到主任有点紧张嘛。章强说，紧张啥？我又不是狮子老虎。小苏说，你那副冷面孔，别人见了吓丝丝。马孟就是吓跑的。章强严肃地问，真的吗？周静说，真的呀。我们在背后都这么说呢。章强清了清喉咙说，嗯，那，那应该改一改，在部队养成的习惯地方用不上。得改，得改。这么说，小马真的那么怕我？小苏说，就是嘛。章强歉疚地说，是我不好，对不起马孟。小周，你每天欢欢喜喜的，是怎么办到的？周静说，这里有窍门的。章强很认真地问，窍门？什么窍门？说给我听听。周静哈哈大笑，暂时保密，哈哈。章强说，这么说要收学费呀？过几天，我请你去吃一顿。周静说，好，好。其实，主任你已经入门了。章强说，什么入门了？周静说，主任，您笑起来还蛮好看的，蛮男人的。汪雁说，就是脸黑点。章强笑道，脸黑不要紧，老婆孩子都有了……行，行，我走了。章强走了出去。小苏吐吐舌头说，乖乖，主任今天态度大不一样嘛。周静说，其实，主任真是个大好人，就吃相难看点。汪雁这时才说，小周，陈侠来了，她在舞蹈教室等你呢。周静说，你木头哇，讲话慢三拍呀。

在文化中心舞蹈室，陈侠正在辅导几个学员练习四拍子的布鲁斯。邵全林也在其中。

陈侠一边讲解，一边拉过邵全林做着示范动作，邵全林动作笨拙，总是跟不上步子，陈侠无奈地说，哎，胖子，你除了会做生意，别的都不行呵。邵全林小声说，我也恨我自己呀，没办法。

周静和汪雁走了来。周静说，邵老板，欢迎欢迎。请你来，不容易。陈侠说，邵全林怕你骂他，不得不来。邵全林说，应该来，早就应该来。深受教育。你们文化中心办得真不错。周静说，为了尽地主之谊，中午我请邵老板吃饭。陈侠悄悄对邵全林说，你看着吧，看她请你吃什么。果然不出所料，中午，周静把几个人拉到肯德基快餐店。邵全林倒是好久好久没有吃这样的东西了，吃得津津有味。陈侠说，看你那点出息，垃圾食品就这种吃相。邵全林说，几年没吃炸鸡，味道蛮不错的哪。陈侠冷笑。周静看看他俩说，嘿，还没有怎样，就心疼起来了。陈侠说，我就晓得你为了省钞票。周静说，我晓得邵老板好久没有吃这种高级食品才来的。汪雁，你说是不是？在一旁一直不响的汪雁说，我不晓得。正说着，汪雁的手机响了，汪雁听完后说，你们慢慢吃，我得早走一步。陈侠一边吃着汉堡，一面意味深长地看着周静。周静打了陈侠一下说，死鬼，做啥这么看我？陈侠说，我看你像没事人似的，嘻嘻哈哈的，可半个汉堡也没吃，还在替人家担心吧。周静说，我担心啥人了？陈侠说，还有谁？上官云桦呗。周静说，我才不替他担心呢。陈侠说，言不由衷吧。邵全林在一旁笑了，我听你们两个的对话，蛮有劲的。陈侠瞪了邵全林一眼说，有劲什么？快把你的怪点子摆出来。周静奇怪地问，什么怪点子？陈侠说胖子别的本事没有，可肚子里的招数还真不少。邵全林说，主意先放一放，咖啡呢？咖啡没有呀？周静买来咖啡，邵全林喝了一口，不屑地说，这叫咖啡吗？简直是……陈侠说，得啦，大款爷，你诽谤人家的咖啡，小心跟你打官司。邵全林嬉笑，打住，打住，我说人家的咖啡怎么了？对商品做一个评价，并不违法，再说，我又没登广告，上广播，发博客。陈侠说，好啦，少废话，你说说，帮上官云栋的招数在哪里？邵全林严肃地说，我在想，授人以鱼不如授人以渔……我想，朋友们解囊相助是一种方法，那是授人予鱼的做法，再说，朋友借给你的钞票，要不要还？上官的为人之道，是要还的，这对他又是压力。周静点点头。陈侠说，那，怎么个渔法呢？就是带三点水的"渔"。邵全林说，方法很简单，就是我们去找钱，而不仅仅是掏腰包。陈侠说，说具体点。邵全林说，首先，我有些商场上的朋友，可以介绍给重华公司，增加些业务……还可以打打画廊的主意。周静说，的确简单。邵全林说，世界上的事，有时就是一层糊窗纸，一捅就破。周静说，你的主意不错，可是远水解不了近渴呀。陈侠也说，哎，理论归理论，不解决实际问题。邵全林犹豫半天说，必要时我先垫付一些，总可以了吧。陈侠说，别放空炮，说话当真？邵全林说，有小周在场，我会吹牛？陈侠看看邵全林，在他脸上抹了一下说，不容易，让你出血了。

2

别人为上官云栋着急，上官云栋也没闲着。此刻，他正在打电话,喂,孙总啊,我是重华公司的上官呀,昨天你说那十五万已经打到我账上了,可……什么?还要拖三天?哎,我等着急用,帮帮忙,请务必快一些,好,好,再见。上官云栋放下电话,长叹一口气。小悦走进来递上一封信。上官云栋问,小悦,凤凰公司的那笔款子,催得怎么样了?小悦说,他们只答应先付二十万,钱倒是到账了。上官云栋点点头,开始读信。信是郑杰写来的:

  云栋友,请允许我再称你一次朋友。我不配做你的朋友,我再也没有权利和信心正对你的眼睛。在你接到这封信的时候,你一定处于极端的困境中,我辜负了你对我的信任,我深对自己痛恨。每到夜深人静时,我常会对着镜子咒骂自己畜生不如。我没有理由原谅自己的劣行,但我又期望你能知道我的痛苦与忏悔。命运弄人,我鬼迷心窍,一直想着自己经营公司,可是,我失败了,一败涂地。终于把从银行贷来的钱全挥霍了。刘海燕见大势已去,便携带了二十万元不辞而别,逼得我也不得不成了一个逃兵。逃走的那一瞬,我曾想从十二层楼上一跳了之,但是向银行借的钱又怎么办?老友,不管你信不信我,我打定主意,在有生之年,我一定要还上这笔债,不管吃多少年苦,路途有多么艰难,现在我已经找到了工作,可以把身边的现金共十八万元,先寄还给你,我向你保证,我每天打两份工,只要积下一块钱,我都要积下来,陆续寄还给你。上官,我向你发誓,哪怕十年、二十年,我一定会把这些钱还到你的手里,我没有权利请求你相信,但我向老天发誓,我一定要做到,求你开恩,再相信我一次。对不起你的郑杰……

上官云栋把信放在办公桌上,沉思着,抚摸着那封信,往日郑杰那开朗的脸、那精干的做派,一一浮现出来……他相信这个朋友,他知道郑杰不是说假话。

在红树画廊二楼的画室,准备送展的那幅《窗前少女》,摆在画室中央。画幅很大,远远看上去,很是震撼。画前站着两位专业画家,他们是上官云桦的同学。一个赞道,上官,你这幅作品可以说是大有进步,色彩、构图、人物造型,几乎无可挑剔了。另一个说,喂,我说上官,这是你画的吗?你有这个水平吗?我看不大像嘛。上官云桦说,不是我画的,是你爷叔画的。那个同学说,又来了,又来这一套了。说着,开始追打上官云桦,上官云桦绕着画架逃跑。这时,谢丽娜走进画廊,两个画家一看,连忙摆出一副正人君子的样子。谢丽娜"扑哧"一笑说,打呀,接着打呀。我好久没有看打斗片了。打斗的一个画家看看谢丽娜说,看,画上的人物走下来了。另一画家更一本正经,说,画面上的少女,比真人还要典雅,上官啊,你这幅作品肯定可以入选今年的年度大展了。上官云桦说,希望这样吧。谢丽娜找个角落,坐了下来,开始翻阅画册。她时不时瞄瞄几个艺术家,有时淡淡笑笑,眉目间透出一些羡慕。见一位妙龄美女在场,三四十岁的画家们有些不自然了,语言也少了,一个个装模作样地围着那幅画左看右看。谢丽娜笑着说,你们这些艺术家,简直是老小孩,平时端着架子,其实都是做秀。两人尴尬地笑笑,先后找了借口告辞。上官云桦说,你看,把大家都吓跑了。谢丽娜说,我又不是老虎。上官说,干吗又来了,不是准备考戏剧学院吗？不在家好好准备。

谢丽娜说，考不考还没定呢。说着从包里拿出一个大纸袋，说，这十万，替我给你哥哥吧。

上官云桦连连推脱，不行，这绝对不行。谢丽娜说，怎么不行？是不是太少了？算我借给你的，无息贷款，有了再还我，总可以了吧？上官云桦说，不，那也不行，你还没工作，怎么……谢丽娜笑了说，别担心，不是找我爸妈要的。这是我在美国的姑妈给我的。我替她翻译过好多文章，算是工钱，我自己的钞票。上官云桦还在犹豫……谢丽娜放下钞票的纸袋，转身就走，边出门边说，只是请你转交，你没权利拒绝啊。过几天再来看你这家伙。上官云桦哭笑不得。送走谢丽娜，上官云桦坐在一幅风景画前发呆。那是一幅画幅不小的风景，画的是长白山雪景。白雪皑皑的山峦中，有一些树叶残存的白桦树。画面的色调清雅柔和，上官对它本来有些得意。看看已经接近完成，可是为了哥哥的事，为了谢丽娜，他画画的兴致大打折扣。他呆呆地看着那幅画，一时间，忽然觉得画上的色调似乎也没有那么迷人了。他开了窗，望着渐入黄昏的街景。俯瞰画家街，此刻的街上，几家画廊已经打烊，有些画廊虽然亮起灯光，那灯火也是惨惨淡淡，没有生气，像个体弱多病的老人，无力，无助，无可奈何。

喝得醉醺醺的韩柯晃进来，看着屋子中央的那幅大画，愣了一下说，精彩，非常精彩。老弟，我、我服你了。上官说，怎么又喝成这样？韩柯说，无聊啊，不喝酒干吗？上官，你说也怪，前些天，我想钱快想疯了，现在有了钱又觉得心里没着落。我是不是脑子有病了。上官笑笑说，人嘛，也许就是这样。韩柯抚摸着那幅大画的画框嘟嘟囔囔道，我赶不上你，老弟，我完了，也许从一开始就完了。拜拜吧。摇着手又晃了出去。

3

赵婉打了一天电话也没有联系上唐晓宁。三百万元已经划到唐晓宁的账上，说是一个星期以后，电视台黄金时段播出她的广告。可是十几天过去了，无声无息。赵婉傻了。

笺记：
  张某戽了一车西瓜往家走，天擦黑，走了一身汗，便蹲在路边休息，不知不觉打了个瞌睡。醒来，觉得道路有了变化，没有方向了。他心里发急，像没头苍蝇似的四处乱撞，东也不是，西也不是，朝南的路也不像，回家的十里路，不知走了多长时间。到家已经后半夜了。

第二十二章

1

早上，周静骑着自行车，经过陆菊芬的报亭。陆正背着窗口整理书刊。陆菊芬说，小周。上班去呀？周静说，买份《人物周刊》。菊芬姐，这么早就出摊呀？陆菊芬边把杂志递给周静，边说，早上生意好，很多上班族，都是路上买份报纸什么的。周静说，陆伯伯好吧？陆菊芬说，我爸这些天像换了个人，用不着看着他，还能帮着弄早饭，带宝宝。周静说，小祥祥好吗？陆菊芬说，宝宝蛮好。你们志愿者团队的齐玲、郭晓雅几个经常来，跟宝宝玩，教他画图，宝宝好像懂了很多事。周静说，那太好了。让陆老伯多出来走走。多去去公园的京剧小组，对身体对精神都有好处。陆菊芬正给周静找零，周静趁陆菊芬不注意，掏出二百元悄悄放到小桌上，急速离开了。陆菊芬发现了钞票，拿起来，周静却已经骑车远去了。陆菊芬呆呆地站在报亭前，眼里有些湿润。陆世雄这时带着小祥祥从弄堂里走了出来，说，我带宝宝去公园唱戏啦。

  公园的门口，有两个女孩子在画水彩写生。两个漂亮、阳光的姑娘大约是美术学院的学生，一边画，一边谈论着老师们的一些糗事，时不时地尖声大笑。水泼洒在画纸上也不去顾及。陆世雄带着祥祥走过去问，这是水彩画吧。苗条的姑娘说，没错。陆世雄又说，画得不错。姑娘说，是不是蛮好的？有点水平吧？另一个姑娘说，你这家伙一点也不谦虚。苗条姑娘说，做啥谦虚？画得好，开心嘛。陆世雄笑笑说，你们这些孩子实事求是，实事求是，蛮好蛮好。以前有个画水彩画的叫颜文梁的，晓得吧？苗条姑娘笑着说，晓得晓得，那是我们老师的老师了。陆世雄说，颜先生画得很不错。苗条姑娘说，讲不定没有我画得好呢。她的同学说，你家伙真不晓得天高地厚了。陆世雄笑着说，玩笑了，玩笑了。正谈笑间，陆世雄忽然想到外孙，转身一看，糟糕，小祥祥不见了。陆世雄大喊，祥祥。小祥祥。苗条姑娘问，找那个小孩？陆世雄说，是我的外孙子，怎么一眨眼就不见了呢。苗条姑娘指着不远处的花丛说，别急，小孩好像去那边了。我们帮你找去。两个姑娘匆匆收拾好画具，帮助陆世雄去找祥祥。他们转到花丛后面，正在寻找，却见郭晓雅抱着小祥祥迎面走来。陆世雄一块石头落地，也没有心思去唱戏了，谢过画画的女孩和郭晓雅，连忙往家里走。说来也巧，早晨，郭晓雅去楚雯那里送报纸，往回走时，看见一个小孩在花丛边来回走动，像是小祥祥的样子，为什么孩子身边没人照顾呢？郭晓雅快步走过去，果然是小祥祥。祥祥看到郭晓雅，扑上前要晓雅抱。事后，陆菊芬知道了这件事，说也不是，骂也不行，只能好言相劝。陆世雄知道自己犯了大错，好几天闷声不响。

周静下班回家，见父亲和程荣宾正在厅里下棋。厨房里，母亲和冯爽正在准备晚饭。客厅沙发旁的茶几上放着一个生日蛋糕，一个新烛台上燃着红烛。周静和父亲打过招呼，又说，程总，又到我家来蹭饭啦？程荣宾嘿嘿一笑说，今天是姨父的生日，来祝寿的嘛。周同志，我想问问你，你晓得爸妈的生日吗？周静说，当然。程荣宾有些不信，只是笑笑。周父对程荣宾说，别理她。该你走棋了。周静到厨房里跟母亲和表姐打过招呼，又回到客厅，坐在程荣宾身边说，程总，你这水平，也就是跟我老爸下，来，我给你支几招。周父笑道，死小鬼，你一句话骂两个人呀，你老爸我就没水平啦？周静说，嘿，老爸，别人不晓得，我还不晓得你那几招棋……喂，程总，还不快支士，要被将死啦。说着伸手帮程荣宾走了一步棋。周父的战法被女儿化解，有点不快地说，河边无青草，不要多嘴驴呀。周静笑道，老爸输不起，讲话都不文明了。周父说，反正观棋不语，才是真君子呢。周静说，这句话还文明。说着推开了程荣宾，自己开始跟周父过招。周父笑着对程荣宾说，你看看，怎么样？她给你支招，目的清楚了吧，这叫篡权，阴谋篡权。程荣宾嘿嘿一笑，让贤，让贤。周静和周父继续下棋，不料，没走几步，却被父亲"将"死了，周静想悔棋。周父捂着棋盘，连连说，落子不悔，落子不悔。程荣宾在一旁也说，认输吧，我看你这军师也不怎么样。周静说，主要是你这盘棋的基础没打好，开局太臭。重来，重来。周静和父亲摆着棋子。周父说，先讲好，可不许悔棋呀。周静笑道，今天是你老爸生日，我能不让你吗？周父佯装生气，煮烂的鸭子——就剩一个嘴硬。我，当头炮。两人开始布局。走了几步，周静站起身说，程总，还是你下吧，我老爸就能赢你，今天让他开心开心，谁叫他今天生日呢。周父笑着说，这死小鬼，谁也讲不过她。周父和程荣宾继续下棋。周静注意到新烛台说，还买了新蜡烛台。周父说，是你表姐买来的，她说要搞点气氛。周静摆弄了一下烛台，又去摆弄果盆，把水果重新放过。冯爽正帮周母在厨房里烧菜。周母瞥瞥客厅对冯爽说，你说这小鬼，成天没心没肺的，自己的事一点不上心。冯爽说，她跟上官还没有和好呀？周母说，看样子没有，这几天上官两字也不提了。冯爽说，听说，上官哥哥的公司要关门了。上官也被牵扯得七荤八素。周母问，公司出啥大事啦？小静也没有提过。冯爽说，听说是他叫朋友骗了几百万哪，银行追着找他还钱。周母说，怪不得……怪不得小静把外婆给她的钞票全拿了出来，准是去帮上官了。冯爽说，姨妈，这么说，静静跟上官还有戏。周母不解地问，有啥戏呢？冯爽笑而不答。周静走进厨房说，两个人搞什么阴谋呢？嘀嘀咕咕的。冯爽说，在议论你呢。怎么样，打算宅一辈子啦？周静说，那可说不准。周母说，什么叫说不准？再找不着，妈赶你出去。上官那里就这么算了？周静说，当然就这么算了。正说着，程荣宾走进厨房，捋着袖子说，今天我再烧个苹果拔丝，上回糖放少了，烧焦了。周静说，程总，你就算了吧，我家厨房又不是你厨艺的试验场！程荣宾说，这次一定成功。冯爽说，反正那几只苹果由他糟蹋吧。怎么不下棋了？周静笑道，还用问，准是大败而归呗。程荣宾喃喃道，三局两胜，我还胜姨父一盘呢。周静哈哈大笑。程荣宾开始做他的苹果拔丝，周静和冯爽开始摆餐桌。

  桌上摆满了菜，周母似乎还不满意，说，有只北京烤鸭才好。去新雅酒楼定，人家讲去晚了。冯爽说，已经蛮好，烤鸭不烤鸭有啥啦。我来点蜡烛吧。周静说，再等等。冯爽刚要问什么，有人敲门。来的客人是宋家姆妈。她打扮得山青水绿，看上去年轻了十来岁。手里拎了一只很大的蛋糕盒子。宋家姆妈跑得满脸通红说，难为情，难为情。来晚了，跑了半条淮海路，才买到像样一点的蛋糕。冯爽夫妻第一次跟宋家姆妈见面，周静做了介绍。冯爽嘴甜，说，早就听静静说起，我看宋家姆妈哪里像六十的人呀，看上去最多比我大个两三岁，然后，说是我姐姐，没有不信的。宋家姆妈高兴地说，哪里哟，退回二十年，说是爽爽姑娘的阿姐还差不多。周静边点蜡烛，边对程荣宾说，宋家姆妈是我请来的贵客，今天你少喝点，别发酒疯啊。程荣宾说，自然，自然。

  新烛台上的蜡烛熠熠生辉，家庭的晚饭，自有家庭的温馨。周父给宋家姆妈斟酒。宋家姆妈说，不敢当，我喝不来的。周母说，走亲眷，哪里有不喝酒的，少一点。周父又给程荣宾斟酒，叮嘱问，今天不开车吧？程荣宾说，特地打车过来，就是想跟姨父一醉方休。周父说，好，好，一醉方休。周母说，还是少喝点，留点肚子一会儿吃蛋糕呢。周静说，对，好久没有吃蛋糕啦。我要吃干妈拿来的蛋糕。众人举杯。程荣宾和冯爽齐声说，祝姨父生日快乐，健康长寿。周静举杯说，祝老爸身体健康，生日开心再开心。也祝干妈开心。冯爽对周母说，姨妈您也说两句祝贺的话呀。周母说，我，就免了吧。那么，祝他多做点家务。冯爽大叫，这叫神马祝贺呀。不行，姨父姨妈拥抱一个。宋家姆妈笑得合不拢嘴。周静和程荣宾也说，对，对。冯爽说，喝交杯酒。周母佯骂，爽爽个死小鬼，没好主意。正说着，周父竟然走上去和老伴拥抱了一下。众人拍手，随即大家坐下来吃饭。程荣宾说，小静，给大家讲个笑话。周静站起来说，今天笑话不讲了，我来切蛋糕吧。周母趁机对冯爽说，小静谈朋友的事，一点不放心上，有什么合适的小伙子跟姨妈留心着点。冯爽说，我这里有啥好人？小静看不上的。荣宾，你那里有合适的吗？程荣宾尴尬地笑笑说，嘿，我这里……都是下脚料。冯爽想了想又说，我看，还是让小静跟上官和好吧。周母说，上官确实是不错的孩子，可惜……冯爽问，可惜什么？周母说，上官长得好，找他的女孩子就多。冯爽笑了笑说，上官呀，聪明面孔笨肚肠。这事包在我身上，让他们破镜重圆。周静端着插好蜡烛的蛋糕走过来说，表姐，点蜡烛。冯爽点好蜡烛，说，姨父，许个心愿。周父笑笑说，希望你们全都好。冯爽不依，太笼统，重新来。周父说，希望小静早点出嫁。冯爽、程荣宾拍手，冯爽笑道，这还差不多。小静，加油。周静笑骂，滚。冯爽说，蛋糕吃完了，再滚行不行？周静说，不行，要滚就快点。冯爽笑道，那，我就不滚了，我还要跟宋家姆妈说说话呢。然后，我还要跟姨妈商量给你做媒的事呢。周静说，吓！啥人叫你做媒，你给自己做媒吧。程荣宾笑着说，那我就掼包袱啦！冯爽横了程了一眼说，说的倒是心里话。程荣宾向周母求援说，姨妈，你看爽爽，又来了。周母看看程荣宾，又看看冯爽，无奈地说，你们呀，真是冤家。周静在一旁笑着说，他们今天还没吵过哪，吵一吵吧，热闹一点。程荣宾指着周静，对周父说，这小鬼，唯恐天下不乱！战争贩子。周父笑着说，你们少理她。又对宋家姆妈说，她是人来疯。宋家姆妈说，我就欢喜小静这个样子。周静想起什么说，老爸，你们那些票友好久没有来我们文化中心了。周父说，你们的京剧小组和我们总弹不到一根弦上，大家觉得没劲。周静说，本来你们合作得蛮好嘛，多走动走动，不就弹到一根弦上了。这样吧，过两天，我们有个讲座，你们老伯伯老妈妈都来听听。周父问，什么题目？周静说，严浩老师讲《梦说〈红楼梦〉》。周父说，嗯，也许有点意思，我跟几个老头说说。周静又对宋家姆妈说，干妈，你也来听听。

2

在文化中心书画室里，楚雯正在画一幅墨竹。看上去，她近日消瘦了许多，精神状态当然也有些不如从前。周静、汪雁陪上官云栋走进来。周静说，楚老师，我带来一位艺术经纪人。楚雯放下画笔说，欢迎，欢迎。其他三位业余画家也围拢过来。一老年业余画家说，我们都是业余的，请专家指导指导。上官云栋说，画画我是外行,我只是想把诸位的作品推介出去。上官云栋的重华公司虽然经营得不大好,但是几年下来,却广交人脉,有了一些知心朋友。有位艺术经纪人生意做得不错,听说上官遇到困难,主动找上门来。和上官云栋谈下来,知道文化中心还有这样一些功底可以的业余画家,就想与上官合作,既帮了朋友,又有了经济效益。上官云栋说明来意,楚雯说,我们都是业余爱好,画画玩玩的。上官云栋指着楚雯的墨竹,赞道,我不画国画,但好坏多少懂些,看上去,老师的画水平蛮高的。周静说,前几天,国画院的几位老师来看过,也说楚老师的画蛮有水平哪。楚雯说,那是过奖了。一位老者把上官云栋拉到自己的画前,让上官指点。周静趁机悄声对楚雯说,老师,最近还好吧?我有好几天没去看你了。楚雯说,我蛮好,你不用费心了,王芸、李凯、郭晓玲他们几个经常来的。周静说,星期天,我陪您去公园散散心,这次,可不许推脱啦。楚雯说好。

上官云栋、周静、汪雁走了出书画室。上官云栋说,你们这里有没有画西洋画的活动?周静说,还没有。没人画西洋画,也没有人教呀。上官云栋说,如果办一个少年学画班怎么样?周静说,当然好,可老师呢?上官云栋说,远在天边,近在眼前呀。云桦不能来教吗?周静没有立即回答,想了想说,我去问问主任,大概没有问题吧。周静把上官云栋的建议向章强做了汇报,章强当然十分高兴。

第二天,上官云栋就把上官云桦拉来报到。上官云桦巴不得来文化中心呢。这天,章强特意穿了西装,打上领带,恭候上官兄弟。小苏见了说,主任,今天有外事活动?没有呀。市里来参观?

没有。小苏说，去喝喜酒？章强说，瞎扯什么？小苏说，那为什么西装革履的？章强说，我这老土就不许穿个西装？小苏说，许呀，可还系着领带呢。章强说，给你一巴掌。今天我高兴。知道不？小苏吐吐舌头，溜了。

　　章强热情地接待上官兄弟说，太好了，上官先生，能协助我们文化中心工作，实在太感谢了。上官云栋说，应该的。上官云桦说，不过，我还有个小小要求。章强和吴芳有点意外。章强有些紧张地说，那，那你说。上官云桦说，我希望，在绘画班上，能招收几个农民工子弟。章强大喜道，想得好，想得好。我完全支持。

　　几个人又来到一间空旷的大屋子。吴芳说，以前这里一直当仓库派用场，能做画室就太好了！上官云桦四处打量，然后说，现在这样还不行，得改造改造。吴芳说，你提个方案，我们找人来做。上官云桦说，墙壁要涂成灰色，不能太深，也不能太浅，画素描是有严格要求的，另外，采光也得重新弄一弄……这样吧，我开个材料单你们今天去买材料，施工由我自己来，明天下午我就过来。吴芳说，好，我们有两个志愿者来做你的下手。小周你来做协调员。缺些什么，需要些什么，跟我说。周静说，我不管。章强一愣说，小周，你怎么……周静说，上官先生的事，我管不了，干别的可以。打下手也可以，协调不行。章强与吴芳对视了一下，双方都没有从对方眼睛里找到答案。

　　上官走后，章强说，小周呀，你这男朋友真不错，事先我怎么一点都不知道呢？周静说，他不是我男朋友。章强说，奇怪呀，他怎么说是呢。周静说，以前是。那么现在？吹了。为什么？不为什么。章强摸不着头脑,自语道,今天这些小青年,吃不准,都怎么想的呢。

周父的那些京剧票友,听说文化中心有教授级的专家开讲《红楼梦》,大家来了兴趣,决定听一听。礼堂台上,放着一张小桌和一把椅子,台下坐满了听众。其中,周父和他的票友们都在,陆世雄和他的女儿陆菊芬也在座。

在前排还坐着章强和他的战友老宋。周静走到台中央宣布,各位来宾,欢迎大家今天参加我们文化中心举办的第十二期"专家名家讲座"。前两期,主要讲的是养生和健康知识。有人提意见说,我们健康是为了什么,不是为了有质量的生活吗?我们应该增加一些精神食粮。所以,今天我们特地邀请到原《华报》编辑严浩老师。严老师在我们文化中心举办了中小学生记者培训班,在上月初全市举办的中小学生作文大赛中,这个培训班的小学员获得一个第一名,三个第二名,并有一个同学获得特别奖。在这里,我们表示深深的感谢,现在,有请严浩老师。严浩走到台中央,与周静握了一下手,才走到小桌前坐下。严浩说,各位来宾,谢谢你们在百忙之中,来听我的怪论。我今天演讲的题目是《梦说〈红楼梦〉》。先说一说小说《红楼梦》中出场极少,但给人印象颇深的人物。这其中,我们可以举出,在元宵节,带着甄士隐女儿英莲去看社火花灯,结果把英莲丢失的仆人霍启。这个人出场不多,他的最大贡献是闯祸,把英莲丢了。另一人物更令人难忘,那就是焦大其人。这个人倚老卖老,居功自傲,不知天高地厚,把贾府见不得人的老底翻了出来,结果,被人塞了一嘴马粪。鲁迅先生提及这一段,在他的文章中提到，贾府的公子哥大约不会体会北京拣煤核老婆子的辛酸，焦大也不会爱上林妹妹的……说到这里，严浩微微一怔，停住了演讲。因为，有两个人走进了会场，一个是他的女儿严小雪，另一个是女儿带着一个有残疾的十来岁的男孩。两人的到来，使严浩本来流利的讲话，变得不十分流畅。他继续说，焦大，焦大这个人物，出场不多，但是焦大却道出了贾府的不少秘密……他说到这里又停了一下，并且不由自主地朝严小雪方向瞥了一眼。这些微小的动作，被周静看到，她也向严小雪那边看了看。严浩继续说，焦大是贾家的忠仆，而且是他们祖上的救命恩人，他出场极少，但是很重要……说到这里，严浩喝了一口水，努力镇定了一下自己情绪。周静关注着这一切，终于走上去与严浩耳语了几句，然后说，实在对不起，严老师突然不大舒服，讲座改日再举行。对不起大家。

　　严小雪走出大门，周静紧紧追了上来。周静叫住严小雪。周静说，小雪姐，欢迎你来。可是，干吗又中途离开呀？严小雪犹豫半天，说，小周同志，其实……我，我是来找你的……我早就想跟你说明那件事，可一直没有勇气。我知道，经过你的努力，爸爸同意见我老公了，可是，现在不行了。哪怕早一两个月也好啊。周静奇怪地说，为什么早两个月可以，而现在就不行了呢？严小雪叹息道，这，也许就是命啊。周静说，我更糊涂了。严小雪说，如果你有时间，能到我家去吗？

　　周静跟严小雪到了她家，严小雪推开房门说，实在对不起，早就该请你来的。这是一间老式的客堂间。他们进来，只见里面空无一人。周静正诧异，严小雪小声说，求你站在这别动。说着，她走到另一扇门边，把门打开，于是，周静看到里间屋内的床上躺着一个人。严小雪重新关上门，走到周静跟前，小声说，这就是我老公。半月前他瘫痪了。医生说，重新站起来的可能性，只有百分之十……这样，我怎么带他去见我老爸？周静痛苦地点点头，她感到无法安慰这个看上去文雅美丽的中年女性。她根本没有想到，这个讲话细声细气，穿戴干干净净，行为雅静的女人，家庭生活竟然会是这样：一个残疾的儿子，一个瘫痪在床的丈夫，而她只有几千元的工资收入。沉默了好一阵，周静问，你的情况，爸爸晓得吗？严小雪说，知道的不多，他只晓得我儿子有点小毛病。周静又说，那你丈夫的情况呢？严小雪说，从来没有说起过。我先生一向蛮好，想不到半个月前突然发病，还是那次工伤的后果。周静从范阿姨那里知道，当初，严浩和女儿关系搞僵，就是因为女儿的婚姻。小雪和她的丈夫都是化工厂的职工，一次事故，小雪现在的丈夫因为保护小雪而受了重伤。后来虽然痊愈，可医生说，因为神经系统受到较大创伤，恐怕有后遗症。严浩坚决反对这桩婚姻，小雪却非他不嫁。结果小雪生下个残疾儿子。严浩本想与女儿和好，不料小雪提出了遗产的过分要求，这激怒了严浩，从此父女两三年形同路人。最近一些天，在周静和"十五人团队"的努力下，严浩终于同意见见小雪夫妻，想不到，竟是这样的境况。

在文化中心那间空旷的大房子内，上官云桦戴着一顶报纸做的帽子在刷墙壁，屋内弄得到处都是灰水。周静、王芸和李凯走了进来。周静看到上官云桦脸上弄得全是灰泥，不禁大笑。上官云桦只顾粉墙，头也不抬，说，出去，出去。王芸说，我们是来帮忙的。上官抬头，看到周静她们，忙说，对不起，对不起，小，周静，我来得早，没有跟你们招呼。周静不响，上官有些尴尬，说，现在还没有什么事，要不，你们先休息一下。王芸笑道，还没有干活就休息，大画家，你快派工吧。上官看看周静，周静还是不响。

上官云桦看看李凯说，小伙子，你留下帮忙吧。王芸说，喂，喂，你可有点性别歧视呵。

李凯说，女士们，请出吧，我们干活啦。说着，抄起一根长柄刷用力往灰桶里一放，一不小心，把灰桶碰翻，灰水洒了一地，李凯连忙扶正灰桶，但灰水已流掉不少。李凯十分尴尬，用手抹了抹脸，脸成了个大花脸。众人大笑。周静也淡淡地笑了笑。上官云桦说，这小伙子，比我还笨呵。李凯嘿嘿笑笑。王芸也笑了笑。周静不响，抄起灰刷开始刷墙，理也不理上官。大家闷声不响地干活，气氛显得很尴尬。王芸为了缓和气氛说，小周，讲一个笑话吧。周静生硬地说，刷你的墙。上官不响。

3

唐晓宁的赌运不佳。世界杯期间，她在地下赌场赌球，连连吃瘪，尤其是关键的几场比赛，她都下了大注，结果一败涂地。赵婉打给她的三百万元，所剩无几。没法跟赵婉交代，只能玩消失。唐晓宁本不想把三百万独吞，只想从中赚个差价。等待有了机会，玩玩大的。不想，因小失大，丢掉了这个财神爷。想来想去，她还是给赵婉打了电话，挽回局面。前两天的失联，理由随手拈来，骗骗这个傻女人,还是不难的。唐晓宁拆东墙补西墙,凑足了付给电视台的佣金,赵婉的电视广告拖了半个多月,总算播出了。

笺记:

  清朝末年,杨某听完书,从县城回家。途中天色渐晚,杨某加快了脚步,一阵晚风吹过,他打了个寒战。这时候,他经过一个小村,但见村子破败倾圮,街上连个人影也不见。他经过一堵土墙时,阵风吹来,不意间,他朝墙上瞥了一眼,只见风吹来一个身影,飘在墙头。除了他自己的影子,那个影子跟定他。他走,影子走;他停,影子停。夕阳在天,秀才并不胆怯,便四下张望,并无行人,也没有树木。只有风一阵一阵……他忽然想起,那年乡试时,墙上就多出一个影子,那影子像有生命,关注着他,似是轻轻对他说了些什么……从此,杨某平步青云。

第二十三章

1

  在新粉刷的素描教室里,绘画班正式开学。章强好奇,又有些不放心,从门上的小玻璃窗朝里张望。中国国画,他从小就喜欢,可是西洋画对他说来,完全是陌生的。他只在市场上看到过一些花花绿绿的所谓油画,卖家说,那都是真正的艺术品。章强凭他的直觉感到，那些东西怎么看都不像。一幅很大的画，只卖个几百元就说有收藏价值，章强想，打死也不相信。后来他知道了，这只能算是工艺品，圈里人说的"行画"。现在真正的画家来了，他想好好了解一下真正的西洋油画。

室内，十几个小学生正在画石膏几何体素描写生。孩子们每个人面前支着画架，上面架着画板，板上平整地订好画纸，他们都很用心地用铅笔描绘着。上官云桦走来走去，不时停在一个孩子背后，轻声指点两句，又在另一个孩子的画上改上几笔……室外，章强看了片刻，问经过的吴芳，画铅笔画，很难吧？吴芳说，那叫素描写生。章强笑了说，你看，我又洋盘了。我说，小周请来的这位画家水平高的。吴芳笑着说，何以见得？章强一边比画着，一边说，看得出嘛，你看，长头发，还……听说，他是小周的男朋友？吴芳没有回答。

素描室内，上官云桦停在一个农民工孩子背后，看着他的画，自语，嗯，不错，不错。轻声问，你叫什么？孩子外地口音说，孙宝根。上官问，老家什么地方？安徽。上官说，父亲做什么？打工。上官云桦拍拍孩子的头，好好学习。他忽然关注到孩子的眼神，只见孙宝根又黑又大的眼睛在观察石膏几何体时，十分关注。上官云桦忽有一种创作冲动，他找出速写本，对着孙宝根小朋友飞速地画起速写。一张又一张，他特别画了两张孩子大眼睛的特写。

章强在走廊上遇到周静说，小周，你给咱们中心引进了不少项目呵，有功，有功。周静说，又不是我一个人干的，用不着表扬。章强看看周静，似是自语，嗯，好，好，不骄傲。可是，干吗要分手呢。想不通，想不通。周静说，主任，没什么事，我走了。章强想起了什么，说，小周，马孟还记得吗？周静说，当然，他是我同学。章强说，对，对，你们很熟。知道他现在在哪里上班吗？周静说，不知道。章强说，这小鬼前天给我写了封信呢。周静说，是吗？章强说，他信里说，在文化中心时蛮恨我的，可离开了，又挺想。你说怪不怪。周静嘻嘻一笑，一点不怪，主任叫人恨又叫人爱嘛。章强内心高兴，却装作不满地说，你个小鬼头。片刻，又说，小马说，他在外地打工，工作不太顺心，很怀念以前在这里的日子。周静说，是吗？如果小马想回来，您会同意吗？章强想了想说，这小鬼不是个省油的灯。不过，他要是想回来……还是可以考虑考虑的。

夜色渐浓，周静在电脑前浏览着新闻。忽然，一条消息吸引了她：《艺术治疗八个月，自闭症儿成绘画高手》。周静看着网上的文章，越看越兴奋，接着，她拨通了王芸的手机。周静说，喂，王芸，还没睡吧？百姓新闻网上有篇文章，快打开看，对我们很有启发，快看。王芸已经睡着，被周静的手机惊醒，不情愿地接完电话，打开电脑，寻找着。两个人在手机里讨论了半天。王芸说，实在吃不消你，我困死了。周静说，啥人教你打电话来？王芸说，不要搞错，是你先打给我的噢。周静说，算我错，明天大家商量。

第二天下了班，"十五人团队"在会议室商量起来。周静提到，国外的经验，用艺术培养和训练，可以大大改善自闭儿童的状态。齐玲嘟哝，可是，我们都不会画画，怎么教孩子啊。汪雁说，不会学呀。我们有现成的老师嘛。王芸猛然大悟，说得对呀。于是，"十五人团队"决定向上官云桦请教。

这天，上官云桦正给孩子们上素描课。孩子们聚精会神地进行石膏头像写生。上官云桦在室内走来走去，巡视着。他又来到孙宝根身后，看他画着石膏头像。孙宝根的画板上呈现的画面十分生动。上官云桦满意地轻轻拍拍孩子的肩头说，轮廓打得不错，画得更精心些。孙宝根轻轻嗯了一声。上官云桦走到一旁，拿起相机，对着孩子们拍了几张照片。这时，周静、王芸等五个姑娘和李凯拿着画板走了进来。周静本想不来，她不想见上官，又怕见上官。王芸说，小周，这你就不够意思了，火是你点起来的，饭煮得半生不熟了，就要撤火呀。郭晓雅说，过河拆桥，卸磨杀驴，隔岸观火。大家起哄，不仁不义，投机取巧，安倍晋三，军国主义复活，居心不良……周静说，什么乱七八糟的，我去还不行吗？

看到来了一帮人，上官云桦奇怪说，你，你们……王芸说，我们也来学画。上官云桦说，开玩笑吧？王芸说，当然不是。

2

上官云栋又收到郑杰的一笔汇款，他来到画廊，把这消息告诉弟弟。上官云桦在画布上做着画稿，画面上是一个农民工的儿子坐在画架前，正睁着明亮的大眼睛画着一幅大城市的晨景。上官云栋说，又有新的创作了。上官云桦说，是有感而发，不知道能不能表现好。云栋说，只要想到，做了，就问心无愧。云桦说，这话给力。云栋把郑杰的汇款单拿给弟弟看。云桦说，够朋友。人生能遇到多少真心朋友？有几个就算不错了。云栋说，这话说得有些颓废。

这时候,周静、陈侠、邵全林几个来到红树画廊。邵全林还带来了朋友葛先生。葛先生特意来看上官云桦的作品。上官云栋看看来的人多,先走了。上官云桦把几幅写实的风景画依次排开,画面色调各异,描绘的风景也各具特色。葛先生一幅一幅地细心欣赏。陈侠评论说,这几幅都很棒,雅俗共赏。邵全林说,我还有两位朋友,钱是不少,也想买几幅高档次的画挂在家里,显得有品位嘛。可是他们对油画一窍不通,最好颜色鲜一些。葛先生打断邵全林说,颜色鲜不一定是好画。上官云桦说,葛先生说得专业。邵全林有些尴尬地说,这,这,陈侠给我上过课了,我是一知半解。在一边半天不响的周静说,这也是实际情况,买得起画的人不懂,懂画的人又不买。上官云桦看了周静一眼,周静把目光投向别处。上官云栋感慨地说,还是艺术市场不健全,很多拍卖活动都靠内部运作,玩猫腻。陈侠说,大环境,我们没能力扭转。我们的目标,是把上官的作品,换成钱,帮哥哥一把。邵全林说,说的是。葛先生说,上官老师,再拿出几幅给我看看。上官云桦说,还有几幅人物肖像。陈侠说,也会有买家的。抽象画也拿几幅吧。老外、年轻人都会喜欢。上官云桦又从小库房里搬出画来。周静无所事事地走到画架前,撩开白布,画架上露出上官云桦正在创作的那幅油画。画面上,一个男孩闪着明亮的大眼睛正在画板上画写生画,眼前是城市的高楼大厦。上官云桦搬出油画,发现画架上的白布被撩开,有些不开心,走过去重新放好遮画的白布。这个动作虽然很小,周静却十分不高兴,显然,她和上官已经不再是亲密无间了。陈侠察觉到周静的表情说,是小周不小心把布掀掉的。上官有些意外,连忙说,哦,对不起对不起。周静没有反应,走到窗前望着外面。上官云桦缓和口气说，这是我的半成品，不希望展示出来……陈侠说，臭规矩还蛮多的。邵全林打圆场道，艺术家嘛，没个性不是艺术家。上官云桦把几幅人物肖像一一摆开。陈侠不禁赞道，有水平，有水平。要是我画的，真不舍得卖啊。上官云桦说，我也有些舍不得啊。邵全林说，这些人物画，恐怕喜欢的人不多。葛先生看看邵全林，轻轻摇了摇头，对上官云桦说，我还是蛮喜欢你的人物画。最后，葛先生选了两幅风景画，一幅人物肖像画，付了五万元，满意地告辞。送走顾客，上官云桦若有所失的样子，一直不响。周静离开了窗前，坐到一旁，也是一声不响。陈侠轻轻捅了周静一下说，怎么了？哑巴啦？周静笑了笑。邵全林说，这个老葛，瓷公鸡，只出了五万，不大上路。上官说，还可以的。有人买就好。

　　这时候，谢丽娜走了进来。看看众人说，今天真热闹啊。上官云桦说，来，来，我来介绍一下……陈侠伸出手，对谢丽娜说，我叫陈侠，人家叫我大侠的，你就是画上那位漂亮女孩吧。谢丽娜说，我只是做个样子。周静也和谢丽娜握了握手。女人的好奇，女人一点小心眼，让周静仔仔细细地看了看谢丽娜。她心想，这小姑娘真是漂亮，怪不得把上官搞得七荤八素。论卖相，自己明显处于下风，讲不定，上官真的迷上她了。想到这里，周静心里像打翻了五味瓶。谢丽娜转向上官云桦说，你送展的那幅《窗前少女》怎么样了？上官云桦说，已经入围了，但评委里的朋友说，获奖的可能性不大。边说，边给邵全林介绍谢丽娜。邵全林不无遗憾地说，要是获个奖，那我们的拍卖会就会出彩了。谢丽娜说，我舅舅知道了云桦哥的情况，很愿意促成这次拍卖，他找到一位很有经验的拍卖师。陈侠说，那太好了。她意味深长看看谢丽娜，对周静挤挤眼睛，说，我们来了好一会儿，也该走了，胖子，还愣什么？陈侠和邵全林说笑着和上官云桦与谢丽娜告别。周静跟谢丽娜轻轻点了点头，也走了出去。

上官云桦跟着出来，在门口叫住周静说，静静，今天你来，我很高兴。周静说，别误会，我是为云栋哥哥来的。上官说，我们晚上吃个饭好吗？周静说，晚上没时间。上官说，那……周静说，有这个必要吗？上官说，我们得好好谈谈了，有些误会。周静瞥了瞥室内的谢丽娜说，我不想谈，也没什么可谈的。我不是傻子，也不是瞎子。上官说，不是你想象的那样。周静说，的确不是当初我想象的那样，再见。上官还要说什么，周静已经离开了。

画室里，只剩下上官云桦和谢丽娜两个人。上官云桦回到画架前揭开白布，准备开始工作。上官说，你又来干吗？谢丽娜噘着嘴说，人家想来看看你嘛……关心关心你的拍卖会。上官说，上戏考得怎么样？有希望吗？谢丽娜说，好像有点希望。上官说，蛮好。说着开始修改画作。谢丽娜站在一旁，不时用手搭成"景框"对着上官云桦看。上官云桦只管自己画自己的。谢丽娜也不说话，默默坐在那里，掏出手机，无聊地按着键。上官云桦看看谢丽娜，谢仍旧坐在那里玩手机。一时，画室内十分安静。

上官云桦一边画，一边想着刚才与周静的几句对话。他忽然把笔用力一甩，对谢丽娜说，你走吧。别妨碍我了。谢丽娜却平静地说，我坐在这里，又没说话，怎么妨碍你了？上官云桦一时语塞，支支吾吾地说，你，你在这里，弄得心神不定。谢丽娜笑了，轻轻走近上官，说，这么说，你还是知道有我这人在。我还以为你眼里没我这个人呢。上官云桦尽力缓和语气，你走吧，我这里有正经工作。谢丽娜撒娇地说，我就不走，我看你是怎么用心工作的。上官摊开手说，好，好，你看，你看吧。谢丽娜果然站在画架前，一本正经地端详，琢磨起那幅创作画来。上官云桦轻轻叹口气，坐在了沙发上。谢丽娜又看了一会说，提点建议行吗？上官说，你提。谢丽娜说，可是外行话。上官云桦不耐烦地回答，说呀。谢丽娜看看上官云桦的样子，偷偷笑了笑，说，这幅作品的构思你跟我说过。现在看来，有点直奔主题的感觉……这孩子的神态十分好，眼睛很有神，面孔也很可爱，但怎么知道他是农民工的孩子呢？上官思索片刻说，对，对，农村孩子的脸色较深，应该是红扑扑的。谢丽娜点点头，又说，孩子面对城市的高楼大厦在画图，眼神是蛮专注的，表明他很向往城市，对不对？上官云桦说，当然是这样。谢丽娜面对上官云桦说，这样表现，是不是太有说明性了，不含蓄？上官云栋看看谢丽娜，走开几步，又回过头，看看她，啧啧地说道，想不到，想不到一个黄毛丫头，会想到……对，你说得有道理……也好，不如就表现他在画一张石膏头像，比如，画荷马，或者伏尔泰，代表人类文明的形象……也代表了城市文明，唔，这样可以让人更多联想。谢丽娜歪着头说，怎么样？我这参谋怎么样？上官云桦看了看谢丽娜说，想不到，你……谢丽娜一下子扑到上官云桦的怀里，呢喃地说，我对你还是有用的……是不是？还有用……

3

刘海燕走投无路，住进了北京郊区的城中村。为了省些开销，约了一个从哈尔滨来的女孩同住。那个女孩有些白俄血统，长得漂亮,说起话来,甜言蜜语。刘海燕凭她二十几年的江湖经验,看得出,这个自称叫许莉的美女,十句话里有一两句是真话,就算推心置腹了。但是,为了省去每月七八百的房租,刘海燕只能这样。她问许莉做什么工作,对方说是产品推销。看她日伏夜出的行径,刘海燕猜她是做"皮肉生意"的。她有些可怜眼前这个女孩,花一般的年华,花一般的容貌,做这个未免可惜。刘海燕多次旁敲侧击地提醒许莉艾滋病的可怕,女孩当然听得明白,只是笑笑,显得无所谓。有一次,刘海燕发现女孩躲在卫生间里悄悄抹眼泪。刘海燕爱莫能助,想想自己,只能苦笑。

笺记:

早年间,张村村头有口井,每到半夜,井口就会升起一团薄雾,且带着香味。村民骇然,夜间均不敢经过井边。一天向晚,邻村赌徒屠三来村里讨债,顺便与村里几个闲汉推牌九,玩到夜半方散。屠三欲回村,别人劝他将就两个时辰,待天亮再回,因为,他回村必须经过村口的那口怪井。屠三笑道,遇到井里的狐仙娘娘才妙。执意要走,别人拦挡不住。第二天,人们在村口井边看到僵卧的屠三。

第二十四章

1

一个跟一个的双响炮升上晴空。文化中心大门口,人们敲锣打鼓，鞭炮齐鸣。有个路人问站在门前的小苏，谁家结婚啊，介闹猛？小苏说，你家结婚。路人说，开玩笑。到底啥人办喜事？小苏说，告诉你吧，我们社区文化中心办喜事。我们文化中心在全市评比得了第一名。那个路人说，第一呀？全上海的？小苏说，当然啦。又有几个好事者涌过来，你一句，我一句地问，第一名？有什么奖励？这一回给我们区争光了。几个记者看到这场面，在人群中忙着拍照。章强走出来，看看这热闹场面，满意地点头。又跟几个记者说，庆祝会马上就开始了。说完得意洋洋地倒背着手走了回去。章强走到文化中心剧场门前，吴芳迎上来说，我的大主任，你溜到啥地方去了？市领导都到了，就等你啦。章强奇怪地说，咦，我在门口等他们的小车呢，怎么没见着？吴芳说，人家乘面包车来的，从侧门进来，不想被围观。

剧场内，已是一片热闹景象。舞台前一条巨大横幅"庆祝大会"。章强走向台前，对着舞台右侧坐着的几位领导，鞠了一躬，然后宣布，七里桥社区文化中心评比及京剧汇演获奖庆祝大会，现在开始。同志们，我们社区文化中心的京剧班，在区各级领导的关心下，演出水平大大提高，在全市京剧业余大赛中，我们荣幸地获得大赛第一名，现在，请市领导讲话。

众人鼓掌。一位领导走上台中央说，祝贺的话，就不多说了。现在我宣布个人获奖名单。

领导宣布的结果是，严浩得了"精心阅读奖"，陆世雄得了"热爱文化特别奖"。

章强宣布，下面，颁发特别奖。在这里我荣幸地向大家介绍，我们文化中心的获奖者之一，陆世雄先生……他扫视了一番，然后说，陆世雄先生，请到台上来领奖。台下，陆世雄却在左顾右盼。陆菊芬轻轻推了父亲一下说，爸，请你上台领奖呢。陆世雄意外地说，我？我得奖了？不会吧，他们搞错了。坐在后排的周静也推推他说，没错，陆伯伯是你得奖了。得了"热爱文化特别奖"陆世雄战战兢兢地站起来，慢慢走上台，向观众鞠躬。台下，众人热烈鼓掌。陆菊芬热烈鼓掌，眼里闪着泪花。在后排坐着的严浩，也用力拍着手。

拿着奖状归来的陆世雄，有点轻飘飘，像做梦。他在小屋里，拿着奖状东试试，西试试，一时决定不了挂在哪里。小屋子有些昏暗，陆世雄终于把那张奖状小心翼翼地挂在墙上，想了想，他又把奖状换了一个更显眼的地方。陆菊芬带着儿子走了进来。陆菊芬说，宝宝，叫外公。祝贺外公得奖。祥祥没有反应，径直地走上前，愣愣地盯着那挂在墙上的奖状。陆世雄摸摸祥祥的头说，宝宝，外公的这个奖状漂亮不？祥祥仍旧没有反应。陆菊芬说，爸，来帮我择菜吧，别老看奖状啦，看美得你。陆世雄找出两本画报给小祥祥，然后走向厨房。这时，有人敲门，陆菊芬擦着湿淋淋的手，去开门。

门口出现了"十五人团队"的几个志愿者，周静、王芸都穿了漂亮的衣服，李凯脱去邋里邋遢的牛仔裤，一本正经地穿上西装。王芸把手里的一大把鲜花交给陆菊芬。陆菊芬接过鲜花说，这是怎么，像过节似的。王芸说，就是过节呀，我们是来给陆老师道喜。陆菊芬高兴地说，快请进，快请进。陆菊芬把众人让进门，同时指着父亲说，就一张纸头，把老头高兴得忙了一半天，不晓得奖状挂啥地方。李凯说，高兴得没方向啦。周静说，陆伯伯讲的几句答谢词，蛮有水平的。陆世雄走过来，谦虚地说，过奖了，过奖了。几十年没在这么多人面前讲过话，站在那里心里直跳。王芸说，我看陆伯伯当时腿还有点抖呢。陆菊芬说，抖了吗？我怎么没看出来？这时，祥祥走过来，把一本画报递给周静，然后又默默走开。陆菊芬笑道，小周，你看，宝宝认得你。周静自豪地说，祥祥就是对我好。更好的是郭晓雅，她长得漂亮。不过，我还可以。王芸捶了周静一拳，看臭美得你。李凯说，我看呢，主要是小祥祥的情况大有改善。周静说，还是老夫子说到点子上了。王芸说，言归正传吧，菊芬大姐，我们"十五人团队"，特来告诉你一个好消息，网络上说，用画画的方法，可以打大大改善自闭儿童的状况。陆菊芬半信半疑，是吗？有那么灵吗？周静说，至少我们可以试一试。这时，祥祥走过来，递给周静一张纸，纸上画了几个圈圈。周静搂着孩子说，看，小祥祥多好，会画大苹果了。王芸借机凑过去，在纸上画了一只生梨，说，宝宝照这个画。祥祥真的拿笔，在纸上画了半天，结果还是两个不圆的圆圈。陆菊芬失望地说，恐怕宝宝不行。李凯说，先别打退堂鼓，试试再说嘛。周静在李凯肩头一拍，这才是男子汉。正说着，只听"哐当"一声，众人看去，原来是陆世雄把一只托盘掉在了地上，幸亏托盘是不锈钢的，几只一次性纸杯里的水洒了一地。陆菊芬一面收拾一面无可奈何地说，你们看，这一老一小的。周静说，那是陆伯伯向你提意见呢，谁叫你不表扬他。众人齐声说笑着告辞出门。

走在路上，王芸说，陆菊芬真不容易的，这一老一小的。李凯说，从另一个角度看，就知道我们中国女性是多么坚韧了。周静笑道，嘿，嘿，听听，小李还没女朋友，就开始赞美女性了。喂，我问你，女性的事你知道多少？啊，哈啊。周静边说边看着李凯，开他的玩笑，反倒把李凯弄得难为情了。周静王芸几个女孩得意地大笑不止。忽然，周静停止了笑，愣着眼直往马路对面看，接着，她扯开喉咙朝那边喊，喂，马虎虎，马孟，小马。边喊边往马路对面跑去。

马路对面人行道上，果然是马孟，他也许没听见周静的叫喊。他拦下一辆出租车，坐了上去。周静出神地望着那辆远去的出租车，不知道是否真的与马孟失之交臂。

2

一大早，谢丽娜就把上官云桦拉到理发店，把上官好好修理了一番。长头发剪短了，胡子也刮干净了，然后从大包里拿出一件西装让上官换上。上官奇怪地问，做啥？谢丽娜说，老爸今天请你吃中饭。上官说，这不是搞突然袭击吗？谢丽娜说，就吃个饭呀，天塌不下来。上官打量了一下谢丽娜，发现今天她特意细心打扮过了，穿了件时髦的有破洞的牛仔裤，上身是米色的绣有淡花的丝绸衬衫。

新亚酒楼二楼包间，豪华得有些过分。上官云桦与谢丽娜走进包房，谢父与上官握手时，看看上官，又看看女儿，忽然大笑。上官云桦有些不自在。谢父笑着对女儿说，远没有你说的那么老嘛……来来，小伙子，快坐。上官云桦坐了下来，为谢父斟上茶，又为谢丽娜和自己倒上茶。谢父说，我是不吸烟的，你要吸，也可以。谢丽娜忙说，上官也不吸。谢父对女儿说，你没限制人家吧？

上官云桦笑道，没有，绝对没有。一时，包间里又陷入沉静，上官云桦看看谢丽娜，谢丽娜扮着怪脸。谢父为了打破尴尬说，在印象派画家里，雷诺阿和德加之间，你更喜欢哪一位？上官云桦不假思索说，我更喜欢雷诺阿的作品。谢父说，不错，我也更喜欢雷诺阿。上官云桦说，雷诺阿的人物更生动，笔法更活泼……谢父说，其实，我对印象派一知半解，我有位老朋友，他是画家，一直住在巴黎。他说，他喜欢雷诺阿，我也就喜欢吧。不过，我看德加画得也十分棒。上官点点头。谢父道，为了节省时间，我就先点了菜，不会怪我太没礼貌吧？上官云桦说，根本没什么，我其实很不习惯点菜。

吃过饭，谢父让女儿前面走，特意跟上官落在后面。谢父说，看得出，我女儿很喜欢你，上官，虽然你们之间年龄相差大了些，但这不是问题，我看得出你是个不错的小伙子。丽娜十三岁时母亲就过世了，从小我太娇惯她，养成她很任性，她要做的，实在说，我管不住。所以，她和你交往我不会阻拦。现在我有个小小的请求，前些天，我在北京电影学院工作的同学给我来信说，他建议丽娜去考表演系。我也跟丽娜说过，可是她很犹豫，我知道，她不想离开上海。所以，请帮帮我……上官停了片刻说，请放心，我一定动员她去试试。谢父说，那就谢了，即使考不上，也了却了我和丽娜的一桩心事。

3

赵婉和唐晓宁吵了一架。两个人有半个月不来往，还是唐晓宁气量大,主动约赵婉在东方明珠顶楼的旋转餐厅吃晚饭。

笺记:

　　胡某与朋友吃晚饭,酒醉,骑着助动车回家。一不小心,骑上了小路。路边没有路灯,道路高高低低,他想转回大路,却没有了方向。正一筹莫展,忽见不远处几个夜行人打着灯笼朝前走。胡某心里嘀咕,这年月还有人打灯笼走路,搞笑啊。又想,有个亮总是好的。不由得追上去,想借借人家的光。不料,追了一阵,哪里有什么夜行人,只是一团鬼火迷迷蒙蒙地被风刮远了。

第二十五章

1

　　吃中饭时间,章强端着饭盒走进来说,你们这里比我那儿热闹,我也凑个份子。吴芳说,你一来,我们这里就不热闹了。章强说,是吗,我怎么没感觉出来。吴芳说,木知木觉。章强没听清,问,什么?什么木?众人窃笑。章强有些尴尬,说,还是小周讲个笑话吧。周静说,我刚说过一个,主任你晚来了一步。章强索性坐了下来,说,同志们,昨天区长找到我,说群众对我有反映,说我有点架子,成天板着脸。弄得我整夜没睡,想来想去,也许我脸太黑?也许我有点木,反应慢?反正想不通,想来正式征求大伙儿的意见，我这毛病究竟在哪儿呢？周静说，还是脸太黑。章强很认真地说，那怎么办？周静说，每天抹增白蜜。众人哈哈大笑。吴芳说，主任，别听小周的，她拿你寻开心。周静笑道，主任，真的，我们私底下都表扬你呢……好，为了表示我们的诚意，我再讲个笑话。说，有位姑娘去医院，打算做隆胸手术。她问医生，术后效果怎么样？医生回答，大致有四种可能，一是不大一样，唔，不错，二是大不一样，还可以，那么三四种是什么情况呢？医生接着说，第三种情况是一样不大，第四是不一样大。语音刚落，众人都大笑了起来。章强一时转不过来，问，笑……哪点可笑？吴芳笑得弯下了腰，半直起腰来说，做了手术，那东西一大一小了？死人。章强这才醒过来，嘿嘿笑着，嘟哝着说，这，这不是白花钱吗？花钱买罪受。说着，慢慢走了出去。众人指着章强的背影，又是一阵笑。周静学着章强的口音说，这，这不是白花钱吗？吴芳笑道，死小鬼，学得蛮像。这时，楚雯走了进来。周静迎上去问，老师，有事吗？楚雯掏出一张票，说，明天晚上音乐厅的演出，说是祖宾·梅塔指挥的奥地利爱乐乐团，你陪我去吧。周静说，老师，这票子蛮贵的吧？楚雯说，这你别管，愿不愿意陪我去吧。

华灯初上，音乐厅被灯光勾画得如梦如幻。

楚雯穿着得体，显得年轻了十冰岁。周静环顾音乐厅，悄悄对楚雯说，楚老师，我第一次来音乐厅，这里真气派，真有艺术氛围。楚雯说，开始你还不想来呢。楚雯说，年轻的时候，我很喜欢音乐，童大威去青海出差之前，我俩还去看了歌剧《江姐》。就是那次，大威出了事，再也没回来。从此以后，我也没有进过剧场。

今天请你来，一是想放下那些不高兴的心情，再一个，想劝劝你，能不能和上官和好。周静说，不可能了。为什么，仅仅怀疑？周静说，有不少照片。楚雯说，真的有照片？周静说，我都看过了。楚雯说，照片哪里来的？谁拍的？周静说，我也不晓得，是用信寄来的。楚雯叹了口气说，唉，真真假假的事，实在是分不清啊。停了片刻又说，小周姑娘，得谢谢你。周静说，请我听音乐会还谢我？楚雯说，今天是我和大威的结婚纪念日。谢谢你能陪我。

在剧场的另一个角落，坐着邵全林和陈侠。邵全林是被陈侠硬拉了来，他像受刑似的，嘟囔，这玩意，我可一点也不懂，尤其是老外的演出。陈侠说，不想听，现在就走啊。邵全林说，习惯习惯吧。

2

上官云桦正在精心修改那幅表现农民工子弟的画作。谢丽娜站在上官身后，仔细端详着。她忽然说，我有个大胆想法，想不想听？上官云桦回过身来，你说。谢丽娜撒娇地说，要听，得答应我一个要求。什么要求？亲我一下。上官云桦亲了亲谢丽娜。谢丽娜理了理头发，说，如果画上的孩子，改成女孩也许会更好。上官云栋思索片刻，问，为什么？谢丽娜说，男孩面孔皮肤深比较正常，城里的男孩，有的也是小脸红红的，城里的女孩就不一样。如果改成女孩，脸色可以红红的，眼睛却可以更大更美。上官云桦说。对。谢了。不过，你还是回家准备功课去吧。北京电影学院快考了吧。谢丽娜离开时站在门口说，给画起个什么名字呢？上官说，

《我从农村来》怎么样？谢丽娜想了想说，不如叫《投向城市的目光》。上官说，你这家伙，聪明。

　　谢丽娜走了。过了一会，邵全林和陈侠来了。邵全林说一切都联系好了，周六下午拍卖会正式举行，在中兴拍卖公司。陈侠端详着画架上还没撤下来的画作，说，这幅创作比《窗前少女》有新意，为什么不把它送展呢？上官云桦说，准备重画一幅，做些改进。邵全林说，我看那幅《窗前少女》蛮不错的，画得又美又阳光。陈侠笑道，胖子他不懂。上官你别听他误导。上官云桦说，我看邵大哥已经很在行了。邵全林得意地说，看看，连专家都肯定我呢。上官老弟，我在你这里还真学了不少东西，对我的生意也很有帮助呢。你还别说，我这卖房子的，懂点造型艺术还真有用。以前装潢公司的设计师，搬出一套一套的艺术理论，把我唬得一愣一愣的，只能全盘接受了他们的设计方案，就是觉得有些地方不顺，也找不出理由。现在，我可没那么好唬了。陈侠说，胖子说得倒是实情。

　　这时，一对青年男女走进画廊，开始选画。青年女子看到画架上那幅作品，端详片刻，问，这幅多少钱？上官云桦说，那是非卖品。男青年奇怪地说，非卖？你们画廊的东西不是卖的吗？我们可以出高价。陈侠说，再高价也不卖。那是送展作品，准备获奖的。女青年讽刺地说，啊。获奖还有准备的，开国际玩笑吧？陈侠说，这叫自信，懂吧。男青年拉住女方，算了，算了，吵什么吵，我们走吧。女青年一边往外走，一边说，怪不得隔壁那个画画的说你们这家怪胎呢，成天人进人出，就是不见生意。陈侠对着上官和邵全林笑笑。邵全林说，上官老弟，你的涵养功夫真好。上官说，做生意嘛。陈侠问，拍卖的作品送去了？上官说，送了。

拍卖会上，一幅精致的油画风景摆在台前。拍卖师扫视了台下的买家说，下面的拍品，第九号《海边的小船》，规格 50×80cm，起拍价 2000 元，哪位……这位 015 号，2500 元，还有加价的吗？这位 030 号 2700 元，2700 元，还有加价的吗？2700 元作品第九号，这是一幅精致的写实派的油画风景，画家的笔法细腻，色调柔和，海水的描绘尤其生动……这位 015 号 3000 元，3000 元还有加价的吗？拍卖师巡视场内。拍卖场上，出席的人约五六十个，但举牌并不热情。有几个人在窃窃私语。一个人说，这个画家没听说过呀。另一个说，有没有名气？有一点吧，但名气不大。我看这画不错，可没有名的画家就……谢丽娜和她的父亲坐在人群里，她听到背后的几个人的议论，转过头，说，你们是买画，还是买画家啊。说话的人有些尴尬，喃喃说，那，那也要看名气嘛。在另一边，陈侠、邵全林并排而坐。台上拍卖师宣布，作品第九号《海边的小船》，3000 元第一次，3000 元第二次，3000 元第三次。拍锤落下，拍卖师说，《海边的小船》以 3000 元成交，015 号买家，作品是您的了。请后面办手续。下面一幅作品《阳光下的玫瑰》，作品第三号，规格 100×120cm，作品色彩绚丽、明朗，阳光感十分强烈，是画家的得意之作，起拍价三万元。哪位能出 32000 元，这一位，018 号买家 32000 元，还有哪一位能出 35000 元？有人举牌。拍卖师说，这位先生，010 号买家，35000 元，还有加价的吗？《阳光下的玫瑰》是一幅很有穿透力的作品，色彩绚丽，阳光感十分强烈，是不可多得的作品，还有再加价的吗？作品第三号，现在叫价 35000 元，哪位再加价？场上，没人反应。陈侠焦虑地环顾会场。邵全林更是焦急。另一边，谢丽娜也非常着急，东看看，西望望。场上一片沉寂。谢丽娜的父亲仍旧平静地坐着。台上，拍卖师说，作品第三号，画家得意之作，目前叫价是 35000 元，还有加价的没有？有没有？35000 元一次，35000 元二次。拍卖师举起了木槌……

在最后排，坐着韩柯，看到这个场面，淡淡地笑了笑。

3

唐晓宁约了上官云栋和赵婉见过两次面，赵婉蛮热情，上官却一点感觉也没有。真是剃头挑子一头热。唐晓宁没了办法，说，上官可能是同性恋，有机会，我再给你介绍个好的。赵婉半信半疑。赵婉的广告播了一半忽然停播。唐晓宁心里明白，交的费用只能播这些时间。她便对赵婉说，最近电视台正在内部整顿，不少广告都停了。过了风头，会跟我们交代的。赵婉只能苦笑说，只好等一等了。

过了几天，唐晓宁带着赵婉见了韩柯。韩柯蛮热情，赵婉却没有感觉。唐晓宁说，赵姐，这位韩大画家，虽然没有上官那么有范，但是，他可是"潜力股"啊。我参加过他的一次专场拍卖会，拍出的价格比上官的高出几个等级呢。赵婉说，小唐，你误会了，我不缺钱的。我要的是人好，靠得住。唐晓宁说，韩柯有什么不好？赵婉说，我看着他的眼睛，就觉得不牢靠。唐晓宁叹口气说，再说吧。

笔记：

明末，卢秀才府邸二进门上的门神有些出奇。平时，门神的颜色无甚异样，每逢阴雨天，便泛出血色红光。家人欲把门神揭去，风水先生说，此吉兆，不可动。秀才不信，遂派人揭下。不想，贴门神处，每逢雨天，依旧泛出红光。卢秀才无奈，叫人卸下门板焚烧。火光处，似有嘤嘤声。卢秀才屡试不中，郁郁而终。

第二十六章

1

小记者班教室里，请来了培训班的孩子们和家长，还有社区的一些志愿者。汪雁说，各位来宾，各位家长，我们社区文化中心举办小记者培训班虽然只两个月，但取得不小成绩。在全市运动会上，我们的小记者进行了各种采访活动，撰写的新闻稿在《小主人报》《青少年报》和《体育报》上发表。现在，请严浩老师讲话。严浩走到讲台前，徐徐说道，今天来了不少家长，我感到了家长们望子成龙的殷切之心。我也是一个家长，当我女儿很小的时候，我对她抱有极大期望。可是，在那个年代，我不能……他忽然说不下去了，镇定了一下，改变了话题，接着说，今天，我们赶上了好时代，孩子们是幸福的，家长们也是幸福的。严浩情绪有些激动，他摘下眼镜，轻轻擦拭了一下眼角，接下去继续说，在正式表彰孩子们之前，我先读一篇小学员的文章，这位小作者的父亲是外来务工人员，他带孩子来考我们的小记者培训班时，说过一句话，他说，我的孩子从小在农村长大，没什么见识，跟城里孩子们比，会差一点，可我们会努力，尽量跟上。话很朴素，他的孩子果然很努力，并且有了很大进步。下面，我读一段这位小朋友所写的文章《我和表弟过新年》——

大年三十，我和爸爸去舅舅家看望姥姥和二舅妈。二舅妈有两个孩子，大儿子十七岁跟着舅舅去城里打工了，小儿子比我小半岁，他留在老家陪舅妈和我姥姥。已经是大年三十的下午，表弟往村头的小商店跑过五次。小商店门口，是长途汽车必经之地。从县城里开来的汽车，都在这里暂停一下。他希望能在这个不算车站的站头上，接到打工回来的爸爸和哥哥。可是，直到夕阳西下，没还见他们的身影。表弟跟我说，前两天，父亲就打电话回来，说今年一定要回家过年，因为已经有两年没回家过年了。今年就是砸锅卖铁也要回来。可是，当村里的家家户户已经亮起了灯光，舅舅和表哥还是没有消息。表弟问我，回来的车票是不是很难买？我为了不让他伤心，撒谎告诉他说，票子还是可以买到的，说不定舅舅和表哥是坐晚班车回来吧。可我明白，从县城开过的最后一班长途车已经开走了。今天，不会再有车从县城里开来了。这时，夜色慢慢上来，远远近近的村落传来噼噼啪啪的鞭炮声，而我陪着表弟仍旧坐在小商店门外的石墩上，一点放鞭炮的心情也没有……

台下，孩子们和家长们，专注地听着。章强不知什么时候也来到班上，他坐在最后，听到这里，眼睛有些湿润了。

"十五人团队"近一段时间顺风顺水，成绩不是一点点，把大家激动得脚不着地了。汪雁说，我们不能骄傲呀。李凯说，做得好，就是要骄傲一下，开心开心。不得了，大伙都投了赞成票。汪雁说，谦虚使人进步啊。郭晓雅说，适当的骄傲一下，让人更有干劲。周静说，别兜圈子，我们该庆祝庆祝。

于是，他们二十几个人，星期天早上来到中山公园。在公园草坪上，露水还恋恋不舍地不肯离去，把长脚李凯的裤脚管都打湿了，李凯索性脱掉长裤，在草坪上奔来跑去。王芸说，老夫子，你太肆无忌惮啦。李凯说，今天放风，自由发挥。太阳升起，草坪上绿油油放着耀眼彩光。青年们脸上也闪闪发光，他们在草地上铺了塑料布，上面放了罐头，烤鸡，烤肠，面包，水果，还有一个大蛋糕。王芸举起可乐说，队友们，我们以可乐代酒，我提议为我们的小小胜利，干杯。众人一齐站了起来，相互碰杯，吵吵嚷嚷，嘻嘻哈哈，相互拥抱、跳跃，引得游人们投来好奇目光。一个中年人凑过来，问，你们举办生日PARTY还是啥人结婚？李凯抢着说，办喜事，团队的喜事。中年人说，啊，集体婚礼？可、可不太像哇。郭晓雅说，别管像不像，我们就是要寻开心。王芸说，大家静一静，请齐玲给大伙儿做情况汇报。众人鼓掌。

齐玲紧张地看看大家，支支吾吾地，我，我怕说不好……那天，宝宝在画苹果，忽然、忽然他说话了，说苹——果，后来，后来，又说了一遍，他说苹——果。众人大笑。王芸说，齐玲的嘴今天真笨，什么乱七八糟的。齐玲委屈地说，人家本来就说不会讲嘛。周静说，王芸，你也别难为齐玲了，具体经过和经验让他们写书面材料吧。我看，大家开吃吧。对，对。李凯第一个跳起来，抄起一只鸡腿就啃。大家纷纷拿起食品，一边嬉笑着，一边吃喝。

有人唱起歌来，"只要你过得比我好，过得比我好……"众人合唱，"只要你过得比我好，过得比我好……"

李凯拉着郭晓雅，两个人开始跳起舞来。又有两个人跳起舞来。有人拿餐具当乐器为舞者伴奏。阳光变得浓烈，照着他们兴奋的脸。周静幸福地看着自己的伙伴们。

李凯跳得气喘吁吁，停住舞步，抄起一杯饮料，大喊，伙伴们，为我们的小宝宝干杯，为宝宝干杯，为齐玲干杯。

众人闹成一团。

王芸走到周静身边说，多好呵，小周。周静说，是啊，真——好。李凯、齐玲等人又开始大声唱，"只要你过得比我好，过得比我好……"

大家唱着并且手拉着手开始跳了起来。这时，十来个中学生走过来，不问情况也参加进来，与"十五人团队"的人拉起手来，胡乱地跳了起来。游园的其他年轻人，甚至中年人也参加进来。大家欢快而热情地乱跳着。

周静的手机响了，陈侠打了电话说，静静，你怎么搞的？打八个电话也不接。周静说，我们正在发疯呢，你也来吧。陈侠问清缘由说，我又不是志愿者，不去。周静说，以后可以是嘛。有好多外面人参加呢。快来快来。陈侠很快赶到了，和大家一起发疯。周静悄悄跟陈侠说，今天团队的活动真好，"十五人团队"的每个人都为我们这个小小的成功而欢欣鼓舞，每个人都由衷地开心，为能帮助一个孩子而开心。我知道了什么是真正的快乐。陈侠搂了搂周静说，你真这么想，我很开心，上官滚他的。周静说，你这家伙重利轻友呀。陈侠说，也许吧，不知道为什么，我现在心事也重了，也许是老了吧，哈哈，不像以前，躺在床上就睡着，打炮也醒不了，现在不行哇，心事重呵。周静说，算了吧，大侠，你还是原来的大侠，离老远着呢。连婚都没结，结婚、生子、为人父母，这个程序都没经过，就老了，不亏吗？陈侠说，是啊，结婚生子这个程序，还得走一走。周静说，那你有什么打算，老实跟我交代。陈侠说，喂，你说邵全林这家伙怎么样？周静哈哈大笑说，就那胖子？你不是说，就是嫁给老城隍庙前的石头狮子，也不会嫁给胖子吗？怎么改主意了？陈侠说，玩笑归玩笑，真的，小静，我跟胖子接触多了，觉得这家伙蛮不错。靠得住，又有爱心……周静说，大侠，我佩服你，佩服你的选择。到底是大侠。陈侠忽然展开双臂，向着天空，大叫了一声，啊——然后说，静静，我现在是顺风顺水，什么时候来我的旗舰店看看？

2

陈侠的商店可以说是鸟枪换炮了。货架布置得十分精致，色调温馨柔和，橱窗也很有艺术性。招来的两个店员都是做模特的料。邻居说，这两位工资不低吧？陈侠说，那是，一分钱一分货。

商店布置得精致了，顾客多了，商品的标价也上去了。周静挎着山寨的 LV 包走进店堂。一个漂亮的女店员迎上来说，您需要点什么？周静巡视店铺，自语道，几天不见，老母鸡变鸭了。女店员盯着问，小姐，您看中什么包了？周静笑了说，什么包也不要，看我这名牌。笑着把 LV 包拿给女店员看。女店员打量周静的包，迟疑地说，这是在国外买的？周静说，巴黎，老佛爷。女店员肃然起敬，是吗？巴黎很漂亮吧？周静哈哈大笑起来说，当然。陈侠从里面走出来说，嘿，又拿我们开涮。小梅，这没你的事了。这位是我的朋友。说着，拉周静走到店堂内的小屋。周静翻翻账册，摸摸电脑，坐在写字台后面的皮椅上摇来摇去，看看陈侠说，这么说，这里就是大侠的经理室了。陈侠说，临时避难所。周静指点着陈侠，不要身在福中不知福啊，你这店弄得蛮不错，回想在购物街那个小店，不是鸡犬升天了吗？陈侠给周静倒上茶，叹口气说，还真想西塘湾路的那个小破店。周静说，赚了一点小钱，又怀旧了，是不是？

陈侠陪周静走出小屋，又很快走回去。手里拿了一只包递给周静说，送你。你那只大兴的 LV 可以退休了。周静说，我这大兴货，你们那位美女售货员就没认出来。陈侠大笑，哈哈，你以为人家认不出呀？装的。不得罪顾客是我们的第一法则，哈哈。周静自嘲地说，不错，不错。我心里还说这位美女的眼神怎么怪怪的呢。陈侠看看手表说，在我这里吃中饭，这月我狠狠赚了一票，请你客。周静说，明天吧，跟宋家姆妈约好了，去看看她。

分手时，陈侠说，这次云桦的拍卖会，不怎么成功，想想就烦。周静说，不是安排得蛮好吗？陈侠说，邵胖子这家伙把事情搞砸了，约来的那些狐朋狗友根本不懂艺术。气的我这两天不理胖子了。周静说，这事不怨胖子，他是好心。陈侠狠狠地说，好心？

哼,看我怎么收拾他。

陈侠收拾邵全林的办法可谓一箭双雕,她罚邵全林一个月减肥五斤。邵全林也就成了健身房里的常客。这天晚上,邵全林在跑步机上吃力地奔跑着,他一边擦汗,一边吁吁地呼气。一个美腿的女子过来,嬉笑着,哟,邵总,不要命啦,我看你半天了,这么跑会跑死的。邵全林笑着说,不会,不会,我得完成指标呵。美女说,还有指标呢,邵总,啥人下的单呵?邵全林说,这你就别管了。说着,终于支撑不住,一屁股滚下跑步机。

邵全林头上包了纱布,不敢去见陈侠,找了程荣宾夫妻到医院来聊天。冯爽说,邵总,你真是死要面子活受罪,锻炼身体也别不要命啊。何必呢。今天我埋单,给你补补身子。

三个人坐在饭店包间里,冯爽和程荣宾大嚼牛排,邵全林却一点食欲没有。冯爽瞥了邵全林一眼,发现他面前的牛排动也没动,只喝了一点乡下浓汤。她给程荣宾丢了个眼色,程却忍不住,几乎把嘴里的东西喷了出来。冯爽道,老年痴呆了,喷什么?程荣宾看看邵全林,笑着问邵全林,要不要跟我老婆坦白?邵全林死命摇手。冯爽走过去,一把揪住邵全林的耳朵,厉声说道,好哇,胖子,你有事瞒我哇。邵全林护住自己的耳朵连连说,嫂子,我哪里敢?冯爽仍旧揪住不放,说。老实跟嫂子交代。邵全林嘻嘻地说,我前两天去庙里抽签,签上说要我一个月之内不能近荤腥。冯爽把邵全林的耳朵往上一拎,好哇,不老实,是不是?邵全林说,真的,嫂子,签上是这么说的。呸。冯爽一用力,邵全林哇哇直叫。邵全林向程荣宾求援,老程,你管管呀。程荣宾继续吃自己的牛排，我管什么？谁叫你给自己嘴巴贴封条的。冯爽一下子明白了，叫道，还不交代，我都明白了，菩萨叫你不吃荤腥，你才不在乎呢，可那个人的命令，你不敢不听吧。邵全林护住自己耳朵，求饶说，嫂子，你都知道了嘛。服务员进来送菜，见状，不禁哧哧偷笑。冯爽不依不饶，我叫你自己坦白。邵全林只好说，好，好。是陈侠叫我减肥的，不然……你先松手呀。冯爽松了手，邵全林揉着自己的耳朵说，陈侠这家伙，叫我三个月内减肥十斤，到时不达标，朋友就吹了。冯爽说，那，你能达标吗？邵全林摇摇头说，啥人吃得准。冯爽说，到时候减不下来，她就跟你拜拜？邵全林长长叹口气。程荣宾吃好了牛排，擦着手说，拜拜就拜拜嘛。邵全林又叹了一口气。冯爽仔细端详着邵全林说，喂，我说邵总，我就不明白了，比陈侠年轻的、漂亮的，你不是找不到，干吗吊死在一棵老树上。邵全林眨眨狡黠的眼说，我哪里比得上你家老程，拳打脚踢的。程荣宾说，好哇，老邵你这家伙，真管不住嘴了，看我撕你的臭嘴。邵全林揉着自己耳朵，说，好哇，夫妻俩合伙欺负老实人，今天这单你们买吧。冯爽哈哈大笑，然后说，邵总，单还是你买，我可以帮你呀。帮？怎么帮？冯爽说，来，把耳朵凑过来。邵全林心有余悸，你，可不能再……冯爽说，绝对不揪了，好吧。我去找陈侠，让她给你降低指标。邵全林说，好，那拜托你了。

冯爽言而有信，当天晚上，她拉着程荣宾带上红酒、香烟，来到周家。冯爽的小算盘打得蛮精，她想直接去找陈侠给邵胖子说情，万一碰个软钉子，不好收场，不如借助周静玩一把曲线外交。

晚饭后，周母在收拾餐桌，程荣宾和周父一面啜饮红酒，一边谈论京剧。冯爽把周静拉到厨房去洗碗。周母说，今天太阳从西边出来了，两个懒人去洗碗了。厨房内，冯爽洗着碗，周静在一帮着擦干。冯爽轻声问，静静，你那位大侠又触到哪根神经了，搞得邵胖子七荤八素的。周静说，我不晓得呀。胖子怎么了？冯爽说，这两天发疯似的减肥呢，额头都伤着了。周静奇怪地说，减肥碍着额头什么了？冯爽低声跟周静耳语几句，逗得周静哈哈大笑。冯爽也跟着大笑起来，一不小心，手里的两只瓷盘子掉在地上，摔碎了。冯爽跟周静都愣了。周母冲进厨房，埋怨道，你们呀，做一份工，拿十分工钱。都给我出去吧。我还真以为太阳从西边出来了呢。冯爽和周静嬉笑着走出厨房。周母拿起两块破瓷，企图把它们对拢，已经无济于事。虽然敲碎了两只盘子，冯爽还是说动了周静，周静答应帮邵全林去说情。冯爽也有一套啊。

3

第二天，陈侠和周静在附近找了一间考究的西餐馆，店内清洁、高雅，顾客不多。临窗的角落有一对年轻的欧洲人，他们桌上放着简单的饮食。陈侠和周静对坐，陈侠要了红酒、牛排、沙拉、葡国鸡。两个人正喝着饮料，忽然进来三个男青年，其中一个男的对迎上来的服务员说，我这两位日本朋友前几天到贵店来用餐，回去说，你们菜的价格不对嘛，多收费了。服务员有些发懵说，这，这不大可能吧，您看，我们这家小店，对所有顾客都是一视同仁的。说着，还特地指了指那对年轻的老外。那个男青年回身对另两个人嘀咕了两句，那两个"日本"朋友哇啦哇啦地说了半天"日语"。坐在一旁的周静悄悄对陈侠说，那两个日本人的话，我怎么一句也听不懂呀，学校里我选修过日语，水平不怎么样，可也不至于……陈侠以手势打断周静，嘘，小声点，看戏。周静天真地问，看什么戏？陈侠笑了，不响。又听那边的男青年对服务员说，前次的事，我们也没兴趣追究了，今天来，你们至少优惠一些。服务员犹豫了一下说，可以，肯定对几位先生优惠。三个男青年坐定，开始喝服务员送上的白水。陈侠悄声对周静说，看见了吧，这个。边说边指指周静的山寨包。周静猛然省悟，捂着嘴笑了半天，说，什么都有山寨版啊。陈侠也笑了，然后说，快吃你的牛排吧。那边，服务员给三个青年送上罗宋汤，两个"日本"人又哇啦哇啦地说了一通，那个男青年问，价格是优惠的吗？服务员说，请几位放心。陈侠与周静相互对看了一眼，周静忍不住把嘴里的东西都喷了出来。

　　陈侠和周静走出西餐馆，周静终于笑得前仰后合。陈侠不住地揉腰，喘着气说，受不了，受不了，腰快直不起来了。周静学着假洋鬼子的"日语"，对陈侠哇啦哇啦地说了一通，把陈侠逗得喘不过气来。周静学着电影里拙劣表演说，你的，咪西咪西，我的，不付钞票的有。陈侠捶着周静说，该死的，该死的。两个人停住了打闹，来到一处花坛边坐下。周静看看陈侠，感叹道，现在真是什么事都有，你能有这种想象力吗？陈侠自嘲地说，社会转型都把我转晕了，佩服！佩服！这些混蛋真是太有才了。周静说，有时想想真是欲哭无泪呵。假酒、假药、假文凭、假学历，再加上假洋鬼子，你说……陈侠说，还有假钞票、假发票、假女婿……多啦。周静说，幸亏我这闺蜜陈大侠不是假的。陈侠说，说不定哇，说不定某一天我就把你卖了，就像云栋的朋友郑杰一样。

笺记：

民国初，牛庄的财主牛广元过世，独养儿子牛继祖继承万贯家产。继祖嗜赌，不到三年，钱财挥霍殆尽，便打算卖掉祖宅。羊庄的乡绅羊德利早就觊觎这处产业，只是觉得牛家要价太高，舍不得多花钱。此时，又有几个买家与继祖洽谈，眼见买卖谈成，忽然传出牛家祖宅闹鬼的消息。有人说亲见一个白衣长发的女鬼出没庭院。不久又有人说，牛家闹鬼之事所言不虚。那个买家赔了定金，买卖告吹。眼见牛家祖宅难于出手，羊德利让人带话给继祖，说，羊家愿意帮继祖一把，只是价格只能是原先的一半了。买卖即将成交。谁知半路杀出个程咬金。一天夜里，路过牛庄的欧阳大侠去牛家祖宅捉鬼，捉出了一个装鬼的中年男人。那人竟是羊家的厨子。羊家斯文扫地。半月之后，欧阳大侠死于路旁。

第二十七章

1

在文化中心健身房里，周静提着水桶进来，小苏开始洗拖把，吴芳和汪雁在擦拭各种器械，汪雁在擦好一台跑步机后，发现章强他们在十分用力搬台子，跑过来帮忙，谁知，她刚刚跑到跟前，眼前一黑，栽倒下去。众人大惊。吴芳、周静急忙奔过来，扶起汪雁。章强命令式地说，去休息。这是命令！吴芳悄声说，又是部队作风。周静说，这个命令还可以。

章强环视剩下的几个人，说，大伙儿不要太累哇，坐一会儿，休息一会儿。周静和吴芳把汪雁扶进办公室，周静给汪雁倒了杯水，摸摸她的额头，一吓说，呀，都是虚汗。

第二天，严浩在给"小记者"训练班上课。刚一下课，孩子们就蜂拥地跑出教室。其中两个顽皮男孩相互打闹追逐，几乎撞到走廊上的大玻璃上。正在经过的汪雁连忙用身体挡住就要撞上去的男孩。由于孩子们的冲力过猛，汪雁就被撞到了大玻璃上。玻璃碎了，汪雁也昏倒在地上了。

2

美术馆门前，赫然一幅广告：春潮之声，2010年度美术作品年展。

馆内参观者不多。有些美术学校的学生悄悄用手机对着一些作品拍照。陆世雄徘徊其间，恍如隔世，他依稀记起上次看画展，大约是几十年前的事了。眼前的这些作品，有的他看得懂，有的说是抽象画，他根本看不出所以然来。他指着一幅抽象画，问一个美术学院的女学生说，这是表现的什么？女学生说，你感觉是什么，就是什么。这么一说，陆世雄更加糊涂了。工作人员过来提醒那几个学生，请勿拍照。

上官云桦的作品《投向城市的目光》在不太显眼的位置。几位中年人簇拥着一位长者慢慢走过来。长者不时停在某一幅作品前，说上两句，跟随的人，有的在本上记录着什么。长者来到《投向城市的目光》前，驻足欣赏着画作，有两位随行记者已准备往前走，但看到长者仍旧在看那幅作品，又折返回来。长者看了一会，缓缓说，立意很好，技法也纯熟，孩子刻画得十分生动，色调掌握得也不错，有新意，高出一截，高出一截。一中年跟随者问，贺老，高出一截是指什么？长者说，在这次展出的油画作品中，这幅画相比较恐怕要高一些，作者是哪里的？有人应道，画家像是没什么名气。长者有些生气地说，名气是什么？是画出来的，用实力表现出来的，不是吗？炒作出来的名气，算什么名气？长者说话的声音越来越大，又吸引了不少人前来观看。有两个胸前吊着记者胸牌的人，开始对着作品，对着那群人连续拍照。

　　过了两个小时，展出大厅里，忽然参观的人多了起来。在《投向城市的目光》前，聚集了不少记者，他们的长枪短炮对着作品一阵猛拍。电视台还搬来了各种灯光设备，摆开阵势，主持人也出场了。上官云桦、陈侠和邵全林在不远处，兴奋地望着这一切。谢丽娜从北京打来电话说，我没有骗你吧，这幅画准火。上官云桦说，我还有点洋洋自得的感觉呢。谢丽娜在电话里又说，我爸爸也去看过画展，说你的那幅作品反应巨好，祝贺你。上官说，去北京几天了？北京电影学院考得怎样？谢丽娜说，来一个星期了，考完就回上海。考得怎样不知道。

3

　　刘海燕和她的同室关系慢慢改善。有一天，美人高高兴兴地跟刘海燕说,我跟剧组签了个合同,那帮傻瓜预付了我三十万,我想存银行,又觉得没啥意思。不知道还能找到什么投资渠道?刘海燕说,我朋友……美人迫不及待说,刘姐,你用不着多保证,别人信不过,刘姐……三十万,我留十万零用,二十你帮我投资,剧组说,一开机,再付我七十万,合同上写好了的。拿到手,再投。刘海燕说,你就这么信我?美人傻笑说,一看刘姐就是好人。

就这么说定,刘海燕等着第二笔资金到账。

过了两天,半夜,美人满脸是血地回来,说,她和一个小姐妹遇到从前的一个阿哥,那家伙专给他们介绍生意的,张口就要她们十万块,不然,老底兜出来。这不是要了她们的命!剧组里女二号无论如何得保住吧。两个姐妹,把包包翻了底朝天,差一万八。是不是先从投资里挪出两万?睡得糊里糊涂的刘海燕把卡给了美人。过了一会,美人回来说,总算过关。早晨刘海燕醒了,连忙去查银行卡,一切正常。人长得太漂亮就是有点傻。刘海燕把十八万买了两个推荐股。居然有两个涨停板。人走运,想躲也躲不过。

又过了两天,美人高兴地请刘海燕去喝咖啡。美人兴奋地说,刘姐。告诉你一个好消息,我的角色,导演那里过关了,签了约,先付了我五十万,我送你五万。刘大惑不解地问,为什么?美人说,这些年,我常常遇上坏人,人家净坑我。只有刘姐……反正我表示感谢吧。这钱你一定收下。刘海燕真的被这个傻姑娘感动了,说,钱我帮你存着,你大手大脚的,说不定什么时候用得着。美人忽然抱着刘海燕大哭起来。刘海燕却想起了郑杰和上官云栋,她恨不得扇自己几个耳光。

笺记：

　　将近日落，一个僧人在山脚下仓促而行。日落之前，他要赶到附近的寺庙。夕阳已躲进浓浓的云层后面，眼见暮雨将临。僧人加快了脚步，内心祈祷，救苦救难的菩萨，保我顺利回到寺庙，我会改掉偷吃的罪孽。忽然，一道霞光陡现，照亮通往寺庙之路。僧人疾步朝寺院奔过去，又想，总要把上次偷来的那瓶老白干喝掉，暖暖身子再……这么想着，霞光越加明亮，把僧人的身影拉得老长，待他迈上寺庙的第一道台阶时，一声响亮，大雨倾盆而下，天色陡然如墨染一般。僧人骇然，从此大病不起。

第二十八章

1

　　过了几天，汪雁来上班了。小苏特意给汪雁买来她爱吃的叉烧包。大家开开心心地说笑着，忽然，汪雁又昏了过去。章强闻讯奔过来，慌忙指挥人们，快，快，快打110，不，不，打120。周静扶住昏倒的汪雁，有些手足无措。章强说，掐人中，人中。周静傻头傻脑地问，人中，人中在哪儿呀？章强弯下身给汪雁掐人中，动作很笨拙。小苏急急地进来说，主任，120说十五分钟到达。章强粗声粗气地说，什么？十五分钟？要人命的。吴芳说，那，那怎么办呀？人们正焦急时，忽然，一个人拨开众人闯进来。是邵全林。他背上汪雁就要走。章强急了，喂，喂，你干什么？抢人啊。周静说，我认识的。

邵全林胖胖的，背着汪雁显得很吃力，吭吭哧哧地说，我有车，送医院。这时，汪雁缓过气来。周静连忙帮着邵全林抬汪雁。陈侠也赶到了，她想帮邵全林，却无从着手。眼看邵全林半背半拖地和周静把汪雁背走。陈侠感动地望着她的胖子。说来也巧，这天邵全林到文化中心来跟陈侠学舞蹈，关键时刻出了力。

汪雁被送到医院的第二天，病情看上去稳定了。太阳升起来，阳光照在病房的粉墙上，照着床头小桌上的一束小花，也照在汪雁有些苍白的脸上。床边，汪雁丈夫志伟在给汪雁削着苹果。汪雁轻声说，志伟，你回家休息一会儿吧，我没事。一夜没睡了。志伟说，我不困，刚给家里打过电话了，都好，让你放心。

周静拿着一束鲜花和一些营养品进来。周静说，汪姐，气色好多了。汪雁说，我没事，辛苦跑来做啥？周静顽皮地说，给我一个为汪姐服务的机会嘛。她弯身下来，看看汪雁的脸色又说，感觉好多了。汪雁说，其实，没什么事的。昨天不知怎么的，眼前一黑，就……周静说，你太累了，汪姐。

志伟送周静走出病房，周静说，姐夫，你回去吧。志伟不动，眼圈却有些红了。周静诧异地，怎么了？志伟说，雁雁，她很不好。周静有些意外说，怎么？志伟说，医生说她肺有些问题，可能，可能是肺癌。啊。周静大惊，怎么，怎么会？志伟说，医生说，初步诊断是的，过两天再复查一次……不过，医生安慰我说，就是确诊，也会是早期的，让我别着急。周静不知该怎么安慰志伟,半天才说,告诉汪姐了吗?志伟摇摇头说,怎么说呢?我不忍心……周静无奈地说,早晚总得让汪姐知道吧?

从医院里出来,阳光耀眼,绿茵茵的林荫道洋溢着生命力。可是,周静觉得周围的一切显得苍白而朦胧。她慢慢地朝前走着,汪雁憔悴的面庞,反复地浮现在周静的脑海里。她总是认为汪雁的病,跟她有关。她们同时来文化中心工作,很多苦的、累的工作,都是汪雁默默地去做的,而自己做了很多出头露脸的事。

周静觉得心里发闷,想找什么人说说话。她打手机给陈侠,对方关机。忽然下起了太阳雨,无奈之下,想到了上官。她想,不管上官听不听,只要自己说说话,就行了。走到了画家街,又犹豫起来,上官会听她的倾诉吗?他会有什么反应?毕竟,自己很久很久没有到这里来了。

上官云桦正伏案工作,周静走进来,站在他面前,什么话都说不出口了。上官云桦抬起头来,看到周静苍白而表情凝重的脸,略略奇怪地问,小静,你来了?你怎么会……说着站起身来,扶周静坐下。周静没有说什么,突然,扑到上官的胸前,嘤嘤地哭起来,上官云桦轻轻拍着周静,连连问,小静,小静,怎么了?别哭呀。周静还是扑在上官怀里,轻轻抽泣。上官云桦说,怎么了?出什么事了?周静拼命地摇着头。确实,发生了什么?没有发生什么呀。可是,又觉得眼前的一切变化了许多。上官云桦傻傻地说,那,那为什么?周静离开上官怀里,擦擦眼睛,深深吐了口气说,好了,现在好了。我没有地方去,傻傻地跑到你这里来了。对不起。上官云桦仍旧傻傻地望着周静说,有什么事,当然可以上我这里来。我们毕竟是朋友。周静苦笑了一下。她想,我们之间的关系的确到此为止了。

送走周静,上官回到画室,无意中看到了桌上放着那对价值九十九元的蓝宝石耳钉。

第二天,周静和吴芳去看汪雁,见汪雁的丈夫志伟正站在窗前,眼睛望着窗外。汪雁躺在病床上,眼里含着泪花。周静把带来的鲜花放在花瓶里,志伟才转过身来,忙说,小周,我来,我来。周静看看汪雁,又看看志伟,试探地问,怎么?吵嘴了?志伟长叹了一口气。周静说,姐夫,这就是你的不对了,汪姐是病人啊。志伟说,哎,一生病,脾气也变了。雁雁以前没这么固执的。周静说,怎么固执了?志伟说,雁雁想出院。周静一惊,出院!她停了停,悄悄地问,汪姐的病情,你没跟她说吗?志伟喃喃说,还没有,怎么开口呢?

周静放心不下,晚上又赶到医院想说服志伟。她走进病房,看到汪雁睁着眼睛躺在病床上,志伟趴在她的床边已经睡着了。汪雁歉疚地说,这几天,他太累了。周静轻声说,让他睡一会吧。我带来了小馄饨,老妈做的。你最爱吃的。这时,志伟醒了,与周静打着招呼。汪雁对丈夫说,你出去走走吧,换换空气。志伟低着头走出病房。周静细细打量汪雁,说,汪姐,你眼圈红了。汪雁掩饰地说没有哇……过了片刻,她低声说,小周,我已经知道了,他终于告诉了我。周静心里一酸,轻轻搂住了汪雁,慢慢说,没关系,汪姐,发现得早,没关系的。汪雁淡然地说,用不着安慰我,小周。怎么样,我都能接受,我不怕的……我累了。

周静走出病房,志伟迎了上来说,真不好意思,你一天跑两趣。周静说，姐夫，让汪姐早点晓得病情也好，也好……说着说着，忽然哭了起来。志伟慌了，不知道怎么安慰周静。周静抽噎着说，汪姐太可怜了。过了一会，周静擦了擦眼泪安慰志伟说，得这种病的人也不少的，早发现，手术成功率也蛮高的。志伟说，说得对，别哭了。周静平静了一下心情说，汪姐要是很紧张，我倒能接受，可，可是她那么平淡，那么不在乎，我知道，内心的悲伤就更……说到这里，又说不下去了。志伟深叹口气，说，是啊，医生说，最好尽快手术，可是雁雁说不想做。周静奇怪地问，为什么？志伟只是轻轻叹息。周静似乎明白了什么。

晚上，周静一家三口在吃晚饭。周母说，静静，你猜，妈今天在超市碰上啥人了？周静问，啥人？周母说，你表姐夫。周静有些紧张地问，一个人，还是两个人？周母淡然说道，一个人呗，还能有啥人？你表姐不是去韩国整容了？噢，噢。周静长吁一口气。周母又说，你猜，他跟我说啥了？他说他们胖子要跟你那个陈侠结婚了。你说怪不怪？周父说很正常嘛，有啥怪。周母说，不是鲜花插牛粪上了。周静说，我那位大侠，配配胖子其实蛮好的，胖子人不错的。周母嘀咕，懒大块头，有啥好。片刻，周静说，妈，我好朋友汪雁病了。大家都在捐钞票。周母说，当然要捐，我和你爸也捐一份。

第二天上午，周静来到天使基金会的胡总办公室。她开门见山地说，胡总，我搬救兵来了。胡总站起身说，来，来坐。是不是为小汪来的？周静奇怪说，胡总怎么晓得……胡总笑道，我是眼观六路，耳听八方嘛。说着，打开可口可乐给周静。有人反映给我了。

看来，碰到点小问题。周静说，不是小问题，是大问题。胡总说，是吗？有多大，说说看。周静一脸严肃说，胡总，不跟你开玩笑，现在也不是开玩笑的时候。我需要帮助。胡总微笑道，想不到小周也会有严肃的表情啊。好，言归正传。好朋友病了，当然着急，可是挂在脸上有用吗？反倒是影响病人，是不是？有什么需要帮助的，说吧。

又过了一天，周静走进章强办公室，看见章强正和胡总谈话，胡总站起来说，小周，来坐，一块商量商量。周静说我站着吧，习惯了。胡总说，小周，汪雁做手术的事，我们可没有权利强迫她呀，不过，工作我倒可以去试一试。片刻又说，我正和章主任研究举办慈善义演的事，文化中心有剧场，又有业余合唱队，还有志愿者团队，资源不少哇，基金会方面请些著名的艺术家联合演出，善款可以资助小汪。

走出办公室，胡总问，汪雁情绪好些吗？周静说，就是坚决不做手术。胡总想了想说，只可智取，不可强攻啊。

笺记：

明万历年间，吴生赴京赶考，路经一水塘，见一只青蛙被几条狗鱼围攻。秀才救下那只青蛙，却见蛙口含有一角纸页，尚存几字，似乎在哪部书里见过。吴生入客栈，翻了几部书，找到了出处。会试时，题目竟出于他所翻过的书里。吴生又喜又惊，心神不宁。发榜下来，名落孙山。

后来吴生弃文从商，竟成家乡首富。数年后，他散尽家财，去天台山做了和尚。

第二十九章

1

程荣宾约了邵全林去打台球。

程荣宾执杆，对球轻轻一击，球没有入袋。邵全林讥笑他，程总，怎么了？你这球技一天不如一天了。程荣宾长叹一声，哎，内外交困啊。邵全林说，程总是身在福中不知福吧。我听说，前两天你还接了一个大单呢。程荣宾哭丧着脸说，生意上倒还好，可……算啦，不提也罢。邵全林连连击球入袋，说，又是你那点破事吧，听我一句，别玩火。程荣宾无可奈何地说，可是阿莹死缠着我，甩不掉哇。邵全林停止击球，告诉程荣宾，拿钱出来就能摆平。阿莹不就是冲着钱吗？程荣宾知道，不拿出几十万，这事没法了结。这时，邵全林手机响了，接完手机说，陈侠有急事找我，球不打了，老兄，听我一句，跟阿莹早点断吧。

陈侠在健身房等着邵全林。陈侠在跑步机上，拼命地跑着，已是满头大汗了。见邵全林来了，说，今天的任务还没有完成吧？邵全林轻轻笑了笑，上了跑步机。陈侠看着邵全林认真地锻炼，拿过一条大毛巾，递给邵全林说，可以了。邵全林说，我的指标还没完成呢。陈侠笑着说，算了吧，今天减半，走吧。今天犒劳犒劳你，说吧，去哪儿吃饭，我埋单。邵全林有点懵，说，为啥？陈侠笑道，傻瓜。今天我接了一笔大单，有本钱请你喽。

两个人坐进宝马车,邵全林说,说实话,到底为什么请客?陈侠说,你这家伙倒真不傻,告诉你,我是替周静谢谢你。邵全林奇怪地说,什么事惹着周静了?陈侠大笑,说,还是傻瓜。那天你及时把汪雁送到医院。周静是汪雁好朋友。懂了吧。我是替周静谢你的,跑步减肥任务取消了。邵全林如遇大赦,高兴地说,太好了。

汪雁还是不想做手术,周静打电话问胡总说,怎么个智取法?胡总说,想了两天想好了。于是,周静、胡总、吴芳等人走进病房,准备智劝汪雁。

胡总说,小汪,气色蛮好嘛。这几天一直忙,没来看你,很抱歉。汪雁说,谢谢胡总。胡总说,一家人,用得着谢吗?胡总从皮包里拿出一包钱交给志伟,这是咱们基金会同仁们的一点心意。志伟望望汪雁,汪雁用力摇着头。志伟说,钱,拿给更需要的人吧,雁雁不会收的。

胡总说,大家的心意,怎么好回绝呢?我完不成任务,回去要挨大伙儿批评的。汪雁苦笑一下。胡总又问汪雁,听说,要做个小手术,是吗?小汪。汪雁说,可以不做的。志伟趁机说,医生建议一定要手术的,可汪雁不肯。胡总说,看来,你们夫妇俩有分歧呀?汪雁说,胡总,别听他的。胡总看了看志伟,又看看周静和吴芳说,这样吧,你们全出去,让小汪静一静。

几个人在病区走廊上焦急等待着,周静不安地走来走去,说,汪雁会听胡总的吗?志伟说,要是胡总还说不通她呢?这时,上官云桦捧着一大束鲜花奔了来。周静说,你来干吗?上官云桦只说,这里真难找。说着,把周静拉到一边,递给她一张银行卡说,把这卡给小汪，密码在纸条上。周静意外地，干……干什么？上官云桦说，里面是六万块钱，算我和哥哥的心意。周静说，那，那你哥哥那边……上官云桦说，基本上过关啦。说完拿着花束就要往里走，周静拦住他说，等一会儿再进去。为什么？正说着，胡总兴高采烈地走了出来。吴芳问，胡总，怎么样？胡总一挥手，搞定。哈。周静几乎跳了起来。

离开医院，吴芳问，胡总，您是怎么做通汪雁工作的？胡总说，现身说法嘛。我跟她说癌症这东西，早发现早治疗，一点不可怕，就怕拖。我说当初我得的胃癌，就是发现早，早开刀，现在七八年了，一点事都没有。周静说，胡总你真的得过癌症？胡总笑笑说，善意的谎言嘛。

星期天上午，公园游人如织。周静父亲和他的票友们在唱京剧，陆世雄也赶了来。

在草坪上，周静、齐玲、郭晓雅、王芸等人带着几个智障孩子在踢小皮球。祥祥正跟郭晓雅踢来踢去。周静跑过来，把球踢向小祥祥，祥祥一扑，把球扑住，开心地笑了起来。坐在场边的陆菊芬微笑着看着儿子。小祥祥把球踢出，一下子踢在郭晓雅的脚下，晓雅带着球绕着祥祥转来转去，祥祥也绕着晓雅转，不停地笑，笑得很响。周静看看陆菊芬，两人同时笑了。周静仰面看看天，天空很晴朗。

2

《投向城市的目光》已摆到了美术馆大厅显著位置。

电视台的工作人员正在拍电视纪录片。

女主持站在画作前，说，在今年的美术作品大展上，许多中青年美术工作者脱颖而出，他们走出前两年的徘徊犹豫不决，开创了新的局面。此次大展中，两名获金奖的作者，都曾是默默无闻的艺术家。尤其是获奖作品《投向城市的目光》的作者，在此次画展之前，几乎没人知道。他的此次获奖，被一些人称之为一鸣惊人。其实，画家上官云桦在创作《投向城市的目光》之前，曾有过不少较有水准的作品。尤其值得关注的是，他钻研油画已历经十年。上官云桦先生的成功，印证了艺术创作并不像一些人认为的那样，借着运气和偶然而一夜成名……

在红树画廊二楼，上官云桦平静地听着电视屏幕上这一段关于自己的播报。这一切，似乎没有引起他原来预想的那种兴奋。他瞥了瞥那台屏幕不大的电视机，走到画架前，又开始一幅新画的创作。谢丽娜已经从北京回来，捧着一束鲜花一跑一跳地蹦进画室。她提高声音，嘿，上官，看电视了吗？上官云桦不响。谢丽娜看看那仍旧开着的电视，不无遗憾地说，哇，可惜，刚刚播完。上官云桦仍旧画他的画。谢丽娜走上前，把那束鲜花送到上官面前，献给你，伟大的艺术家。上官云桦淡淡一笑。高兴过头了？哑巴啦？谢丽娜奇怪地看了看上官云桦，又伸手摸了摸他的额头。上官云桦还是木然。

这时，两个开画廊的年轻画家走进来。一个说，大哥，祝贺你，得了大奖。另一个说，你给我们画家街争了气呀，我们都感谢你哪。上官云桦说，不过是一次获奖，算不得什么。正说着，有两个中年男人走了进来。一位对另一位说，前几天我就说过，这位画家水平不错，将来有很大的升值空间，说得不错吧。另一个中年男人对上官说，大画家，我前两天在这里看到一幅《玫瑰花》，你开价五千，我没舍得买，现在你出名了，价格涨多少啊，总得给我们一点优惠吧？上官云桦笑道，那天要你多少，今天还要多少，一分钱不涨。中年男人说，那，那太好啦，我多买一幅行吗？当然行。也按原先的价？可以。两个中年人开开心心地挑画。

　　上官云桦指着那两个年轻画家对中年人说，这两位的画升值潜力比我的大，如果你们有兴趣，也可以去看看他们的画，就在隔壁。中年人眼里放光，说，是吗？那好，我们也去看看。上官先生，不瞒您说，我们是给一位大款搞室内装潢的，他说要挂有水准的画，又说不能太贵，这，这不是又要马儿跑，又要马儿不吃草吗？难哪。上官云桦指着那两位年轻画家说，我可以打包票，这两位的画，完全符合你们的要求。赶紧去看看吧。两位年轻画家连连说，这怎么好意思，上官先生，怎么好意思抢您的生意呢。上官云桦说，生意大家做嘛。两个年轻画家连连道谢领着两人去看画，谢丽娜对着上官云桦竖起大拇指，模子！

　　韩柯走了进来说，恭喜恭喜，上官你这回算是出名了。上官说，这算什么。韩柯说，有名就有利嘛。我嘛，不求名了，但利益我不缺，昨天我走了一幅画，进账二十五万，这辈子，我不愁了。正说着，进来两位穿警服的人，看看韩柯说，你就是韩柯。韩柯说，是，什么事？一位警官说，还用过别的名字吗？韩柯的脸色，霎时变得煞白，结结巴巴说，没，没有。另一位说，你原来叫苏子川，没有错吧？又说，有个叫霍婷婷的姑娘你认识吧？韩柯长叹了一口气，点了点头。然后说，我知道早晚有这么一天。我跟你们

254

走。然后又对上官说，哥们，你这个朋友，我没有白交，谢了。来生再见。上官和谢丽娜都看傻了。

上官的获奖，连孩子们也知道了。这天，上官云桦走进素描教室。十几个孩子立即站了起来。根宝悄悄喊，一、二、三。孩子们一起鼓起掌来。上官问，拍什么手呀？孩子们大笑。一个孩子说，老师，我们向您学习。另一个孩子说，我们祝贺您。孩子们一齐伸出手，做出V字手势，齐声喊，耶。上官云桦感动了，连连说，谢谢，谢谢你们，孩子们。

在商言商，对于上官的获奖，邵全林看到的是商机。

傍晚，陈侠、邵全林、周静和上官云栋四个人坐在星巴克里，慢慢饮着咖啡。邵全林说，上官不请我们来，我们也想找上官哪。我们再商量一下拍卖的事。上次拍卖不是十分成功，主要责任在于我没有做好前期工作……陈侠打断邵全林说，胖子，少绕弯子，直话直说吧。我来代胖子说，由于云桦获奖，名气大了，买家自然肯出手了。所以，我们如果再进行一次拍卖，效果肯定不错。上官云栋说，卖名气的事，云桦不会接受。周静说，我也认为这不大妥当。陈侠说，开始，我也不大同意胖子的想法。但胖子有胖子的道理，胖子，你说说看。邵全林说，在商言商，我是商人，只能谈商机和市场。我认为，绘画作品进入市场，这是不用多说的，上官先生开画廊，不就是市场行为吗？现在的问题是，上官老弟得了奖，那么，您的画作还进不进市场了？如果上官认为今后不以卖画为主，那该另当别论，如果，今后还是要卖画，为什么不可以乘势而上，借现在获奖的东风，把自己的影响扩大，把自己的市场做大呢？陈侠喝了一口咖啡笑嘻嘻地说，听听，我们胖子说得有没有道理？周静思忖片刻，点了点头。

一个星期以后，上官云桦的专场拍卖会开槌。

上官云桦坐在场外一张长椅上，场内的竞价声隐隐传来。谢丽娜兴奋地跑出拍卖现场，一下子坐在上官云桦的身边，高兴地说道，上官，成功了。肯定成功了。快去看看里面的热烈场面吧。上官云桦坐着不动。谢丽娜起身拉上官云桦说，进去看看吧。上官云桦说，你去吧，我坐在这里更踏实。拍卖厅里人们兴奋的声音隐约传来。上官云桦并没有这种兴奋，他抬起头望望窗外的蓝天，然后把头埋在双肘之间，双手深深地插进浓密的头发里。他在想，自己画作的水平在一个月里头能有多大的提高呢？可是，两次的拍卖竟是冰火两重天。唯一慰藉的是，哥哥的债可以还清了吧。

3

韩柯的案子很快判了下来，临时关在提篮桥监狱。上官去看他，韩柯表面显得蛮轻松，还说了一段荤段子，接着就沉默了。好一会，他抬起头说，谢谢你能来看我，哥们，谢了。其实也就你会来，也没有别人来了。就这一次吧，以后请你别来了，来，我也不见。

笺记：

一家电影制片厂在村子里拍电影，剧情需要，在村头搭了一座小庙，庙里还塑了一尊泥菩萨。拍戏之余。村民皆去庙里烧香拜菩萨。剧组撤离前。制片让置景组拆掉菩萨，工人们不肯，说，做的菩萨，我们可以拆，烧过香的，不能拆了。制片主任坚持，置景组长只好亲自动手。不料，拆了几下，一块木板砸下来，把他打昏。工人们悄悄说，组长克扣临时工的钱，受到菩萨惩罚。

第三十章

1

这天，衣冠楚楚的程荣宾夹着一只大皮包走进酒店大堂，站在电梯口等电梯。一个长发青年慢慢走过来，也站在电梯口。电梯在八楼停下来，程荣宾走出电梯，那个长发青年也跟着出来。程荣宾沿着走廊朝左边走去，他下意识地拿紧手里的皮包。那个男青年朝右边走去。程荣宾边走边朝四下张望，见到那个长发青年的背影，才放心地停在了805房间门前，稍停，敲了敲门，走进室内。走廊另一头的那个男青年突然转过身，疾步朝前小跑，停在了805房门前，看清号牌，便从容离去。

在酒店大楼马路对面的停车场上。长发男青年来到一辆黑色奥迪车前，轻轻敲了敲深色的车窗玻璃，车窗摇下，现出了冯爽。长发男青年只说了一句，805房间。冯爽从皮包内数出五张百元大钞递给长发青年。

在805房间里，程荣宾正和阿莹谈判。阿莹抽着一支香烟，斜眼看了看程荣宾说，好哇，我们的程总算改邪归正了。那句话是怎么说的？浪子回头金不换，哼，浪子想回头，就回头了？有那么便宜吗？程荣宾指指桌上的黑皮包说，我诚心给你补偿了？二十万元还不行？阿莹说，二十万元就买本小姐的两年青春？程荣宾想了想，把腕上的手表摘下，放在阿莹面前，江诗丹顿。归你了。阿莹瞥了一眼那块名表，哼了一声。程荣宾又把项上的金链子也解下来，放在桌上。阿莹笑了，打发讨饭鬼哪？程荣宾想缓和一下气氛，那，把我的名牌西装也脱下来？好哇，脱、脱呀。程荣宾果然脱下了西装上衣。成套的，裤子呢？裤子也脱？当然。程荣宾果然解开了皮带。阿莹"扑哧"一笑，好啦，放你一马。几年的朋友啦。说着，从小包里拿出一张纸，推到程荣宾面前。程荣宾拿起纸条道，今暂借阿莹现金伍拾万元整。程荣宾惊异地望着阿莹。阿莹掐灭香烟，不开玩笑。你签了字，过几天拿钞票换借条。以后井水不犯河水。程荣宾为难地说，这、这，你也……阿莹收回纸条，我不逼你，不签就算了。程荣宾横下心，好，好，我签，钞票一到你手，就此一刀两断？阿莹小嘴一撇，当然，公平交易。程荣宾苦笑了一下，拿过纸，签了字。阿莹看了字条，收好。斜视着程荣宾，笑道，乖，怎么不脱裤子了？说着猛地把程荣宾的裤带用力抽掉，程荣宾去抢裤带……这时，门被推开了，门旁出现了冯爽，她拿着一只相机，"咔嚓、咔嚓"拍了几张照片，转身走了。程荣宾傻了，呆呆地站在那里。阿莹没事人似的玩弄手机。

汪雁的手术很成功。周静和王芸代表"十五人团队"接汪雁回家。

汪雁推开房门，屋子里有十来个人等在那里。显著位置还拉起一条横幅，"欢迎回家"。众人一齐拍手喊，欢迎回家，欢迎回家。汪雁激动地看着屋里的客人们，他们之中有章强、吴芳、小苏、李凯、晓雅、齐玲等，汪雁连连说，谢谢，谢谢大家。

2

谢丽娜穿着舞剧《丝路花雨》式的薄纱裙，怀抱琵琶，坐在画凳上。

上官云桦在画着油画速写。谢丽娜问，两个星期能画完吗？上官上说，差不多吧。什么时候去报到？谢丽娜说，月底吧。可是我还没有想好。上官的情绪有些低落。前两天，谢丽娜的父亲找上官谈过，要求上官让女儿去北京电影学院就读。几千人报考表演系，谢丽娜能够录取，真是天大的不易。上官说我当然要她去，绝不阻挡。为了丽娜，我怎么可以自私呢。请放心，我会叫她去的。谢丽娜的父亲久久握着上官的手。就这一握，让上官抱定决心。只是，这次谈话上官一点都没有透露给谢丽娜。他风风火火的给谢丽娜画肖像，只是放烟幕。

这时，两个中年男女踏进画室。中年女人大嗓门，大画家，大画家，不认识我们了？去年秋天，我儿子结婚，来你这里买过油画的。中年男人说，买过两幅大画，今天又来请你的墨宝。中年女人斜了男人一眼，洋盘。中国画才叫墨宝，油画那叫、叫大作，对不对，大画家？听说你得奖了。应该，应该，我早就看出你的油画有水平。

上官云桦无可奈何地应付，不敢当，你们，有事吗？中年女人说，有事，当然有事。无事不登三宝殿嘛。我家老公想送镇长一件礼品，想来想去，还是送油画最高雅，所以……大画家，你出了名，画涨价了吧？还是老样子。那太好了。老公，愣着做啥？快挑呀。

送走买画人，上官开始把画板上颜色刮掉。谢丽娜奇怪地说，做啥全刮掉了？明天还能用嘛。上官不响。谢丽娜又问，上官只好说明天用新的嘛。说着，帮谢丽娜把服装脱下来。谢丽娜身体发出淡淡清香，她脖颈后面微微卷起的绒毛，显示着清纯。换好衣服，谢丽娜问，明天什么时候来？上官说，老时间吧。

过了一个星期，谢丽娜含着泪水，踏上了北去的列车。

3

赵婉找到上官云栋说出唐晓宁挑拨的事，她拿出几张照片说，这都是唐晓宁精心安排的，想不到，这个女人会有这样的心计。上官说，谢谢你的好意，我也代云桦谢谢你。事情过去了，也就算了。赵婉沉默片刻说，我知道，我们不是一类人。谢谢你还能尊重我这个俗人。

笺记：

孙某梦想一夜暴富，购买彩票成了瘾。一日，拿到工资，立即奔向彩票站。途中，一阵旋风卷来，有张纸条贴到了腿上。孙某顺手拿过，纸条上赫然四个字：时来运转。孙某喜出望外，随即把纸条塞进衣袋。那天他买了几百元彩票。隔天，结果公布，中了三等奖，到手五十万元。忽然想到那张字条，掏出看时，字条上除了"时来运转"几个大字，竟还有几个小字，福兮？祸兮？

第三十一章

1

这一天，上官走进了文化中心的素描绘画教室，指导孩子们画素描静物写生。他环视室内，发现孙宝根没有来。上官云桦轻轻问询旁边一个孩子，那个孩子摇头。他不放心地看看宝根经常坐的地方。下了课，上官云桦走进来办公室。办公室只有周静一个人在，周静只好问，有什么事吗？上官说，有个学画的孩子，叫孙宝根的，两次没来学画了。他还想跟周静说些什么，但是，没有说。吴芳走了进来，问明情况说，是那个农民工的男孩呀，可能不来了。上官说，为什么不来学了？吴芳说，我们也不是很清楚。只打来一个电话这么说。上官云桦想了想，又问，他家的住址有吗？吴芳说，只有手机号码。

回到红树画廊，上官按着号码打了几次电话，没人接听。

突然，他意外地接到赵婉打来的电话。赵婉说，有件不重要，但是又很重要的事，想跟上官说说。上官问什么事。赵婉说，唐晓宁去美国了，临行前喝醉了，她说，没有得到你，她很遗憾，但是，她不恨你，她恨的是周静。在她的字典里，自己得不到的东西，别人也休想得到。她一定要拆散你和周静。我把拍的那些照片已经给了你哥哥。上官闷了许久说，谢谢你对我说这些。不过，全过去了。赵婉诧异道，什么全过去了？解释清楚，一切可以挽回嘛，至少可以重新开始呀。上官关了手机。

室内很安静，上午的阳光照射在室内淡灰的墙壁上，光影晃动着。

这时，两个男人走了进来，其中一个出示了自己的证件说，我叫李建国，我们是市公安局经济犯罪侦查队的。李建国拿出十来张照片，递给上官云桦。上官云桦很快地从照片中找出三张拍有陈国基和琳达的照片。

两个经侦队员告别时，相互对视了一下。

上官云桦终于拨通了手机，喂，喂，这是孙宝根同学的家长吗？我是他的老师，对，对，教他画画的老师……我想问问，孙宝根同学这几次为什么没来上课？

手机里传来对方微弱的声音，家里有事，他暂时不来了。上官云桦说，那，什么时候能来？喂，喂……孙宝根同学很有绘画天赋的，应该好好培养，不然，太可惜了。对方手机关机了。

夜晚，一家私家花园式的高档饭店开始了一天最忙碌的时候。一辆宝马开过来，停在老式花园洋房的门前，一男一女走下汽车。两个人在门前稍停，一个服务生将车开进停车场。两个人在冬青树组成的绿化墙边拥吻了一下，然后沿着半明半暗的林荫小路，步上别墅的高台阶。

停在别墅对面的一辆小汽车徐徐开动了一段距离,又停了下来。车内,李建国拿着话机,洞8,洞8,目标和那个女人进了席家花园饭店。

那两个客人,手挽着手,上了二楼。二楼走廊,布置得高雅华美,老式地毯,落地长窗挂着垂地的带有流苏的天鹅绒窗帘,走廊边摆着红木桌椅。男士黑色西装红色领结,一副成功人士的派头。他大咧咧地对女人说,沈太,勿客气啦,还是小弟埋单喽。沈太显然真诚地回应,无论如何,今天晚上不能再让林总埋单。林总潇洒地摘下金丝眼镜,做了个示意,漂亮的女侍者连忙把两人引入"听枫"包间。那个林总竟是久违的陈国基。陈国基很潇洒帮着那女子脱下大衣,挂上衣架。陈国基说,比起新加坡的喜来登,当然还要差一些。不过,这里的清蒸刀鱼和佛跳墙味道蛮正宗的,沈太,请坐。沈太坐在客位上,陈国基却把沈太让上主位。沈太有些拿腔调地说,不好意思啦。陈国基说,沈太客气啦。这时,一个漂亮的女子唐突走进来说,林总,好久不见了,上次那生意的事,还没机会答谢林总,真不好意思。陈国基说,无所谓啦,朋友啦,慧太,代我向包总问候。那位"慧太"就是以前的琳达。陈国基故意轻咳了两声,慧太如同猛省一般连连道歉,啊,对不起,林总,打扰了,打扰了。说着毕恭毕敬地离开了。这时,有两个年轻人正经过包间门外,他们径直走了过去,几乎连朝包房内看一眼都没有。陈国基坐定,一边请沈太点菜,一边为沈太斟茶。沈太客气地把菜单递给他,一边笑眯眯地说,林总哇,今天晚上无论如何不能再请你埋单喽。陈国基大咧咧地说,沈太,勿客气啦。陈国基点好菜,然后问,听说沈太酒量不错,我们要路易十三还是……沈太说,那就路易十三。陈国基低声向侍者交代了什么,然后,从包里拿出一份文件,婉转地说,如果沈太认购敝公司的百分之二十的股份,我已向董事会告知,他们粗略算了一下,恐怕要五百八十万,我想,沈太不如少认购些,明年,沈太如果认为效益还可以再追加股份,未尝不是一种选择。沈太说,谢谢林总处处为我着想,百分之二十就百分之二十吧,不过几百万嘛。陈国基说,那,沈太既然这样坚持,小弟今天就回去准备文件了。说着,想起了什么,拿出一只小小的玉坠,说,这个小礼物,与我们公司无关,算是我们个人友谊的小小纪念吧。沈太接过玉坠,惊喜地说,漂亮,太漂亮了,谢谢。陈国基连连说,不成敬意,不成敬意。

2

夜晚,周静陪着章强敲开了汪家的大门。汪雁从厨房迎了出来,章强山东腔说,小汪啊,能下厨房了,看起来恢复得不错哇。汪雁说,托章主任的福。章强开心大笑,嘿嘿,小汪哇小汪,住了几天院,会说话啦,你看,你一声令下我就来报到了。周静笑,章主任三句话就不离部队腔调。汪雁说,请主任来,有两件事,一是我们文化中心同事捐来的款,我没用,也用不着了,现在交还给大家。

章强连连摆手,不中,不中。大伙儿的一点心意嘛。拿出来的钞票,怎么能够拿回来呢?不中。志伟插嘴道,主任,钱我们用不着了,这样吧,拿回文化中心,以后帮助需要帮助的人。周静说,志伟哥的办法好。章强想了想,答应了。志伟又说,就在我这里吃饭，不能推脱。章强推脱，我，我没跟老太婆请假。改日吧。志伟拿出手机说，号码多少？主任我帮你请假。章强无奈地挥挥手，算啦。

几个人和汪雁女儿围坐在桌前开始吃晚饭。志伟为章强斟上酒，章强连连摆手，就一杯，就一杯。志伟忽然想起来什么问，章主任，开车来的？章强说，对，对，开车来的。汪雁奇怪地问，主任买车了？周静看着章强偷偷地笑。章强嘿嘿笑道，嗯，嗯，我是开两轮车来的，还是自行。众人都笑了起来。大家吃着饭。汪雁说，主任，我们中心的顶楼，有间很大的房间，一直空着，多浪费。能不能改建成儿童活动中心，也对那些自闭症孩子开放。章强一拍大腿，好主意。结果，酒也洒了。

笺记：

斯处长从纪委出来，精神恍惚，路过街角，见一算命先生，正看着他微笑。斯处长从来不信算命，径直走过去。不料，算命先生在他背后说道，印堂明晃晃，必主大富大贵。斯处长心里一动，折返，向算命先生求一字。

签求出，得一个"情"字。算命先生沉吟片刻说，一个情字，拖累人的一生，恩情，爱情，恋情，亲情，友情，财情，杀情，哪个离得开。情拆开，得一个心字，一个青字，又有多种含义。

斯处长问，主吉，主凶？

算命先生取一纸，在上面画了一个心形，交给斯处长，说，我在你左右手上各写一字。你走出百步，可张开手掌看，自然得到答案。

斯处长走出百余步,张开手掌,只见左右手,一写"上"字,一写"下"字。两个字下面各加上一个"心"字,斯处长顿时明白。

第三十二章

1

陈侠约周静去了她的新店。两人坐在加高的二楼休息厅内。陈侠从上官云栋那里知道了谢丽娜去了北京,想看看周静有什么想法。周静听明白了陈侠的意思之后,反问,要是换了你,你会再跟他恢复关系吗?陈侠说,我明白了。还是喝咖啡吧。两个人慢慢啜饮着咖啡。陈侠说,咖啡怎么样?正宗。陈侠说,当然正宗。巴西咖啡豆,现磨现煮,精品,到哪里找去。周静说,看起来,你我阶层不一样了,以后少来了,道不同不相为谋。陈侠说,道同不同先不说,我认真地问一句,为什么和上官到此为止?现在不是好机会吗?周静说,还有味道吗?煮过的咖啡,再煮一遍吗?陈侠讪笑,的确,还是头一遍咖啡的味道浓啊。两个人一时无话。周静环顾四周说,说真的,想当初,我们挤在那条小破街上的店里……两人相对,彼此苦笑了一下。这时候,邵全林夹着一套新西装走了进来。周静顽皮地说,姐夫啊,你来啦。邵全林有些难为情地说,别,别,先别这么叫。周静咄咄逼人地说,那你说说,啥时候叫?

啊，说呀。陈侠说，胖子，别理这疯狗。周静刮着面孔，逗陈侠，老面皮，老面皮，还没结婚就护着老公了。陈侠转向邵全林，问，胖子，西装取回来啦？邵全林得意洋洋，看来还不错的。邵全林去试穿西装。周静问，婚纱定好了？陈侠说，就是上次你陪我看的那套，已经付了定金。

汪雁的建议很快被付诸行动。

周静、吴芳、小苏和孙阿姨打扫卫生；陈侠和邵全林铺设人造地毯。周静瞥瞥正在铺地毯的邵全林，不禁捅捅小苏，让小苏看，说，看弯腰款男。小苏一看，不禁大笑。邵全林因为胖，肚子大，弯腰干铺地毯的活很不适应。吴芳过来，喂，喂，不好好干活，笑什么？小苏指着邵全林那边，仍旧笑个不停。吴芳一见，忙过去对邵全林说，邵总，这活你干不来的，要不贴墙纸吧。邵全林说，没关系，没关系……两个人正争执着，邵全林一用力，"哧——"裤子开线了。众人一惊，紧接着大笑起来。远处干活的陈侠赶过来，干吗，干吗？拿我们老邵开心呀？陈侠看着邵全林尴尬地站在那里的样子，禁不住也笑了起来……这时，王芸、李凯等人也跑进来，王芸说，我们来支援你们了……话还没说完，见屋内情景，也禁不住大笑起来。邵全林恢复了平静连连说，没关系，没关系，裤子开线了嘛，质量不好。陈侠说，什么？质量不好？这可是我出的钱，一套要五千多呢。李凯伸伸舌头，乖乖，五千多泡汤了。邵全林自嘲地，就算为文化中心建设做贡献了吧。陈侠捶了邵全林一拳，这叫什么贡献，胖子，这里人多，用不着你了，你赶紧开车回家换衣服吧。邵全林喃喃着走了出去。周静对陈侠说，大侠，胖子脾气真不错。陈侠道,哼,我看他也就这么一个优点了。周静打趣道,真的,别的全是缺点了?陈侠说,可不是。周静狡黠地说,那,那我可跟邵总说去啦。陈侠骂道,滚开。周静笑着走开,把几只大五角星贴在墙上。王芸、李凯等人又把几个剪好的绿色字贴在墙上。那几个字是:爱你们,星星的孩子。众人都涌过来看。这时,章强指挥几个工人抬来了小桌子、小椅子。小苏摸摸小桌椅,啧啧赞道,真漂亮,真漂亮。又看看章强,说,看哪,老主任也舍得花钞票了。章强指点着小苏说,小苏,门缝里看人,把人看扁了。我老头平时不舍得花钞票不假,现如今为了孩子,咋不舍得花?再说,这些钞票还是邵总捐款剩下的。说着,他四下寻找,问周静说,刚才还看见邵总了,怎么一转眼就不见啦?陈侠说,让他们气跑了呗。章强大惊,啊,把人家气跑了?这谁干的?啊,谁干的?周静笑道,跟您开玩笑哪,谁也没气邵总,他回家换裤子去了。哈哈。章强说,怎,怎么搞的?众人大笑,小苏笑得直不起腰来。这时,陆菊芬风风火火地跑进来,周静迎上去问,菊芬姐,你来干吗?陆菊芬喘着气说,今天不是装修儿童园吗?我来干活。大家七嘴八舌地说,活早干完了,来晚了。陆菊芬丧气地说,唉,早关会儿报亭就好了。

第二天,儿童活动室的装饰就完工了。

周静站在一个高凳上把一块写有"儿童乐园"的牌子装在门楣上。小苏站在不远处指挥着,左边低一点。周静调整着牌子的高低。小苏说,左边再高一点。周静又调整了下牌子说,眼神行不行啊?小苏说,一级啦。刚刚挂好牌子,陆菊芬走进来,手里还拎着一个水桶。周静说,菊芬姐,怎么又来了?陆菊芬说,昨天来晚了，没帮上忙，懊恼了半天，晚上躺在床上想来想去，忽然想到，玻璃窗我能擦擦呀。陆菊芬擦着窗玻璃，又看到了墙上挂的那条横幅，爱你们，星星的孩子。陆菊芬自言自语，星星，星星的孩子。周静说，我们小祥祥，就是星星的孩子呀。陆菊芬有些不解地望着周静。周静解释道，星星的孩子，是人们对自闭症孩子的爱称，形容这些孩子是上天撒在地上的一颗颗小星星，地上的小星星在夜空中不声不响，但是它们会发光，就像我们这些孩子，就像小祥祥他们，是不是？

2

已经很晚了，程荣宾敲开周家的门。周母开门说，是荣宾啊，这么晚了，你……快进来吧。程荣宾站在门口说，爽爽在您这里吗？周母说，今天没来过呀，怎么，她没回家？周静走到门边问，姐夫，又跟表姐吵架了？程荣宾说，吵架倒好了，她三天没理我了。今天更好了，连家都不回了。看来，不离不行了。周静说，你想离吗？程荣宾摊开双手，像是蛮受委屈的样子说，我是不想离呀，我彻底跟那个阿莹断了，可爽爽还是不依不饶，为跟那个女人了断，我花了五十万呢。做做样子我会出这么多血？周静淡淡一笑，拿你真没有办法，张嘴就是钱。还愣着，快去找人吧。程荣宾说，可我没方向啊。

程大少爷没有方向，周静却有了主意。她想，表姐也没有什么地方可去，按她的脾气，娘家是不会去的，十之八九是在附近的咖啡馆或者小酒吧里。

果然，在离家不远的一间小酒吧里，冯爽坐在那里，眼神发直，愣愣地望着眼前留着残酒的酒杯。夜已经深了，酒吧里放着爵士乐，音乐很轻，有一种怀旧情调，又很令人伤感。一位女侍者走近冯爽，小心翼翼地说，对不起，我们营业到二点钟，您也该回家了。冯爽醉醺醺地说着，回……为什么要回家？回家做啥？不就是打烊吗？说着，从皮包里拿出十几张百元大钞，丢在女侍者面前，场子我包了，行不行？女侍者吓得退了两步，小姐，您看，别人都走了。的确，酒吧里，除了女侍者，只有吧台后面的调酒师了。冯爽环视片刻，收回视线，都……都走了，又，又怎么样？嗯，你说。女侍者无奈回过头看看调酒师。调酒师耸耸肩头，示意女侍者离开。这时，周静陪着程荣宾出现在门口。两个人跑得面红耳赤。冯爽看到了周静和程荣宾，微微一怔，随即把台上的残酒一饮而尽。周静走上去，扶住冯爽，轻声说，表姐……冯爽愣愣地看着周静。周静说，回家吧，表姐。冯爽喃喃地说，回家？哦，回家，我们回家……说着，她瞥了丈夫一眼，潸然泪下……

快到中午，小苏神神秘秘地拉周静走出文化中心，周静问，到底上啥地方？把我卖了哇。小苏说，到地方你就晓得了。卖你，又不值钞票，卖给啥人？小苏带着周静七弯八枴地在秋风音像店门前停下来。小苏说，小周，你往里面看。周静奇怪地说，看什么？看音像店里呀。店里怎么了？仔细看，店里的小老板。周静仔细看了看，不禁"啊"了一声。小苏问，看到了什么？周静犹豫不决地说，好像……好像是马孟呀？小苏点点头，拿出两个口罩两副太阳眼镜。周静说，做啥？小苏挤挤眼睛说，先戴上，进去叫小马"好看"。周静会意，装备了起来。

秋风音像店里，马孟正和一位顾客轻声交谈。马孟和颜悦色地说，这张碟是娜娜·莫斯科丽的正版，音色绝对一流，上个月刚从国外进来的。莫斯科丽可是希腊的国宝级歌手，是希腊人的骄傲。女顾客连连说，对，我晓得，她的碟片我已经有两张了，这两张我倒是没有。这时，戴着太阳眼镜和口罩的周静和小苏走进店里。马孟匆匆跟两个人打个招呼，欢迎光临，请随便看看。随即仍对那个女顾客说，价格是高了些，但音质也是一流的，您如果有意买，可以先试听一下。说着，将那张碟片放进播放机里。清纯优美的女声独唱，悠悠地回荡在小店内。

女顾客满意地跟着音乐，打着节拍。这时，又有三四个男女中学生走进店内，马孟照旧与孩子们客气地打招呼，周静与小苏趁机躲在中学生们的后面。那女顾客满意地买了碟片。马孟精心地把碟片包好，递给顾客，并且客气地送顾客到门口，热情地说，有什么需要请再过来。

几个中学生忽然一下子像风一般卷出店门，店内只剩下周静和小苏，她们俩想躲避已来不及了。马孟走过来，二位想看……忽然，他停住了话头，仔细打量着戴着太阳眼镜的周静，猛捶了她一下，死调皮鬼，是你呀。小苏摘下太阳眼镜说，我们特地看你来的。周静说，马虎虎，你当小老板啦？怎么样，生意蛮好嘛。马孟叹了口气说，生意倒可以。可是……周静说，可是什么？……不过，我看你像换了个人，态度超好。马孟一本正经地说，不仅态度好，而且我马虎的毛病也改了不少哪，实在说，是生活教会了我。周静说，真的，那太好了，经营音像制品，其实也是蛮有意义的。

马孟苦笑道，这个你就不必安慰我了，哎，真怀念当初在文化中心的那些日子。小苏说，那，做啥不再回去？马孟看看小苏，无奈地摇了摇头。

笺记：

　　清末，革命志士徐希林得到同志的情报，嘱他即刻出城。徐希林来到城门，见城门口增设了清兵岗哨，城墙上贴有海捕告示。

　　徐希林站在一大宅门口，踌躇不前。忽然有人在身后，往他肩头一拍道，义无反顾，何必彳亍。徐希林回首，见一对双胞胎小伙正朝他微笑。徐鼓起勇气，终于逃出城去。

　　出了城，他回望那户大宅门前，哪有什么双胞胎，只是一对小石狮门墩，左右列于门前。

第三十三章

1

　　新开设的儿童乐园迎来了第一批客人，七八个家长带着他们的孩子。地毯上，铺着一块十来平方米的白布，志愿者们和孩子的家长们，陪同这些孩子玩得正欢。周静、王芸正辅导两个女孩在白布上画红月亮；李凯和另一个男青年与孩子们玩木马，有些家长也投入其中。陆菊芬带着小祥祥在门口踯躅着，不知该不该进。周静迎上去,把小祥祥带到白布前,带着他画太阳。陆菊芬望着儿子,心里感到踏实,又感激地看看那些年轻的志愿者们。周静招手叫陆菊芬说,菊芬姐,多好的机会呀,跟孩子们一块儿玩一会儿。周静递给陆菊芬一支彩笔,跟她比画着让她教小祥祥画画。陆菊芬笨拙地拿着彩笔,不知如何下笔。忽然,小祥祥走过来,竟然拿起妈妈的手,教她在白布上涂抹。这时,楚雯来了。她站在门边,犹豫着,想进去,又有些忐忑。周静说,楚老师,请过来呀。楚雯支支吾吾,小周,一个老年志愿者,能来参加吗?周静说,楚老师,非常欢迎您来,快进来。楚雯走进园内,环视孩子及家长们,嘴里喃喃说,我也能做志愿者了。小祥祥拿了一张白纸走过来,递给楚雯。楚雯弯下腰问,要干什么?小祥祥并不说话,只是直勾勾地盯着她。周静说,楚老师,他要您给他画画。画什么呢?周静说,画太阳吧。楚雯抱过祥祥,温存地说,好,好,我们来画太阳公公。一老一小画着画着……

第二天早上,陆菊芬正在书报亭卸门板,陆世雄带着祥祥走出弄堂。陆世雄说,带宝宝去公园,让他看看唱戏。陆菊芬叮嘱,看好宝宝,别叫他乱跑。陆世雄说,放心,我的毛病不是全好了吗。陆菊芬说,别只晓得自己唱戏。陆世雄答应着。

走到公园门口,陆世雄见树荫下有几个人在下象棋。鏖战正酣,旁观的人一惊一乍的,一声高呼,一阵惋惜。陆世雄挤进人群,看了看双方的阵势,大呼,哎呀,黑棋还不跳马,不然将死啦。执黑棋的胖子连忙跳起一只马来。执红棋的瘦子不开心地瞥了瞥陆世雄,冷冷说道,河边无青草哇。陆世雄猛省,连连拍自己的嘴巴,说,对不起,我这多嘴驴该掌嘴。众围观者都笑起来。陆世雄忽然想到祥祥，挤出人群，竟发现祥祥不见了。陆世雄慌了，连忙四下寻找。他转过街头，猛地看到了小祥祥正对着一家商店的橱窗，静静看着。橱窗内布置着几只做成标本的小鸟，鸟儿站立枝头栩栩如生。祥祥忽然变成了小鸟，就要飞走……陆世雄惊醒过来，侧身一看，小祥祥还在身边。他惊魂未定地喘了一口气。

陆世雄从公园出来，在文化中心大门外遇到了严浩。他犹豫了一下，稍微让开了一点路，想让严浩走过去。严浩也犹豫了片刻，却朝着陆世雄走过来。严浩向陆世雄伸出手，老陆，你好。陆世雄惊喜地有些说不出话，终于伸出手，握住了严浩的手，严、严老师你好。严浩摸摸小祥祥的头说，小家伙，真可爱。几岁啦？陆世雄说，他，他有点……不肯说话，他有自闭症。祥祥抬起头看着严浩。严浩拍拍祥祥的小脸说，会好的，孩子会好的。陆世雄说，借你的吉言吧……那次你的讲座我听了，很精彩。严浩问，哪一次？陆世雄说，从《韩熙载夜宴图》说起的那次。严浩感叹道，哦，请提提意见……唉，我们有好多年没这样说过话了。

周静、章强、吴芳等参加完邵全林和陈侠的婚礼，马不停蹄赶到了秋风音像书店。马孟正站在小凳上整理着货架上面的碟片盒。

章强、周静和吴芳走进店堂，马孟正背对着店门口，没有发现他们。周静正想叫马孟，章强以手势制止了她，并示意看看马孟工作。马孟非常用心地整理着货架，有的碟片有了灰尘，他会用湿毛巾轻轻擦拭。周静终于忍不住叫道，马虎虎。老主任来了。马孟一怔，回转身看时，一下子从小凳上跌落下来，章强连忙把马孟扶了起来，用山东腔说，你个死小鬼，摔坏了筋骨呢。马孟尴尬地看看章强,老主任……又自嘲地说,没关系,老胳膊老腿的,经摔。吴芳笑了,说,还老胳膊老腿呢。章强也笑着说,在我老头子面前充老,不是班门弄斧吗?小马,看起来,你这小店经营得蛮可以的嘛。

马孟不响。周静说,小马有回文化中心的意思。吴芳说,主任,你批不批呀?

章强看看马孟,又看看周吴两人,指点着说,看起来,你们要演一段双簧给我看哇。周静说,主任,您表个态嘛。章强卖关子,那,那也得看看小马愿不愿意。马孟冲口而出,我愿意。章强摸着胡子拉碴的下巴瞄瞄马孟,小马呀,小马,你愿意……我老章头还怎么说呢?那就这样吧。真的?喜出望外的马孟一下子扑过去拥抱住章强,连连说,谢谢。谢谢。章强被拥抱,一下子手足无措,自嘲地说,嘿,嘿,这洋礼节,俺一时还适应不了呢。

2

周静正和父母在吃晚饭,冯爽走了进来。周母忙招呼道,来,爽爽,坐这边。冯爽一脸冰霜,说,不要忙了,姨妈,我吃过饭了。那就喝茶。周母说着为冯爽斟茶。冯爽嘟嘟囔囔说,茶也不喝,姨妈,我坐一会儿就走。周母细细打量冯爽,轻声问,爽爽,怎么啦?冯爽的声音几乎听不清,今天,我们领了证。周母意外,问,领证,什么证?离婚证。周静微微一愣,走过来说,就这么……冯爽点点头,接着说,拿证的那一刻,荣宾他,他倒哭了……她喘了口气,故意摆出无所谓的样子说,这小子舍不得我分他的家产吧。周静怔怔地看着表姐。冯爽不自然地笑了笑,断断续续地说,我,我还是第一次看他哭。你说,他干吗哭?冯爽说着,说着嘤嘤地啜泣起来,周静上前搂住了表姐。冯爽开始只是轻轻地哭,继而竟嚎啕大哭起来……

说起来真是怪,前一晚,冯爽还像个霜打的茄子,转过一天,她又活蹦乱跳了。这让周静有些看不懂了。

在文化中心的舞蹈室,冯爽一边哼着节奏一面跟陈侠跳舞。冯爽一脸淡然,合着节拍,熟练地跳着狐步舞。另外几组舞伴,时时向她们投来羡慕的目光,冯爽的舞步,真是堪称完美。一曲终了,众人纷纷鼓起掌来。周静推门走了进来,陈侠迎上去说,小静,你表姐完全是位国标大师呢。

周静生拉硬扯地把冯爽叫到舞蹈室外走廊。周静站定,盯着冯爽看了片刻说,表姐,我看不懂了,前天晚上,你哭得像林黛玉似的,今天就这么开心啦?冯爽淡淡一笑说,昨天半夜,荣宾给我发来一封长信跟我道歉,还说对不起我,以后找机会补偿我……你说,他这人怪不怪?周静无可奈何地说,我看你们俩都是怪人。你们都多大了?还玩这一套,看不懂了。我 OUT 了。

3

周静忽然接到唐晓宁的一封信。信上说,周小姐,我重回加拿大了。出去这么多年,我回到上海,一时不能适应,像玩了一把轮盘赌,赌输了,回到原点。其实,我与上官,只是逢场作戏,想不到,你会那么认真,这是我没有想到的。所以,我只能谢幕了事,希望你和上官能够也回到原点。多有得罪，再会。

周静看完信，一阵恶心。

笺记：

方先生自认为24是他的吉祥数。第一次去大富豪赌场，玩轮盘赌，便一而再，再而三地押了24，果然，一夜间，赢了十几万澳元。

方先生有些后怕，多日不敢去赌场。毕竟赌瘾难耐，一日，方先生又去大富豪碰运气。依旧押24，这一回，幸运女神没有青睐。一夜间，方先生输掉一百多万。至今，他不知道，24是否属于自己。

第三十四章

1

公安局会议室里，李建国在进行汇报。

大屏幕上播放着陈国基和琳达的各种涉嫌犯罪活动的照片，陈国基在大酒店的咖啡厅里与富婆交谈；陈国基和琳达在银行里取款；陈国基与琳达在一家饭店里密谈；陈国基正在进入一辆奔驰车……

李建国汇报着：据我们近几个月的调查，犯罪嫌疑人原名吴洋，福建泉州人，曾经化名陈国基，现在化名林理仁。他的搭档琳达，原名黄美美……

中午，大江酒店门外显得冷清，对面马路边上，停着一辆灰色轿车。车内，两名经侦队员紧盯着酒店大门。

一辆出租车开到酒店门前停下，吴洋下来，他四下张望了一下，又走向一辆深蓝色的奔驰车。

灰色轿车内经侦队员用对讲机汇报，洞5，洞5，目标已经到了大江酒店，正朝那辆奔驰车走去。

公安局监控室。李建国和两个同事紧盯着大屏幕。屏幕上映出大江酒店门前的情景。李建国用对讲机回复，洞5收到，洞5收到，洞8，洞8，准备行动。

大江酒店附近的车内，经侦队员呼道，洞8收到，洞8收到，我们已准备好。

李建国指挥，洞6，我是洞5，我是洞5，请你们开车靠近那辆蓝色奔驰车。

另一辆小车内，一位经侦队员回复，洞6收到，洞6收到，我们已靠近蓝色奔驰。

李建国回复，洞8，洞8，我是洞5，我是洞5，严密监视，先不要行动。

那辆奔驰车猛然启动。

静安公园内，上官云栋的公司正在拍摄公益广告。

上官云栋亲自执掌摄像机，周静在一边看着监视器。公园草坪上，青年志愿者正在和自闭症儿童们做游戏。小悦走到周静旁，也看看监视器，问，小周，我们这个公益广告拍好，在哪里用啊？周静说，已经跟电视台联系好，黄金时段播出。小悦高兴地拍了一下手，真的，太好了。上官云栋的镜头正对着坐在草坪旁的楚雯。这时，小祥祥笑着跑向楚雯。楚雯蹲下身来，张开双臂迎接跑过来的孩子。监视器内映出小祥祥高兴的特写。上官云栋的镜头转向楚雯。楚雯微笑着，慈祥而幸福……

夜晚，在上官云栋的工作室里，这些镜头重复着。上官云栋在工作台前剪接着镜头。这时候，小悦陪着一个中年男人走进来，那人说，您就是上官先生吧？上官云栋说，是的，我是上官云栋，您好。中年男人开门见山，我是郑杰的朋友。哦，您请坐。中年男人拿出一个包裹，这是郑杰的遗物……上官云栋惊讶地说，怎么？郑杰他……他已经……中年男人点点头说，他在兰州承包了一个建筑装饰工程，施工中出现了事故，在救一个工友时受了重伤……临走时，留下这个，嘱咐我一定面交给您。里面有您和他的一些合影，共同喜爱的几本书，有的书您还做了眉批的，还有一本日记和给您的一封信。说着，又从皮包里拿出一张银行卡，递给上官云栋说，这里有三十八万元，是还给你的，密码是您的生日。他，他还说，所欠您的，这辈子是还不清了，等下辈子继续还吧……上官云栋接过银行卡，望着天花板，极力控制着自己。

送走来人，过了一会，他才开始看那封遗书：

　　上官，一次不大不小的事故，让我躺在了病床上，我预感这次伤得不轻。如果在某一天，你见到我的这封信，那就意味着我已经去了另外的世界。哦，真希望你永远见不到这封信啊，然而命运不由我，因此还是写几句留在这里。自与老友不辞而别之后，我一直在努力打拼，希望早一天还上欠你的债，如果还不上，我是没脸面再去见你的。这些日子，我在忙一个工程，若能如期完工，会有一笔不小的收入，能还上你至少三分之一的债务。造物弄人，时运弄人，我一直是个心气高而能力低的人，总是希望自己有一天能在事业上小有成就，但由于公司运作的失败，由于我的合伙人之不义，使我不得不远走避债，而将一个烂摊子丢给你。这是我的不仁不义，每每夜深人静之时，我的内心都受到了炽烈的煎熬。上官友，你可以骂我小人，骂我是畜生，这是我应该得到的诅咒。但是，我尚有一丝自尊，这自尊驱使我要努力赚钱，争取早日还清你的债。不到那一天，我是不会再见你的。这也是我一直不给你信的原因。但是，今天我忽然恐惧地感到，也许我未能还清债就离开了这个世界。若是那样，就永远洗不清我的罪孽了，因此，我要坚持活下去，坚持……

读到这里，信中断了。也许，郑杰再也没有精力来完成这最后的一封信了。上官云栋木然地望着那封未完成的信。

窗外，依旧是灯火绚烂的大城市夜景……

午后，洒水车喷着水龙徐徐开过来。

陆世雄带着小祥祥从弄堂里走出来。陆菊芬追出来说，爸，还去哪里呀？陆世雄说，去公园，今天又两个新加入的票友要跟大伙儿见面，得早一点去。陆菊芬说，快吃晚饭了。陆世雄说，见过面,大家一块去鸿瑞兴酒店吃夜饭,庆祝庆祝。

陆世雄带着小祥祥经过一处小菜场。两个菜贩正在争吵,四周围了不少闲人。陆世雄叮嘱了小祥祥两句,上前去劝架。

小菜场附近,李建国与同事坐在一辆灰色汽车内,监视着小旅店的门口。小旅店门前,停着那辆深蓝色奔驰车。吴洋和黄美美一前一后走了出来。两人都拿着行李。灰色车内,李建国低声呼叫,洞8,我是洞5,目标出现,准备行动。吴洋先上了奔驰车,黄美美也上了车坐在驾驶的位置上。

小菜场那边,陆世雄仍旧在给人劝架。一个卖气球的人骑着自行车过来。空中飘动着大大小小的五彩气球,小祥祥盯住了彩色气球……

小旅店门口,蓝色小车启动。经侦人员的灰色小车也开始启动……

小祥祥跟随卖彩色气球的自行车,边看边跑。不远处的陆世雄全然没有注意到小祥祥已经离开了自己的视线。

小祥祥跟着卖气球的车子走了一段,车子打弯了,祥祥没有了方向,只顾往前走。

另一条路上,吴洋和黄美美的深蓝色小车在行驶。两辆经侦人员的小车渐渐靠近深蓝色小车。黄美美驾驶着奔驰,吴洋忽然从后视镜里发现了异常情况,惊恐地说,看后面。黄美美加大了油门。

深蓝色的小车在马路上飞驰。

李建国对驾驶员说,不要靠得太近。

2

社区文化中心绘画室里,小学员们正在画素描石膏像写生。吴芳走进来说,那个农民工的孩子还没有来吗?上官云桦说,还没有。下了课我得去找找他。吴芳说,地址有了?上官云桦说,大致方位是有的。说是就在上西村一带,那是城乡接合部,我了解过了。

上官云桦骑着助动车来到上西村一带。几个小青年在街口赌钱,上官云桦停下助动车,他们慌忙把地上的一堆钞票收了起来。上官云桦笑着说,别慌,我不是警察,也不抓你们赌,可是,别玩大的,赌大了可要出问题的啊。小青年们哼哼哈哈地应付着。上官云桦问,我向你们打听个人,有个叫孙宝根的孩子住哪里?他爸叫孙祥福,是从安徽过来打工的,在建筑公司上班。几个小青年互相看了看,都摇了摇头。其中一个说,转过这个街角,有个游戏机房,常有些十来岁的乡下孩子在那里打游戏,你去问问看。

在一间昏暗的游戏机房里,有五六个人在玩游戏机。在一个角落里,两个仅十三四岁的孩子也在屏幕前忙碌着。店主是个胖子,见上官云桦走过来,慌忙把两个孩子从座位上拉了起来。上官云桦笑了笑对胖子说,老板,我不管闲事,我是找这些小孩子打听点事。胖子半信半疑,支支吾吾地说,我,我可没有违反规定。上官说,我不是警察。我只是找几个孩子打听点事。

游戏机房外,上官云栋拿出一张百元钞票,在孩子们眼前晃了晃说，注意听好，帮我找到那孩子，你们打游戏机的钱我全包了，听着，我要找的孩子叫孙宝根，他爸在建筑公司当工人……一个孩子上前打断上官说，是阿毛头吧？我晓得他住啥地方。上官说，小名叫什么我不晓得，他大名叫宝根，姓孙。那个孩子缩了缩脑袋，不，不，阿毛不姓孙。另一个孩子说，有个叫孙阿七的，今年，今年才八岁。上官云桦问，是不是安徽人？孩子摇头，不是，他老爸……都管他老爸叫老山东。一个大眼睛孩子，突然一拍脑门说，我知道是谁了，孙小牛。他大名叫孙什么根的，安徽来的，他老爸前几天造房子受了伤。上官云桦拍拍大眼睛孩子，大致差不多，好，带我去。找对了还有奖。说着把那一百元交给另外几个孩子说，拿去玩吧。

大眼睛孩子和推着助动车的上官云桦来到一间破屋前，孩子指了指屋门说，就这里。上官云桦刚要敲门，孙宝根拎着一桶污水开门走出来。孙宝根抬头看到了上官云桦，不禁微微一怔。上官云桦轻声说，宝根，总算找到你了。孙宝根放下污水桶低垂着眼睛说，老师……上官云桦拉住孙宝根的手，宝根，老师来看你了。孙宝根一下子扑到上官云桦的怀里，泪水流淌下来，啜嚅着说，老师，老师……孙宝根的父亲孙祥福正躺在床上，屋里昏暗而凌乱，仅有简单的家具和一些生活用品。孙祥福欠身招呼着，老师，实在对不起，我……上官云桦忙上前按住孙祥福说，宝根爸，你别动，好好躺着。孙宝根轻声说，我爸在工地上受了伤，躺了半个多月了。上官云桦说，除了你，就没有别人照顾吗？孩子摇了摇头。上官云桦说，工地上没人来过？孩子说，开始有人来过，放下一点钱就走了，说以后再来……后来就没人来过了。上官云桦问，他们不给治伤吗？孙祥福接口说，伤倒是给治的，赔钱的事说等鉴定之后再说。他缓了口气，又说，哎，一点钱全看了病，工友们让我请个人照顾，可哪里还有钱呵，只苦了孩子，宝根这么小，从早到晚，家里的事，全是他一个人干的。上官云桦说，宝根是个懂事的孩子。说着，摸摸孩子的头，又说，那，孩子学也不上了吗？孙祥福无奈地叹了口气，正要说什么，孙宝根抢着说，我以后会补上功课的。上官云桦想了想说，这样不行。孩子上学不能耽误。说着，从衣袋里拿出十几张百元钞票，放在桌上。这点钱，先请个人，帮忙照顾家里，宝根还得去上课，我今天带的钱不多，过两天再送点过来。千万别耽误了孩子上学呵。孙祥福感动地说，老师，这，这怎么好使您的钱呢？上官云桦说，谁能保证自己没求人的时候嘛。孙祥福欠着身，老师……您……真是好人啊，真谢谢你了……上官云桦扶着孙祥福躺好，用不着谢的。天不早了，我就告辞了。孙祥福说，老师，总得吃了饭再走吧，宝根，给老师做饭去啊。上官云桦推辞道，孙师傅，我还有事，下次再来吃饭。

孙宝根送上官云桦走出家门。孙宝根说，老师，谢谢您。上官云桦说，不要谢老师。你是个很懂事的孩子，在绘画上很有天赋，别荒废了。孙宝根说，过几天，我再去上课行吗？上官云桦说，当然好哇，好，回去吧。说着，拍拍孙宝根的小肩头，骑上助动车走了。

返回的路上，天色将晚，上官加快了车速。他见前面一辆深蓝色汽车骤然停下，原来路边正有一个小男孩走走停停。那辆蓝车的门开了，走下个中年男子，迅速抱起男孩又上了汽车。上官忽然意识到，那个男人竟然是骗子陈国基。

蓝色汽车启动了,车子越开越快。上官骑着车猛追过去。蓝色汽车里的陈国基发现了尾随的上官,对驾车的黄美美说,糟糕,刚才是便衣跟着,现在又被冤家对头盯上了。黄美美问,哪个?陈国基说,还能有哪个,上官。快开吧。蓝色汽车开得更快了。陈国基说,便衣警察不见了,还要人质干吗,再说是孩子。黄美美说,那就把孩子丢下去。陈国基说,弄不好,会把孩子摔死。黄美美说,你自己判断。正说着,陈国基把车门打开了,在孩子被丢出去的一瞬间,黄美美来了个急刹车。上官的助动车猛冲过来,撞到了蓝色汽车的车尾。上官被弹飞起来,如同一只雄鹰飞向了天空……

周静赶到医院急救室,上官云桦已处于弥留之际。她站在那里,满脑子一片空白。过了许久,她才醒过来。眼前这个男人,是那么熟悉,又那么陌生。过往时光,一幕幕展开来,仿佛天外传来一段乐曲,她依稀记得那是和上官一起唱过的一首歌:

  风在歌唱,唱他曾去过的地方
  在黑暗中,有朵花为你开放
  当你转过头的那一瞬,晚霞般美丽的笑脸
  他曾开在春日里某个季节
  那些流逝的青春
  那些懵懂的誓言

城市的清晨。在上官疾的卧室内,电话响了,上官疾接电话。电话里传来上官云栋的声音,老爸,有件事……您可要挺住啊……我马上过去看您……

上官疾接着电话,眼睛湿润了,他呢喃地不知说了些什么。

在医院里,小祥祥仍旧昏迷不醒,陆世雄陪在床边,正打着瞌睡,显然,他一夜未眠。陆菊芬提着早饭进来,陆世雄抬起迷昏的眼睛,你来了?陆菊芬说,爸,你又是一夜未合眼吧,早点我拿来了,吃完早点,赶紧回家睡一觉吧,看你的眼睛,都是血丝啦。陆世雄接过早点,没吃,嘟囔,没醒,宝宝还是没醒。陆菊芬安慰父亲,会醒的,医生说会醒的。爸,您就放心回去吧。陆世雄茫然地说,要是……要是一直不醒怎么办?陆菊芬说,不会的,爸,您回家吧。陆世雄朝门口挪着脚步,又叮嘱女儿,宝宝要是醒了,赶紧给我电话。陆菊芬说,知道啦,放心吧。

陆世雄步履蹒跚地在医院走廊里走着,嘴里喃喃地说,全怨我,全怨我,宝宝,小宝宝……他的目光渐渐暗淡下来,眼神渐渐迷离而恐慌,小宝宝,他,他醒不了啦……他醒不了啦……他突然拉住一个走来的护士问,小姑娘,你说,你说,宝宝还能醒过来吗?小护士茫然,不知如何应对。陆世雄说,你不说,不说,那,那就是醒不过来了。

临近下班的时候,周静和马孟一同从办公室出来,忽然看见陆世雄迷迷瞪瞪地走了过来,周静迎上去问,陆伯伯,都下班了,你来做啥?陆世雄说,小同志,我,就是问问你,梁效的文章你看过没有?那可是篇重要的文章啊,呵呵……周静一惊,对马孟说,不好,小马,陆伯伯又犯病了。周静从包里找手机,发现手机不在,忙说,小马,你看住陆伯伯,我去拿手机,手机忘在办公室了,得赶紧通知陆菊芬。说着,匆匆往办公室跑去。陆世雄盯着马孟,你,你啥人呀?宝宝的老师?宝宝他醒过来了,醒过来了。我带你去看。说着,就往楼梯上走去。

马孟拦住陆世雄说,陆伯伯,我们别上楼了,好不好?陆世雄说,宝宝在楼上,在楼上……马孟想拦住陆世雄,但被陆用力一推,倒在了地上。同时,陆世雄噔噔噔地跑上文化中心顶楼天台上。马孟紧紧地跟在陆的身后,却不敢离他太近。陆世在天台上走来走去。马孟连忙掏出手机,喂,周静,手机找到没有?传来周静声音,我已经通知他女儿了,你千万看好了陆伯伯啊。马孟说,可,可陆伯伯已经来到天台上了,我……我一人看不住他呀。他还没打完手机,一回头,发现陆世雄已经走到了天台边上了。马孟大惊失色,连忙向陆世雄奔过去,同时喊,陆伯伯,别。千万别……陆世雄却茫然地向沿口走去,嘴里念念有词。马孟朝陆世雄奔过去,眼看就要抓住他了,突然,陆世雄一纵身,从楼顶上跳了起来,在他跳起的一刹那,他看到了漫天漫地举着小书的手臂。

陆世雄坠落在地上的一瞬间,嘴还微微张开着,好像他要说些什么。他侧卧在那里,殷殷的鲜血从他身底下汩汩浸出。

笺记:

  方先生在小餐馆里吃着面,偶一抬头,见对面墙上,挂着一幅摄影图片。画面上,只拍摄了一座紧闭的宫门。侍者送上小菜时,方先生又抬了抬头,竟见那幅图片上的宫门开了一道缝。方先生大惊,定了定神,再看,图片上依然是紧闭着的宫门。吃好面，方先生走出餐馆时，一回头，见那宫门是开着的。

尾声

初冬的第一场雪，下得很吝啬。仅仅飘了几片雪花，天就放晴了。

文化中心大礼堂的舞台上，标示着四个大字"圣诞快乐"，下面一排小字"中国新加坡联欢晚会"。台上正在演出，"十五人团队"的舞蹈《我的手牵着你的手》。这个群舞里不仅有"十五人团队"的成员，还有一些自闭症儿童参加，其中也有小祥祥。

大礼堂门外的走廊上，放了一排长桌，桌帷上贴着一条横幅，"你的爱心，温暖着你我他"。桌上有几个募捐箱，小苏和另外两个女孩在一旁正和一对老年夫妇说着什么，老婆婆说，我只带了一百元，捐得太少了吧？小苏说，老妈妈，捐赠不在多少，有这份心，哪怕捐一块钱也是可敬的。老伯伯笑了，我这还有两百块，那就一共捐三百块吧。小苏说，可别把回家的车钱也给捐了啊。老妈妈摆手，不会的，不会。小苏笑道，圣诞快乐！圣诞快乐！

这时，陈侠和邵全林走了过来。小苏说，哈，两个大老板过来了，捐不捐钞票啊？陈侠说，以什么名义呀？

小苏说，帮助那些患自闭症的儿童，献出您的爱心。邵全林说，那，我就捐十万八，明天我把支票拿过来可以吗？小苏高兴地说，当然可以，多谢多谢！圣诞快乐！陈侠说，我捐一万块现金吧。小苏哇一声,按比例,邵胖子还得多捐一点儿。

邵全林笑道,你在吃大户哇?好吧,我捐二十万。这时,冯爽和程荣宾走了过来。

陈侠悄悄对小苏说,快看,真正的大户来了,看他们有没有爱心?小苏笑了。冯爽幸福地挽着程荣宾的手臂朝募捐箱走来……

大礼堂的舞台上,中国儿童和新加坡儿童正在合唱:

> 请把我的歌带回你的家,
> 请把你的微笑留下。
> 请把我的歌带回你的家,
> 请把你的爱心留下。
> ……

谢丽娜得到父亲的通知,从北京赶了回来。她在上官云桦的遗体前,哭成了泪人。在整理上官的遗物时,发现了一个精致的小盒子,是她从来没有见过的。打开来,里面是一对蓝宝石耳钉。

和遗体告别的那天夜里,陈侠陪着周静来到她们常去的黄浦江边。默默地在那里坐了很久。陈侠说,静静,你想哭,就哭出来吧。周静摇摇头,望着江水,痴痴说,逝者如斯,也许我从来没有跟他道别过。

北斗星已经升了起来。

图书在版编目（CIP）数据

浮生记/东进生著.——上海：文汇出版社，2017.12
ISBN 978-7-5496-2357-0

Ⅰ.①浮… Ⅱ.①东… Ⅲ.①长篇小说－中国－当代
Ⅳ.①I247.5

中国版本图书馆CIP数据核字（2017）第262114号

浮生记

著　　者　东进生
责任编辑　朱耀华
特约编辑　朱来扣　甫跃辉
装帧设计　张志全

出版发行　文汇出版社
　　　　　上海市威海路755号
　　　　　（邮政编码200041）

照　　排　南京理工出版信息技术有限公司
印刷装订　启东市人民印刷有限公司
版　　次　2017年12月第1版
印　　次　2017年12月第1次印刷
开　　本　890×1240　1/32
字　　数　170千
印　　张　9.25

ISBN 978-7-5496-2357-0
定　　价　36.00元